Lennartz/Teutenberg

Olympiateilnehmer in Westfalen

Band 1: 1896 bis 1972

OLYMPIATEILNEHMER

in

WESTFALEN

Biographien

Band 1

Athen 1896 bis München 1972

von

Karl LENNARTZ und Walter TEUTENBERG

(Carl und Liselott DIEM-Archiv
der Deutschen Sporthochschule Köln)

WTB - Schriftenreihe Band 7

Herausgegeben vom KARL-DREWER-TURNERHILFSWERK e. V.

Kassel 1993

Gedruckt mit freundlicher Unterstützung

der SIGNAL Versicherungen Dortmund

des LANDSCHAFTSVERBANDES Westfalen-Lippe, Münster

ISBN 3 - 928562-58-4

Herausgeber:	Westfälischer Turnerbund e. V., Hamm-Oberwerries, durch das KARL DREWER-TURNERHILFSWERK e.V.
Verfasser:	Dr. Karl LENNARTZ Walter TEUTENBERG
Redaktionskollegium:	Dr. Bernhard MÄRZ (verstorben), Dortmund (verantwortlich) Univ.Prof. Dr. Ottfried DASCHER, (verantwortlich), Nordrhein-Westfälisches Hauptstaatsarchiv Düsseldorf Univ. Prof. Dr. Dietrich R. QUANZ, Deutsche Sporthochschule Köln Univ. Prof. em. Dr. Horst UEBERHORST, Ruhr-Universität Bochum
Titelfoto:	Günter LYHS
Satz/Lithos:	COMPUTER GRAFIK & DESIGN Poststr. 83, 53840 Troisdorf
Verlag:	AGON-Sportverlag Frankfurter Str. 92, 34121 Kassel
Auflage:	1500/1993

Inhaltsverzeichnis

1.		Einleitungen	
1.	1.	Dr. Bernhard MÄRZ zum Gedenken	IX
1.	2.	Grußwort von Willi DAUME	XI
1.	3.	Grußwort von Michael BUSCHMEYER	XIII
1.	4.	Vorwort	XV
1.	5.	Einführung	XVI
2.		Biographien von Olympiateilnehmern in Westfalen	
2.	1.	Athen 1896	**1**
2.	2.	Paris 1900	**6**
2.	3.	Athen 1906	**9**
2.	4.	London 1908	**13**
2.	5.	Stockholm 1912	**17**
2.	6.	Amsterdam 1928	**20**
2.	7.	Los Angeles 1932	**47**
2.	8.	Berlin 1936	**55**
2.	9.	Oslo und Helsinki 1952	**87**
2.	10.	Cortina d'Ampezzo, Stockholm und Melbourne 1956	**135**
2.	11.	Squaw Valley und Rom 1960	**159**
2.	12.	Innsbruck und Tokio 1964	**198**
2.	13.	Grenoble und Mexiko-City 1968	**236**
2.	14.	Sapporo und München 1972	**286**

Dr. Bernhard M Ä R Z

1.12.1912 - 10.9.1992

Zum Gedenken

Es war ein großes Anliegen von Dr. Bernhard MÄRZ, das vorliegende Buch erscheinen zu lassen. Mit Energie und Ausdauer hat er sich dafür eingesetzt. Mitten in diesem Schaffen hat der Tod ihn eingeholt.

Dr. Bernhard MÄRZ hat sich in langen Jahren als Vorsitzender des KARL DREWER-TURNERHILFSWERKS des Westfälischen Turnerbundes große Verdienste um diese Sozialeinrichtung erworben. Sie war ihm ans Herz gewachsen. Zu den ursprünglichen Aufgaben dieses Hilfswerks kam in den letzten Jahren auf seine Anregung als Erweiterung des Aufgabenfeldes die Förderung wissenschaftlicher Untersuchungen auf dem Gebiet der Leibesübungen hinzu.

Das von Bernhard MÄRZ begonnene Werk setzen wir mit der Herausgabe des vorliegenden Bandes 7 der WTB-Schriftenreihe fort. Immer haben wir den Gedanken von uns gewiesen, daß unser Dr. Bernhard MÄRZ uns so plötzlich verlassen würde. Seine Rüstigkeit und Schaffenskraft, seine geistige Frische waren im Westfälischen Turnerbund sprichwörtlich, sein stiller Humor oft so treffend, daß man sein Alter vergessen konnte. Er war Turner mit Leib und Seele, ein Turnbruder im besten Sinn.

Mit diesem Band über die Olympia-Begeisterung in Westfalen glauben wir eine Aufgabe des KARL DREWER-TURNERHILFSWERKS im Westfälischen Turnerbund zu erfüllen. Wir vollenden damit eine selbstgestellte, mit großem Einsatz angegangene Verpflichtung von Dr. Bernhard MÄRZ. Er und sein Wirken werden im gesamten Westfälischen Turnerbund nicht vergessen werden.

KARL DREWER-TURNERHILFSWERK E.V.

Gerda OTTNER Dr. Gustav ALTEVOGT
stellv. Vorsitzende Vorsitzender

Grußwort

Meine westfälische Heimat bringt nicht nur Dickschädel hervor. Immerhin kann man eine solche Eigenschaft auch für manch hartnäckig erkämpften Lebenserfolg verantwortlich machen. So hat Bernhard MÄRZ das Seine in seinen turnerischen Kreisen mit Vorausschau und Konsequenz getan - durch intensive Teilnahme am Turn- und Verbindungsleben, durch den Aufbau eines Sozialwerks des Westfälischen Turnerbundes (WTB) und nicht zuletzt durch eine auf die Landschaft Westfalen bezogene Schriftenreihe zu Turnen und Sport.

Dieser siebente und hoffentlich nicht letzte WTB-Band ist Bernhard MÄRZ gewidmet und steht für eine Versöhnung der Turntradition mit der olympischen Bewegung. Die große Zahl der Olympiakämpfer und Olympioniken als Abgesandte stolzer Regionen zeigt, wie in Westfalen olympische Begeisterung reichlich mit olympischen Einsätzen und Erfolgen belohnt wurde. Damit das große Olympia nicht einfach abhebt, braucht es diese Verwurzelung vor Ort.

Prof. Dr. h.c. Willi DAUME

Ehrenpräsident des Nationalen
Olympischen Komitees für Deutschland

Ehrenmitglied des
Internationalen Olympischen Komitees

Grußwort

Im ersten Band der Schriftenreihe des Westfälischen Turnerbundes, der im Jahre 1984 erschien und mit dem unter der Leitung von Bernhard MÄRZ die WTB-Schriftenreihe ins Leben gerufen wurde, schrieb der damalige Vorsitzende Karl-Heinz KRAUSE, daß Archive als Instrumente der Rechtssicherung, als Sammelstelle für aufbewahrungswürdiges Schriftgut, Daten und Fakten, als „Gedächtnis" schlechthin durch die Jahrhunderte hindurch eine lange Tradition haben. Und so geben alle bisher veröffentlichten Bände auf ihre Weise Zeugnis der Notwendigkeit von Archiven.

Der Westfälische Turnerbund sieht sich als Verband und mit seinem KARL DREWER-TURNERHILFSWERK auch künftig verpflichtet, Turn- und Sportgeschichte zu dokumentieren und damit auch für die Zukunft zu erhalten.

So möge auch dieser Band, zu dessen Erstellung umfangreiche Recherchen notwendig waren, das besondere Interesse unserer Vereine und Verbände sowie aller mit Turnen und Sport befaßten Organisationen finden.

Oberwerries, im Dezember 1993

Michael BUSCHMEYER
Landesverbandsvorsitzender
Westfälischer Turnerbund e.V.

Vorwort

Alle Olympia-Begeisterten konzentrieren sich in den Jahren 1992 verständlicherweise auf Barcelona. Sie schauten gebannt auf die dorthin entsandten Olympiakämpferinnen und Olympiakämpfer. In dieser Zeit entwickelte sich das Konzept zu dieser Schrift.

Sie tritt einen Schritt zurück und verfolgt den Weg einiger von ihnen aus dem Blickwinkel einer bestimmten Landschaft: Westfalen. Der Blick fällt auf alle, die sich in den letzten 100 Jahren jemals aus dieser kulturellen Region in Olympiastädte aufgemacht haben, ob sie nun in Westfalen geboren wurden oder hier zeitweise ihre persönliche und sportliche Heimat nahmen.

Damit verbinden wir das große Olympia mit dem Olympia eines jeden vor Ort. Zugleich sehen wir, daß der olympische Ruhm sich in der Lebenswelt der Erfolgreichen als besonderes soziales Ansehen des Einzelnen und zugleich des „Fleckens" lange erhält. Offensichtlich bieten überschaubare Räume einen guten Ansatz für regionale Identität. Auch wenn damit gleichzeitig eine regionale Beschränkung zugestanden sein muß, so bieten doch die hier mühsam zusammengetragenen Lebens- und Sportdaten in ihrer Beziehung zu Vereinen, Kommunen und Verbänden ein Quellenangebot für weitere sozialgeschichtliche Analysen, die das bloße 1:0 auch in Familie, Beruf, soziale Umwelt und den allgemeinen sportlichen Lebensverlauf einordnen wollen. Im Ausblick auf das große Olympia schwingt individuelles und kommunales Sportleben mit.

Olympia erscheint so persönlich-menschlich und gibt zugleich Ansätze für Vergleiche, wenn auch die erwünschte Standardisierung der Daten ihren Kompromiß mit Lücken machen mußte. Hier zeigt sich generell eine Schwäche sportlicher Archivierung und Statistik, die in aller Regel sehr eng allein an den großen sportlichen Daten sich festhält.

Die Beschränkung auf die westfälische Region kann nur als ein typisches Gegengewicht und unhintergehbarer Ausgangspunkt für Teilnahme an dem großen olympischen Weltfest sein. Aus den Regionen aller Welt treibt es sie nach Olympia, in diese Regionen kehren sie zurück und leben eine Zeit von den großen Taten. Alle Begeisterten leben mit davon. Um so schlimmer, wenn dieser Traum von Geschäftemachern und Betrügern droht zerstört zu werden. Auch dieses Risiko schwingt mit.

Ein Olympia-Buch in einer turnerischen Buchreihe zeigt, welche Öffnung gegenüber früheren nationalen Beschränkungen inzwischen möglich ist. Der entscheidende Spiritus Rector dieser nunmehr siebenbändigen Reihe des Westfälischen Turnerbundes, Dr. Bernhard MÄRZ aus Dortmund, steht für eine lebenslange Aktivität im turnerischen Leben und hat gleichwohl keinen Moment gezögert, dieses Thema mit auszudenken und in Auftrag zu geben. Er steht zugleich für alle Überlegungen und Mühen zur Finanzierung des Unternehmens wie auch für die großzügige aber konsequente Leitung eines kleinen wissenschaftlichen Beirats, dessen akademische Mitglieder, die Professoren DASCHER, UEBERHORST und QUANZ, zu seinem 80. Geburtstag am 1. Dezember 1992 gerne das Versprechen zum Weitermachen geben wollen. Sicher darf auch die Unterstützung des Westfälischen Turnerbundes und seiner Vorsitzenden für ein keineswegs übliches Verbandsmanagement hoch gelobt werden. Darüber hinaus hat sich gerade am Band 7 die besonders enge Zusammenarbeit mit der Sporthochschule und seinem Carl und Liselott DIEM-Archiv (vormals Carl-DIEM-Institut) nochmals bewährt. Daher sollen auch die Autoren in Entsprechung zum eigentlichen Gegenstand dieses Buches ihre kurze Vita am Ende des Bandes finden. Ganz besonders aber geht es um die Vita von Dr. Bernhard MÄRZ: zum 80. Geburtstag am 1. Dezember 1992. Ohne ihn wären weder diese Reihe noch dieses Buch entstanden.

Ottfried DASCHER   Dietrich R. QUANZ   Horst UEBERHORST

Einführung

Drei große olympische Jubiläen sind in den nächsten Jahren zu feiern:
1994   100 Jahre Olympische Bewegung und Internationales Olympisches Komitee,
1995   100 Jahre Nationales Olympisches Komitee in Deutschland und
1996   100 Jahre Olympische Spiele.

Nicht nur für den Sporthistoriker eine Gelegenheit zurückzuschauen: So lag es nahe, daß auch der Westfälische Turnerbund sich in seiner wissenschaftlichen Schriftenreihe des Themas unter westfälischem Aspekt mit der Suche nach eben westfälischen Olympiateilnehmern annahm. Das Carl und Liselott DIEM-Archiv der Deutschen Sporthochschule Köln (vormals Carl-DIEM-Institut) erhielt den Auftrag, Biographien westfälischer Olympiateilnehmer zusammenzustellen. Zunächst war zu klären, welche „Westfalen" aufzunehmen waren. Mit Dr. MÄRZ zusammen wurde definiert, daß aufgenommen werden alle die Olympiateilnehmer, die in Westfalen geboren wurden oder die bei ihrer Teilnahme an den Spielen für einen westfälischen Verein gestartet sind. Aus diesem Grunde wurde der Titel *„Olympiateilnehmer in Westfalen"* und nicht *„aus Westfalen"* gewählt. Athleten aus Lippe-Detmold sind ebenfalls aufgenommen worden, da ihre Sportvereine den westfälischen Landesverbänden zugeordnet sind.

Bei Beginn konnten die Bearbeiter auf die Unterlagen des Olympia-Archivs TEUTENBERG zurückgreifen. Dort werden seit 1932 wichtige biographische Daten deutscher Olympiateilnehmer gesammelt, bisher ca. 6.000. Die dort vorhandenen Daten mußten ergänzt und aktualisiert werden. Fehlende Informationen waren zu beschaffen. Um dem Leser die Benutzung zu veranschaulichen, zu erleichtern und übersichtlich zu machen, mußte ein möglichst einheitliches biographisches Profil geschaffen werden. Dafür wurde ein Personalbogen entworfen.

Das Formular enthält zunächst Name und Vorname des Olympiateilnehmers. Besitzt er einen charakteristischen Spitznamen, wird dieser ebenfalls aufgeführt. Bei Frauen wird der Name genannt, den sie bei ihrer Olympiateilnahme trugen. Namensänderung durch Heirat oder Scheidung finden danach Berücksichtigung. In der zweiten Zeile wird die Sportart des Athleten genannt. Dabei wurde die Verbandsgliederung des Deutschen Sportbundes zugrundegelegt, also Schwimmer und nicht Wasserballspieler, und auch auf Disziplinbereiche verzichtet, da manche Sportler ein breiteres Startspektrum hatten, also Leichtathlet und nicht Sprinter. Funktionäre, Kampfrichter, Trainer usw. sind hier einheitlich als „Betreuer" tituliert.

In der nächsten Rubrik finden sich Daten zur Person, wie Geburt, Tod, Beruf, Stand und Maße. Beim Geburtsdatum ist nach Möglichkeit auch der Ort genannt. Während die Geburtsdaten oder über das in den Quellen erwähnte Alter das Geburtsjahr fast aller Sportler zu ermitteln war, bereiteten die Todesangaben größere Probleme. Viele Athleten lebten nicht mehr in ihrem Vereinsort, wanderten vielleicht sogar aus, Frauen bekamen durch Heirat einen anderen Namen. Mancher olympischer Ruhm geriet nach Jahrzehnten in Vergessenheit. Der Tod vieler Sportler findet im sportlichen Informationsbereich kaum Erwähnung mehr. Manchmal ist zumindest zu lesen: „Vor einigen Tagen verstarb der frühere Olympiateilnehmer...." So fehlen bei einer Reihe von Biographien das genaue Todesdatum, öfter noch der Todesort. Wenn nur bekannt ist, daß der Beschriebene nicht mehr lebt, heißt es nur „verstorben".

Einige Probleme bereiteten die Betreuer. Hier fehlen in den Listen fast immer die Geburts- und Wohnorte. So könnte es durchaus sein, daß der eine oder andere Betreuer zwar in Westfalen geboren, aber längst in einem anderen Bereich Deutschlands als Funktionär tätig ist. Die Aufnahme von Betreuern im weiteren Sinne wie Masseure, Pferdepfleger, Mechaniker und Bootsmänner u.ä. hätten den Rahmen in puncto Recherche und zeitlichem Aufwand gesprengt.

Bei der Berufsangabe ist, soweit bekannt, zunächst die Tätigkeit aufgeführt, die z.Zt. der Teilnahme an den (ersten) Olympischen Spielen ausgeübt wurde. Es können dann Angaben über die weitere Karriere folgen, z.B. „Schüler, später Student, Lehrer, heute Rentner." Ähnlich verhält es sich bei den Informationen über den Stand: „Ledig, später verheiratet." Es folgen, wenn es bekannt wurde, Angaben über Kinder. Ist der Ehepartner ein bekannter Sportler oder eine Person des öffentlichen Lebens, wird dazu Entsprechendes vermerkt. Seit 1960 gibt das deutsche NOK eine Broschüre mit biographischen Angaben über die meisten Mitglieder der Mannschaft heraus. Darin sind Daten über Größe und Gewicht enthalten, die übernommen, ergänzt und korrigiert wurden.

Es war ein besonderer Ehrgeiz der Autoren, von möglichst vielen westfälischen Olympiateilnehmern auch ein Foto abdrucken zu können. Dies ist zu über 90 Prozent gelungen. Die Suche danach war langwierig und zeitraubend. Viele Sportler stellten uns dankenswerterweise aus ihrem Privatbesitz eine Ablichtung zur Verfügung.

Nach den persönlichen Daten und der Abbildung folgen die wichtigsten Angaben, das Abschneiden bei den Olympischen Spielen „*olympisches Ergebnis*". Dieses ist so detailliert wie möglich wiedergegeben. Bei den Betreuern werden dort die „*olympischen Funktionen*" genannt.

Als nächstes wird der sportliche Werdegang der Athleten behandelt. Auch dieser Teil ist sehr ausführlich gehalten und wie folgt gegliedert: Vereinszugehörigkeiten, Beginn der Laufbahn, Erfolge bei deutschen Meisterschaften (Platz 1 bis 3), Abschneiden bei Europa- und Weltmeisterschaften und ähnlich bedeutenden Ereignissen, Rekorde und persönliche Bestleistungen, Ende der Laufbahn. Dieser Teil ist auch deshalb wichtig, weil er oft erst ein Bild von der nationalen und manchmal auch internationalen Leistungsstärke dieses Sportlers ermöglicht. Einige mehrfache deutsche Meister, sogar Weltmeister sind bei den Olympischen Spielen in der Qualifikation gescheitert oder waren nur Reserve ohne Einsatz.

Im folgenden Abschnitt wird auf die „*sportlichen Funktionen*" eingegangen. Viele Olympiateilnehmer haben sich nach Ende ihrer aktiven Laufbahn ihren Vereinen und Verbänden in vielerlei Hinsicht zur Verfügung gestellt. Danach wird auf Auszeichnungen eingegangen, die die westfälischen Olympiateilnehmer im sportlichen oder öffentlichen Leben erhalten haben. Hin und wieder ist abschließend auch auf Buchveröffentlichungen der Sportler eingegangen worden.

Ein hoher Prozentsatz von Sportlern hat zweimal, manchmal dreimal, ja sogar viermal und öfter an den Olympischen Spielen teilgenommen. Bei diesen Fällen wurde nur an der Stelle des ersten Olympiastarts die fast komplette Biographie abgedruckt. Unter „*olympischen Plazierungen/Tätigkeiten*" sind nur die Ergebnisse bei diesen Spielen abgedruckt. Es folgt ein Verweis auf die folgenden Olympiateilnahmen. Dort finden sich dann die Nachrichten über die Erfolge bei diesen Spielen.

Die Biographien sind den einzelnen Olympiaden mit deren Olympischen Spielen alphabetisch zugeordnet. Vor den Biographien der westfälischen Olympiateilnehmer der einzelnen Spiele sind kurze statistische Angaben zu diesem Ereignis abgedruckt. Das gilt auch für Spiele, die durch Kriegsereignisse ausgefallen sind bzw. an denen deutsche Sportler nicht teilgenommen haben.

Am Ende des zweiten Bandes, der in zwei Jahren erscheinen soll, sind mehrere zusätzliche Statistiken aufgeführt: Eine alphabetische Gesamtliste, eine Ordnung nach

Sportarten, nach westfälischen Vereinen (Orten), die Mehrfachteilnehmer und die Medaillengewinner und Plazierten.

Als nach Auswertung der Daten des Archivs TEUTENBERG, Informationen des Carl und Liselott DIEM-Archivs und von vielen tausend Zeitschriftenheften, Zeitungen und Büchern ein erster Entwurf fertiggestellt war, wurde dieser mit der Bitte um Korrektur und Ergänzung den noch lebenden Sportlern zugeschickt. Dabei kostete es nicht wenig Mühe, die aktuellen Adressen ausfindig zu machen, denn leider sind die Listen - wenn überhaupt vorhanden - der Vereine, Verbände und des NOKs recht lückenhaft. Es blieb den Verfassern nichts anderes übrig, als mehrfache Wege zu beschreiten. Angeschrieben wurden die Vereine, die Kreissportbünde, die Archive der Städte und Gemeinden und der entsprechende westfälische bzw. westdeutsche Landesverband. Auf diesem Wege möchten wir allen denen danken, die uns durch ihre vielen Informationen geholfen haben, und diejenigen nicht nennen, die nicht einmal geantwortet haben. Am Ende dieses Arbeitsabschnittes waren wir in der Lage, 85 Prozent der Sportler anschreiben zu können. Eine größere Anzahl von diesen Briefen kam mit dem Vermerk *„unbekannt verzogen"* zurück. Aufgrund vieler Telefongespräche mit den Einwohnermeldeämtern konnten die meisten dieser Adressen auch noch beschafft werden.

Von den angeschriebenen Olympiateilnehmern bzw. Angehörigen antworteten ungefähr 75 Prozent. Wir verdanken ihnen wertvolle Ergänzungen und vor allem gute Fotos.

Wie alle Bücher, die viele Daten - hier ca. 60.000 - enthalten, erhebt auch dieses keinen Anspruch auf Vollständigkeit und Fehlerlosigkeit. Wir sind für jede Korrektur und Ergänzung dankbar.

Auch wenn die Autoren sich zu Beginn kein realistisches Bild vom Arbeitsaufwand für dieses Buch gemacht haben und von der Fülle der Daten so überrollt wurden, daß die Bereitschaft zur Erstellung eines ähnlichen Werkes für andere Landesverbände oder gesamte Sportarten z.Zt. recht gering ist, ist ihnen dennoch bewußt, wie notwendig weitere ähnliche Schriften sind. NOK und Verbände können hier nur aufgerufen werden, Forschungsmittel für ähnliche Vorhaben bereitzustellen. Sie können damit der Sportgeschichtsschreibung helfen.

Köln, den 18. September 1993

Karl LENNARTZ   Walter TEUTENBERG

2. 1. Athen 1896

Zur Statistik:

Dauer:	06.-15.04.1896,
Deutsche Teilnehmer:	21, davon 19 am Start,
aus Westfalen:	2,
Begleiter:	8,
aus Westfalen:	Keiner.
Gewonnene Medaillen:	7 (6 $^1/_2$)[1] Gold-[2], 5 Silber-, 4 Bronzemedaillen,
von Westfalen:	
Goldmedaillen:	SCHUHMANN, Carl im Ringen, SCHUHMANN, Carl im Pferdsprung, SCHUHMANN, Carl mit der Reck-Mannschaft, SCHUHMANN, Carl mit der Barren-Mannschaft,
Silbermedaillen:	Keiner,
Bronzemedaillen:	Keiner.

---

1) Im Tennisdoppel gewannen der Deutsche TRAUN und der für Großbritannien startende Ire BOLAND den ersten Platz.

2) 1896 erhielt der Sieger eine Silber-, der Zweite eine Kupfermedaille, der Dritte blieb ohne Preis. Erst 1904 in St.Louis wurde die heutige Regelung mit Gold-, Silber- und Bronzemedaille eingeführt. Aus Gleichheitsgründen und der leichteren Verständlichkeit haben wir die heutigen Bezeichnungen auch für 1896 und 1900 übernommen.

Teilnehmer/Betreuer:

KNUBEL, Bernhard (Radfahrer),
SCHUHMANN, Carl (Turner, Leicht- und Schwerathlet).

Biographien:

KNUBEL, Bernhard

Persönliche Daten:

geb.: 13.11.1872 in Münster,
gest.: 14.04.1957 in Münster,
Beruf: Steinmetz, Fahrradmechaniker,
  ab 1896 Inhaber eines Fahrrad
  geschäftes in Münster,
  später Generalvertreter der
  Adler-Werke (Fahrräder
  und Automobile),
Stand: Ledig, später verheiratet.

Olympische Plazierungen:

100-km-Bahnrennen mit Schrittmachern: Nach 83 km aufgegeben, bei 10 Starten,

12-Stunden-Bahnrennen mit Schrittmachern: Aufgegeben, bei 8 Startern.

Wegen der kurzfristigen Nominierung konnte er sich nicht entsprechend vorbereiten und mangels Geldmitteln hatte er wie fast alle anderen deutschen Fahrer keinen Schrittmacher.

Sportlicher Werdegang:

Vereine: Radfahrer-Verein 1884 Münster,
  Radsportverein 1895 Münster, gegründet von seinem Bruder
Anton, ebenfalls ein guter Radfahrer, dazu Flieger,
Siege auf vielen Bahn- und „Kirmes"-Rennen im westfälischen Raum,
1891 Westfalenmeister auf dem Hochrad,
1892 Westfalenmeister auf dem Niederrad,
1893 Sieger Rund um Lüttich (50 km),
1894 Westfalenmeister auf dem Niederrad.

SCHUHMANN, Carl

Turner, Leichtathlet und Ringer

Carl SCHUMANN (links) und sein Finalgegner Georgios TSITAS (GRE)

Persönliche Daten:

geb.: 12.05.1869 in Münster,
gest.: 24.03.1946 in Berlin-Charlottenburg,
Beruf: Präzisionsmechaniker, Turnlehrer,
Stand: Verheiratet,
Maße: 1,58 m.

Olympische Plazierungen:

Pferdsprung: Goldmedaille, bei 17 Startern,
Reck (Mannschaft[3]): Goldmedaille, bei 3 Riegen am Start,
Barren (Mannschaft): Goldmedaille, bei einer Riege am Start,
Ringen[4]: Goldmedaille, bei 5 Startern,
Gewichtheben: 4. Platz, bei 6 Startern,
Ringeturnen: 4. Platz, bei 12 Startern,
Reck: 5. Platz, bei 16 Startern
Dreisprung: 5. Platz (ca. 11,50 m^5, bei 7 Startern,

Weitsprung : 6. Platz (5,70), bei 9 Startern,
Kugelstoßen[6]: 6. Platz (ca. 9 m), bei 7 Startern,
Barren: Plazierung unbekannt, bei 17 Startern.
Seitpferd: Plazierung unbekannt, bei 18 Startern.

Durch seinen Sieg im Ringen über den griechischen Lokalmatador Georgios TSITAS wurde er zum populärsten Sportler der Spiele und vom griechischen König am Schlußtag der Spiele besonders geehrt.

Besuchte 1906 die Athener Olympischen Spiele als Ehrengast des griechischen Kronprinzen KONSTANTIN und betätigte sich als Betreuer und Helfer der Turnriege.

1908 lebte er schon 10 Jahre in London und war Attaché der deutschen Mannschaft.

Sportlicher Werdegang:

Vereine: 1896-1889 Kölner Turnverein von 1843,
           1889-1898 Berliner Turnerschaft,
           1898-1914 Deutscher Turnverein (German Gymnastic Society) London,
           1919-1946 Charlottenburger Turngemeinde,
1889 Sieger Gauturnfest Köln, Sieger Harkortbergfest 12-Kampf, Hochsprung, Ringkampf, Deutsches Turnfest München (lobende Erwähnung),
1894 Deutsches Turnfest Breslau 6. Sieger im turnerischen Sechskampf[7],
1895 Turnfest in Rom 4 Einzelsiege,
1898 Deutsches Turnfest in Hamburg 2. Sieger,
1903 Deutsches Turnfest in Nürnberg 17. Sieger, plaziert im Ringen,
1908 Deutsches Turnfest in Frankfurt/M. 38. mit 40 Jahren.

Sportliche Funktionen:

Turnlehrer in London, während des Ersten Weltkrieges interniert auf der Insel Man, betätigte sich als Turnlehrer für die deutschen Gefangenen, danach Rückkehr nach Berlin und Vorturner bei der Charlottenburger Turngemeinde bis zum Zweiten Weltkrieg.

Auszeichnungen:

1936 war er als Goldmedaillengewinner Ehrengast bei den Spielen in Berlin und turnte in der Ehren-Altersriege mit.

---

3)   Die offizielle Bezeichnung war Riege.
4)   Es gab nur eine Klasse, noch keine Gewichtseinteilung.
5)   Bekanntgegeben wurden nur die Leistungen der ersten Beiden.
6)   In der Ausschreibung Gewichtwerfen genannt.
7)   Heute Zwölfkampf.

2. 2. Paris 1900

Zur Statistik:

Dauer:	14.05.-28.10.1900,
Deutsche Teilnehmer:	76, davon 73 am Start,
aus Westfalen:	1,
Begleiter:	Ungefähr 20,
aus Westfalen:	1
Gewonnene Medaillen:	4 Gold-, 2 Silber-, 2 Bronzemedaillen,
von Westfalen:	
Goldmedaillen:	HAINLE, Max mit der Mannschaft 10x200-m-Schwimmen,
Silbermedaillen:	Keiner,
Bronzemedaillen:	Keiner.

Teilnehmer/Betreuer:

CROY, Herzog Rudolf von (Betreuer),
HAINLE, Max (Schwimmer).

Biographien:

CROY, Rudolf Maximilian Konstantin Herzog von

Betreuer

Persönliche Daten:

geb. 13.03.1823 in Dülmen als Erbprinz von CROY-DÜLMEN
gest.: 18.02.1902 in Cannes,
Beruf: Offizier, ab 1861 Chef des standesherrlich untergeordneten fürstlichen Hauses als 11. Herzog von Croy-Dülmen mit Residenz in Schloß Merfeld bei Dülmen, erbliches Mitglied des Preußischen Herrenhauses, Rittergutsbesitzer,
Stand: Verheiratet seit dem 15.09.1853 mit Natalie Prinzessin von LIGNE, 4 Kinder.

Olympische Tätigkeiten:

Punktrichter beim Viererzugfahren,
Betreuer des deutschen Viererzuges.

Sportlicher Werdegang:

Vereine: Preußisches Kavallerie-Regiment Gardes du Corps in Berlin, Kaiserlicher Automobilclub, Automobil-Club Westfalen,
Aktiver Reiter und Gespannfahrer.

Auszeichnungen:

Ehrenritter des Malteserordens,
Prädikat Durchlaucht,
Grande von Spanien 1. Klasse,
Ritter vom Goldenen Vlies.

HAINLE, Max

Schwimmer

Persönliche Daten:

geb.: 03.02.1882 in Dortmund,
gest.: 1924,
Stand: Ledig, später verheiratet,
Beruf: Badeverwalter.

1.000-m-Freistil: Im Vorlauf Erster in 15:54,0, im Endlauf Platz 4 in 15:22,6 min, bei 24 Startern, 200-m-Mannschaftsschwimmen[8]: Goldmedaille zusammen mit Ernst HOPPENBERG (Bremen), Julius FREY, Max SCHOENE (beide Berlin) und Herbert von PETERSDORFF (Bremen) mit 32 Punkten, bei 4 Mannschaften.

Sportlicher Werdegang:

Vereine: 1894-1900 1. Stuttgarter Amateur Schwimm Club,
ab 1901 Charlottenburger Schwimmverein von 1887,
Vater war Bademeister in Dortmund, bei dem er schon als Kind das Schwimmen erlernte,
1898 Deutscher Meister über 1.500-m-Freistil in 26:59,0 min,
1898 Deutscher Vizemeister im Stromschwimmen,
1900 Deutscher Meister über 1.500-m-Freistil in 27:22,4 min,
1902 Vizeeuropameister im Kunstspringen.

---

8) Jeder mußte zweimal die Strecke schwimmen, beide Durchgänge wurden nach Platz und Punkten gewertet.

St. Louis 1904

Zur Statistik:

Dauer: 01.07.-23.11.1904,
Deutsche Teilnehmer: 24, davon 19 am Start,
aus Westfalen: Keiner
Begleiter: 3,
aus Westfalen: Keiner.
Gewonnene Medaillen: 5 Gold-, 4 Silber-, 5 Bronzemedaillen

2. 3. Athen 1906

Zur Statistik:

Dauer: 22.04.-02.05.1906,
Deutsche Teilnehmer: 58, davon 57 Starter,
aus Westfalen: 1,
Begleiter: 15,
aus Westfalen: 1.
Gewonnene Medaillen: 4 Gold-, 6 Silber-, 5 Bronzemedaillen,

von Westfalen:
    Goldmedaillen: KRÄMER, Josef mit der Tauzieher-Mannschaft.
    Silbermedaillen: Keiner,
    Bronzemedaillen: Keiner.

Teilnehmer/Betreuer:

KRÄMER, Josef (Turner, Leichtathlet),
SCHUHMANN, Carl (Betreuer)

Biographien:

KRÄMER, Josef

Turner, Leichtathlet

Persönliche Daten:

geb.: —.—.1879 in Gelsenkirchen,
verstorben,
Beruf: Bergmann, dann Hauer und Schießmeister auf der Zeche Holland in Ückendorf,
Stand: Verheiratet.

Olympische Plazierungen:

Tauziehen: Goldmedaille, bei 4 Mannschaften,
Riegenturnen[9]: 5. Platz, bei 6 Mannschaften,
Turnerischer Fünfkampf: 7. Platz ex aequo mit 90 Punkten, bei 39 Startern,
Turnerischer Sechskampf: 12. Platz mit 108 Punkten, bei 31 Startern,
Hochsprung: Nicht plaziert, bei 24 Startern,

siehe London 1908.

Sportlicher Werdegang:

Vereine: TV Ückendorf,
1903 Deutsches Turnfest in Nürnberg 47. Sieger im turnerischen Dreikampf,
1905 Turnfestsieger des Turnkreises VIII b (Westfalen).

Auszeichnungen:

Ehrengast des Organisationskomitees 1936 in Berlin.

SCHUHMANN, Carl

Betreuer

Olympische Tätigkeiten:

Betreuer der deutschen Turnriege,

Ehrengast des Präsidenten des griechischen Organisationskomitees Kronprinz KONSTANTIN,

siehe Athen 1896,

siehe London 1908.

---

9) Die deutsche Riege erhielt als fünftbestes Team 16,25 Punkte. Nach dem Reglement wurden aber Mannschaften, die 16 bis 18 Punkte erreichten, auf den zweiten Platz gesetzt.

2. 4. London 1908

Zur Statistik:

Dauer:	27.04.-31.10.1908,
Deutsche Teilnehmer:	115 (2^{10}), davon 107 (2) am Start,
aus Westfalen:	2,
Begleiter:	17,
aus Westfalen:	1.
Gewonnene Medaillen:	3 Gold-, 5 Silber-, 3 Bronzemedaillen und 2 dritte Plätze,
von Westfalen:	
Goldmedaillen:	Keiner,
Silbermedaillen:	Keiner,
Bronzemedaillen:	Keiner.

Teilnehmer/Betreuer:

von BÖNNINGHAUSEN, Hermann (Leichtathlet)
KRÄMER, Josef (Turner, Leichtathlet),
SCHUHMANN, Carl (Betreuer).

---

10) Davon in Klammern die teilnehmenden Frauen.

Biographien:

von BÖNNINGHAUSEN, Hermann

Leichtathlet

Persönliche Daten:

geb.: 24.07.1888 in Bocholt,
gest.: 26.01.1919 in Düsseldorf an den Folgen einer Kriegsverwundung,

Beruf: Student, später Arzt (Dr. med.),

Stand: Ledig.

Olympische Plazierungen:

100-m-Lauf: als Vorlauffünfter ausgeschieden in 12,0 sec, bei 60 Startern, siehe Stockholm 1912.

Sportlicher Werdegang:

Vereine: 1906-1911 SC Preußen Duisburg,
           ab 1911   Sportabteilung des TV München 1860 (als Student),
1906 Beginn sportliche Laufbahn, startete meistens unter dem Pseudonym „AJAX"[1],
1908 Westdeutscher Meister über 110-m-Hürden,
1907 Deutscher Rekord im Weitsprung mit 6,80 m,
1911 Deutscher Rekord über 110-m-Hürden in 14,4 sec,
1912 Deutscher Rekord über 110-m-Hürden in 15,9 sec,
hervorragender Staffelläufer, meistens als Schlußläufer über 4x100 m oder 10x100 m, lief in München als Student mit der 4x100-m-Staffel des TV 1860 München zweimal 45,8 sec, damals die zweitschnellste deutsche Vereinsstaffelzeit,
1913 Ende der aktiven Laufbahn.

KRÄMER, Josef

Olympische Plazierungen

Turnerischer Siebenkampf: Keine Plazierung unter den ersten Zwanzig bei 97 Teilnehmern[12],

siehe Athen 1906.

SCHUHMANN, Carl

Betreuer

Olympische Tätigkeiten:

Attaché der deutschen Mannschaft,

siehe Athen 1896,

siehe Athen 1906.

---

11) War bei Schülern, Studenten und Beamten üblich, um zu vermeiden, daß vorgesetzte Stellen aus der Presse von der sportlichen Tätigkeit zu sehr unterrichtet wurden.
12) Bekannt gegeben wurden nur die ersten 20, auch im Offiziellen Bericht.

2. 5. Stockholm 1912

Zur Statistik:

Dauer:	05.05.-22.07.1912,
Deutsche Teilnehmer:	197 (5), davon 187 (5) am Start,
aus Westfalen:	1,
Begleiter:	Ungefähr 45,
aus Westfalen:	2.
Gewonnene Medaillen:	5 Gold-, 13 Silber-, 6 Bronzemedaillen und 1 dritter Platz,
von Westfalen:	
Goldmedaillen:	Keiner,
Silbermedaillen:	Keiner,

Teilnehmer/Betreuer:

von BÖNNINGHAUSEN, Hermann (Leichtathlet),
MARKUS, Karl (Betreuer),
SANß, Walter (Betreuer)

Biographien:

von BÖNNINGHAUSEN, Hermann

Olympische Plazierungen:

110-m-Hürden: Vorlaufzweiter in 17,0, als Zwischenlaufzweiter ausgeschieden in ca. 16,8 sec, bei 21 Startern,

siehe London 1908.

MARKUS, Karl

Betreuer

Persönliche Daten:

geb: 05.05.1880 in Breslau,
 verstorben,
Beruf: Redakteur, seit 1926 freier
 Schriftsteller, nach
 dem Ersten Weltkrieg
 Schriftleiter einer Leipziger
 Sportzeitung, Wohnort:ab 1910
 in Brünninghausen/
 Kreis Hörde.

Olympische Tätigkeiten:

Betreuer der Leichtathleten.

Sportlicher Werdegang:

Seit 1896 aktiver Fußballspieler und Leichtathlet in Breslau, mehrfacher schlesischer Staffelmeister,

Sportliche Funktionen:

Hatte großen Anteil an der Entwicklung des schlesischen Fußballsports, u.a. beteiligt an der Gründung des SC Schlesien Breslau 1901 und des Verbandes Breslauer Fußballvereine (1903),
1908 Beisitzer im Vorstand der Deutschen Sportbehörde für Athletik,
ab 1913 langjähriger Geschäftsführer des Westdeutschen Spielverbandes in Düsseldorf
1926 Pressechef der Deutschen Kampfspiele in Köln,
1910-1912, 1921-1922 Mitherausgeber der Jahrbücher des Deutschen Fußball-Bundes als Mitglied des Jahrbuchausschusses,
1909-1910 2. Schriftführer des DFB,
1912 Vertreter des Westdeutschen Spielverbandes im DFB.

SANß, Walter

Kampfrichter

Der 1905 gewählte DFB-Vorstand: 2. von links: Walter Sanß

Persönliche Daten:

geb: 30.05.1879,
gest.: —.—.1946.

Olympische Tätigkeiten:

Betreuer der Fußballmannschaft,
Linienrichter eines Fußballspiels der Trostrunde.

Sportlicher Werdegang:

Vereine: Dortmunder FC von 1895,
Fußballspieler und Leichtathlet (Mittelstreckler),

Sportliche Funktionen:

Fußballschiedsrichter und -Funktionär,
Geschäftsführer des Dortmunder FC von 1895,
1905-1910 1. Schriftführer des DFB,
ab 1910 bis nach dem Ersten Weltkrieg nach Einrichtung einer Geschäftsstelle in Dortmund hauptamtlicher Geschäftsführer des DFB,
zog sich 1921 aus allen Ämtern zurück.

Berlin 1916

Wegen des Ersten Weltkrieges fielen die Spiele der V. Olympiade aus.

Antwerpen 1920

Dauer: 07.07.-12.09.1920,
20.04.-30.04.1920 (Wintersport).

Keine deutsche Beteiligung, da die „Mittelmächte" Deutschland, Österreich, Ungarn, Bulgarien und die Türkei als Kriegsverlierer vom belgischen Organisationskomitee nicht eingeladen worden waren.

Chamonix 1924

Dauer: 25.01.-05.02.1924.

Keine deutsche Beteiligung, da Deutschland vom französischen Organisationskomitee nicht eingeladen worden war.

Paris 1924

Dauer: 04.05.-27.07.1924.

Keine deutsche Beteiligung, da Deutschland vom französischen Organisationskomitee nicht eingeladen worden war.

Sankt Moritz 1928

Dauer: 11.02.-19.02.1928,
Deutsche Teilnehmer: 65 (6), davon 47 (5) am Start,
aus Westfalen: Keiner,
Begleiter: Ungefähr 30,
aus Westfalen: Keiner,
gewonnene Medaillen: 1 Bronzemedaille.

2. 6. Amsterdam 1928

Zur Statistik:

Dauer: 28.07.-12.08.1928,
Deutsche Teilnehmer: 247 (36), davon 214 (31) am Start,
aus Westfalen: 18 (3), davon 16 (2) am Start,
Begleiter: Ungefähr 120 (6),
aus Westfalen: 4 (1),
Gewonnene Medaillen: 10 Gold-, 7 Silber-, 14 Bronzemedaillen, dazu 1 Gold-, 2 Silber-, 5 Bronzemedaillen in den Kunstwettbewerben,

von Westfalen:
Goldmedaillen: Keine(r),
Silbermedaillen: HOUBEN, Hubert mit der 4x100-m Staffel,
SPERLING, Eduard im Ringen Leichtgewicht (griechisch/römisch),
Bronzemedaillen: Keine(r),
Vorführgruppe[11]: 143 [12] (68),
aus Westfalen: 4 (1).

---

11) Demonstriert wurde ein Übungsprogramm der Deutschen Hochschule für Leibesübungen Berlin
12) Gemeldet wurden 149, sechs (vier) nahmen an der Vorführung nicht teil.

Teilnehmer/Betreuer:

BÖCHER, Herbert (Leichtathlet),
DOBERMANN, Rudolf (Leichtathlet,
GERHARDT, Paul (Leichtathlet),
HANDSCHUHMACHER, Walter (Schwimmer),
HOFFMEISTER, Hans (Leichtathlet),
HOUBEN, Hubert (Leichtathlet),
JOKSCH, Anton (Radfahrer),
KUZORRA, Ernst (Fußballer),
MEIER, Wilhelm (Leichathlet),
REHBORN, Anni (Schwimmerin),
REHBORN, Hanni (Schwimmerin),
REHBORN, Julius (Schwimmer),
RUPERTI, Oskar (Betreuer),
SCHÖNRATH, Hans (Boxer),
SÖHNCHEN, Lini (Schwimmerin),
SPERLING, Eduard (Ringer),
STEINIG, Ernst (Ringer),
STELGES, Hans Ludwig (Leichtathlet),
STERN, Julius (Betreuer),
STERN, Ruth (Betreuerin),
STÜBECKE, Bernhard (Radfahrer),
VAHLKAMP, Eugen (Betreuer),
VORFÜHRGRUPPE (Demonstration).

Biographien:

BÖCHER, Herbert

Leichtathlet

Persönliche Daten:

geb: 22.02.1903 in Siegen,
gest.: —.01.1983 in Koppl bei Salzburg,
Beruf: Student an der Deutschen Hochschule für Leibesübungen in Berlin, später Diplom-Sportlehrer, u.a. von 1929 bis 1932 Trainer der chinesischen Leichtathleten an der Universität Mukden, nach dem Zweiten Weltkrieg in Westfalen, zuletzt in Lünen, Sportjournalist ab 1933,
Stand: Verheiratet.

von links: Fredy MÜLLER, Hermann ENGELHARD, Otto PELTZER, Herbert BÖCHER

Olympische Plazierungen:

1.500 m: Vorlauf 1. in 3:59,6 min, Endlauf nach etwa 1.000 Metern aufgegeben, bei ca, 45 Teilnehmern.

Sportlicher Werdegang:

Vereine: 1921-1923 Sportfreunde Siegen,
1924-1926 Kölner Ballspiel Club,
1926 und wieder ab 1929 SC Charlottenburg Berlin,
1927-1928 SC Teutonia 1899 Berlin,
1921 Beginn sportliche Laufbahn als Leichtathlet, Skiläufer und Fußballspieler,
1923 DT[13]-Meister über 800 m beim Deutschen Turnfest,
1925 Deutscher Vizemeister über 1.500 m und in der 3x1.000-m-Staffel,

---

13) Deutsche Turnerschaft.

1926 Deutscher Meister über 800 m,
1926 Deutscher Meister über 800 m,
1928 Deutscher Meister in der 4x400-m-Staffel,
1929 Deutscher Meister in der 4x400-m-Staffel,
1927 Deutscher Meister in der 4x1.500-m-Staffel,
1929 Deutscher Meister in der 4x1.500-m-Staffel,
1929 Deutscher Meister in der 4x1.500-m-Staffel,
1926 Kampfspielsieger über 1.500 m,
1926 Deutscher Rekord in der Olympischen Staffel in 3:33,0,
1926 Englischer Vizemeister über eine halbe Meile,
1927 Englischer Vizemeister über eine halbe Meile,
1927 Deutsche Rekorde in der 4x1.500-m-Staffel in 17:16,4 und 16:41,0, 1929 in 16:26,0 (Vereinsstaffeln),
1928 Deutscher Rekord in der 4x400-m-Staffel in 3:17,2 (Vereinsstaffel),
1929 Deutscher Rekord in der 4x800-m-Staffel in 8:00,2, (Vereinsstaffel), dann 7:44,8 mit der Nationalstaffel in London,
1927 Weltrekord in der 4x800-m-Staffel in 8:01,0,
Bestzeiten: 800 m - 1:52,8 (1928), 1.000 m - 2:28,4 (1927), 1.500 m - 3:55,0 min (1928),
11 Länderkämpfe, von 1922-1929 bei allen Länderkämpfen eingesetzt, spielte im Winter Fußball und Handball,
1929 Ende der aktiven Laufbahn.

Sportliche Funktionen:

1928-1932 Sportlehrer an der Universität Mukden/China,
ab 1934 Gausportführer im Gau III (Berlin-Brandenburg) im Deutschen Reichsbund für Leibesübungen.

DOBERMANN, Rudolf („Rudi")

Leichtathlet

Persönliche Daten:

geb: 14.12.1902 in Iserlohn,
gest.: 01.11.1979 in Sao Paulo,
Beruf: Sportlehrer, 1931 ausgewandert nach Brasilien, dort als Sportlehrer tätig, später Kaufmann in Sao Paulo,
Stand: verheiratet.

Olympische Plazierungen:

Weitsprung: Im Vorkampf als 18. mit 6,91, 6,81 und 6,80 m bei 41 Teilnehmern ausgeschieden, nachdem er noch am 10.06.1928 mit 7,645 m in die Weltspitze gesprungen war.

Sportlicher Werdegang:

Vereine: 1922-1929 SC Köln-Marienburg,
1930-1931 SC Köln 99,
1917 Beginn sportliche Laufbahn (Gymnasium in Koblenz) als Ruderer, Schwimmer, Leichtathlet und Fußballer, alles wahllos, ab 1922 in Köln systematisches Leichtathletik-Training unter Trainer Christian BUSCH,
1924 Westdeutscher Zehnkampfmeister,
1925 Deutscher Meister im Weitsprung,
1926 Deutscher Meister im Weitsprung,
1927 Deutscher Meister im Weitsprung,
1929 Deutscher Vizemeister im Weitsprung,
1927 Englischer Meister im Weitsprung,
1928 Englischer Vizemeister im Weitsprung,
1930 Kampfspielsieger im Weitsprung,
1926 Deutscher Rekord im Weitsprung mit 7,36 m, 1927 mit 7,53 m, 1928 mit 7,645 m,
persönliche Bestleistungen: Weitsprung - 7,645 m, 100 m - 10,7 sec, Kugelstoßen - 14,80 m,
9 Länderkämpfe zwischen 1925 und 1930,
1931 Beendigung seiner leichtathletischen Laufbahn.

Sportliche Funktionen:

Ab 1934 Trainer des Brasilianischen Leichtathletikverbandes.

GERHARDT, Paul

Leichtathlet

Von links: Paul HEMPEL, Franz WANDERER, Paul GERHARDT, Kurt SCHNEIDER

Persönliche Daten:

geb: 06.12.1901 in Hannover,
verstorben,
Beruf: Schlosser, später Polizeibeamter,
Maße: 1,65 , 60 kg.

Olympische Plazierungen:

Marathonlauf: Platz 50. in 3:09:30,0 std, bei 60 Teilnehmern.

Sportlicher Werdegang:

Vereine: ab 1919 FV Weilburg,
Sportfreunde Siegen (1928),
ab 1934 Polizei SV Berlin,

1919 Beginn sportliche Laufbahn als Fußballspieler,
1926 8. Marathon Deutsche Kampfspiele in Köln,
1927 Westdeutscher Meister über 10.000 m,
1928 3. der Deutschen Waldlaufmeisterschaften (Mannschaft),
1928 Sieger der Olympia-Qualifikation in 2:33:41,2, (zu kurze Strecke),
1931 Österreichischer Vizemeister im Marathon,
1934 Deutscher Meister Marathon-Mannschaft,
1934-1935 Deutscher Vizemeister im Marathon,
1935 Deutscher Vizemeister Marathon-Mannschaft,
1937 Deutscher Vizemeister Marathon-Mannschaft,
1934 Europameisterschaften aufgegeben,
1934 Bestzeit in 2:31:50,0.

HANDSCHUHMACHER, Walter

Schwimmer

Persönliche Daten:

geb: 20.03.1904 in Dortmund,
        verstorben.

Olympische Plazierungen:

400-m-Freistil: im Vorlauf als Dritter in 5:32,0 min ausgeschieden, bei 26 Startern, 1.500-m-Freistil: im Vorlauf als Vierter in 22:18,6 min ausgeschieden. Er hatte das Pech, in den absolut schnellsten Vorlauf gelost zu werden, denn mit Arne BORG (SWE), CHARLTON (AUS) und CRABBE (USA) waren die weltbesten und späteren Gewinner der drei Medaillen am Start. Sie schwammen alle in diesem Rennen über eine Minute schneller als die Sieger der anderen Vorläufe. Insgesamt waren 19 Schwimmer am Start.

Sportlicher Werdegang:

Vereine: Schwimmverein Westfalen Dortmund,
1926 Deutscher Meister im Stromschwimmen (7,5 km),
1927 Deutscher Meister im Stromschwimmen (7,5 km),
1928 Deutscher Meister 1.500-m-Freistil,
1928 Deutscher Meister im Stromschwimmen (7,5 km),
1929 Deutscher Meister im Stromschwimmen (7,5 km),
1926 Deutscher Kampfspielsieger über 1.000 m,
1928 Deutsche Rekorde über 800-m-Freistil in 11.25,9, 1.000-m-Freistil in 14:21,1 und 1.500-m-Freistil in 21:39,7 min, alle in einem Rennen bei den Deutschen Meisterschaften.

HOFFMEISTER, Hans „Hoheit"

Leichtathlet

Persönliche Daten:

geb: 17.03.1901 in Münster,
gest.: 09.01.1981 in Münster,
Beruf: Grafiker in Münster, später
       Karikaturist bei
       Tageszeitungen, Rentner,
Stand: Ledig, später verheiratet,
       1 Sohn,

Maße: 1,96 m, 93 kg.

Olympische Plazierungen:

Diskuswerfen: Im Vorkampf als 25.
mit 39,17 m als Weltrekordinhaber
(48,77 m) ausgeschieden, bei 34 Teilnehmern,
gehörte 1932 zum Olympiakader, wurde aber nicht nominiert.

Sportlicher Werdegang:

Vereine: seit 1920 SC Münster 08,
            ab 1930 Hannover 1896,
1920 Beginn sportliche Laufbahn, später Spitzname „Hoheit",
1924 Deutscher Vizemeister im Diskuswerfen,
1925 Deutscher Vizemeister im Diskuswerfen,
1926 Deutscher Meister im Diskuswerfen,
1927 Deutscher Vizemeister im Speerwerfen,
1926 Deutscher Kampfspielsieger in Köln,
1928 Deutscher Vizemeister im Diskuswerfen,
1930 Deutscher Meister im Diskuswerfen,
1931 Deutscher Meister im Diskuswerfen,
1927 Englischer Meister im Diskuswerfen,
1927 Deutscher Rekord mit 47,04 m,
1928 Internationaler Irischer Meister im Diskuswerfen,
1928 Internationaler Irischer Meister im Speerwerfen,
1928 Deutscher Rekord mit 48,77, gleichzeitig Weltrekordweite, wurde aus unbekannten Gründen nicht dem Internationalen Leichtathletikverband zur Anerkennung eingereicht,
persönliche Bestleistung im Speerwerfen 64,00 m(1927),
13 Länderkämpfe zwischen 1924 und 1931,
1932 Ende der aktiven Laufbahn.

HOUBEN, Hubert

Leichtathlet

Persönliche Daten:

geb: 24.02.1898 in Goch,
gest.: 09.11.1956 in Krefeld,
Beruf: Kaufmännischer Angestellter,
   später Besitzer eines Sportge-
   schäftes in Krefeld,
   Sportjournalist,
Stand: Verheiratet mit Gertrud
   FRIEDRICH,
Größe: 1,69 m.

Staffelwechsel zwischen Dr. Wichmann — Houben

Olympische Plazierungen:

4x100-m-Staffel: Silbermedaille (Georg LAMMERS, Richard CORTS, Hubert HOUBEN, Helmut KÖRNIG) in 41,2 sec nach einem völlig verpatzten letzten Wechsel von HOUBEN, der bei der Wechselmarke noch mit einem Meter führte, zu KÖRNIG, der zu früh loslief und abstoppen mußte, bei 13 teilnehmenden Staffeln.

100 m: Vorlauf 1. in 11,0, Zwischenlauf 2^{14}, in der Vorentscheidung als 4. in 10,7 sec nach schlechtem Start ausgeschieden, bei 60 Startern.

Sportlicher Werdegang:

Vereine: 1912-1920 SV Viktoria Goch (als Fußballspieler),
   gleichzeitig TV Goch (als Turner) und
   Schwimmverein Goch (als Schwimmer),
   1920-1922 TV Krefeld, hieß ab 1921 SC Komet,
   1922-1927 Preußen Krefeld,
   ab 1927 TuS 1848 <u>Bochum</u>,
1912 Beginn sportliche Laufbahn als Fußballspieler,
1921 Deutscher Meister über 100 m,
1921 Deutscher Meister über 200 m,

---

14)   Zeiten wurden oft nicht bekanntgegeben.

1922 Deutscher Meister über 100 m,
1922 Deutscher Meister über 200 m,
1923 Deutscher Meister über 100 m,
1923 Deutscher Meister über 200 m,
1924 Deutscher Meister über 100 m,
1924 Deutscher Meister in der 4x100-m-Staffel,
1927 Vizemeister über 100 m,
1927 Deutscher Vizemeister in der 4x100-m-Staffel,
1928 Vizemeister über 100 m,
1922 Kampfspielsieger über 100 m,
1927 Englischer Meister über 100 m,
1924 Deutscher Rekord über 200 m in 21,4 und in der 4x100-m-Staffel in 42,2,
1926 in 41,8 und 1927 in 41,0, (alle Länderstaffel,
1927 Deutscher Rekord über 300 m in 34,2 sec,
1924 Weltrekord über 100 y in 9,5 sec,
1928 Weltrekord über 4x100 m (Arthur JONATH, Richard CORTS,
    Hubert HOUBEN, Helmut KÖRNIG) in 40,8 sec,
1921 Teilnehmer beim ersten deutschen Leichtathletikländerkampf
    (gegen die Schweiz),
1921-1928 acht Länderkämpfe mit 19 Einsätzen,
war Anfang der 20er Jahre einer der schnellsten Läufer der Welt, besiegte 1924 in Berlin über 100 m die amerikanischen Olympiasieger Charles PADDOCK und Loren MURCHISON, in diesem Jahr ungeschlagen, war 1928 über den Zenit seines Könnens hinaus, beendete 1930 seine Laufbahn.

Auszeichnungen:
Ehrengast des Organisationskomitees 1936 in Berlin.

JOKSCH, Anton

Radfahrer

Persönliche Daten:
geb: 13.04.1900 in Dortmund,
verstorben,
Beruf: Bauschlosser.

Olympische Plazierungen:
4000-m-Mannschafts-Verfolgungsrennen: Vorlaufsieger gegen Kanada, im Zwischenlauf gegen den späteren Olympiasieger Italien ausgeschieden, so Platz 5 ex aequo, bei 12 Mannschaften.

Sportlicher Werdegang:
Vereine: 1. Rad- und Motorsportverein Vehmlinde 1921 (bei Dortmund),
stammte aus einer alten Dortmunder Radrennfahrerfamilie,
seit 1920 Radsportler,
vielfacher Gau- und Landesverbandsmeister,
gehörte mehrere Jahre der Nationalmanschaft an,
1927 Teilnehmer an der Weltmeisterschaft.

KUZORRA, Ernst

Fußballer

Persönliche Daten:

geb: 16.10.1905 in
Gelsenkirchen-Schalke,

gest.: 01.01 1990 in
Gelsenkirchen-Schalke,

Beruf: Bergmann, später Kaufmann, seit 1937 Besitzer eines Tabakwarengeschäftes,

Stand: Verheiratet mit Elli GEHRING aus Schalke, zwei Töchter.

Olympische Plazierungen:

Kam als Ersatzspieler nicht zum Einsatz. Die deutsche Mannschaft schied auch schon im Viertelfinale, d.h. im zweiten Spiel gegen Uruguay mit 1:4 aus, bei 16 Mannschaften.

Sportlicher Werdegang:

Die beiden Schwäger Fritz Szepan und Ernst Kuzorra

Vereine: 1919 TuS Schalke 1877, der 1924 nach Fusion in FC Schalke 04 umbenannt wurde,
1919-1949 aktiver Spieler der 1. Mannschaft (30 Jahre), davon 25 Jahre Kapitän, meist als Halblinker oder Mittelstürmer eingesetzt, wurde von seinen Mannschaftskameraden nur „Clemens" genannt, weil drei Spieler den Vornamen „Ernst" trugen,
1930/31 wegen überhöhter Spesen vom DFB mit der ganzen 1. Mannschaft für 10 Monate gesperrt,
1929 Westdeutscher Meister,
1930 Westdeutscher Meister,
1932 Westdeutscher Meister,
1933 Deutscher Vizemeister,

1934 Westdeutscher Meister,
1934 Deutscher Meister,
1935 Deutscher Meister,
1937 Deutscher Meister,
1938 Deutscher Vizemeister,
1939 Deutscher Meister,
1940 Deutscher Meister,
1941 Deutscher Meister,
1942 Deutscher Vizemeister,
1937 Deutscher Pokalsieger, außerdem 1935, 1936, 1942, 1941 im Pokalendspiel, nur 12 Länderspiele (7 Tore) zwischen 1927 und 1938, da er sich mit Reichstrainer Otto NERZ nicht gut verstand, dafür zahlreiche Repräsentativspiele für Westdeutschland und Westfalen,
prägte mit seinem Schwager Fritz SZEPAN das Schalker Spiel, den bekannten Schalker Kreisel,
SZEPAN und KUZORRA gehörten in den 30er Jahren zu den besten Halbstürmern der Welt.

Sportliche Funktionen:

langjähriges Vorstandsmitglied, u.a. Obmann der Vertragsspieler, 1976 Vizepräsident, seit 1977 Ehrenpräsident von Schalke 04,
1952 Erwerb der DFB-Trainerlizenz, danach 5 Jahre Trainer der SpVgg Erckenschwick.

Auszeichnungen:

1979 Bundesverdienstkreuz,
1985 Ehrenbürger von Gelsenkirchen,
Goldene Ehrennadel und Goldener Ehrenring des FC Schalke 04.

Veröffentlichung:

KUZORRA, Ernst - Erinnert sich. Der Blau-weiße Kreisel, Gelsenkirchen 1980.

MEIER, Wilhelm

Leichathlet

Persönliche Daten:

geb: 13.04.1907 in Herten-Scherlebeck,
gest.: 19.03.1979 in München,
Beruf: Medizinstudent, später Arzt,
Maße: 1,89 m, 86 kg.

Olympische Plazierungen:

Weitsprung: Nach 4. Platz im Vorkampf mit 7,39 auch Rang 4 in der Entscheidung, nur 1 cm hinter der Bronzemedaille, Serie 7,35, 7,39, x, x, 7,27, 7,23 m, bei 41 Startern.

Sportlicher Werdegang:

Vereine: 1921-1927 DSC Arminia Bielefeld,
ab 1927 als Student für Preußen Stettin,
ab 1928 SCC Berlin,
als junger Arzt beim SC Geestemünde und
SG Wickersdorf/Thüringen,
Grünstern Meschede,
TuSpo Meschede
1919 Beginn sportliche Laufbahn,
1927 3. Deutscher Meister,
1928 Deutscher Vizemeister,
1929 Deutscher Studentenmeister (Universität Berlin),
1928 persönliche Bestleistung mit 7,53 m, nur acht Deutsche sprangen bis 1945 über 7,50 m,
1925 erster Sprung über 7 m (7,10),
3 Länderkämpfe zwischen 1928 und 1929.

REHBORN, Anni

Schwimmerin

Persönliche Daten:

geb: 25.08.1904 in Langenberg,

gest.: 1948 (?),

Beruf: Haustochter,

Stand: Ledig, später verheiratet mit Prof. Dr. Karl BRANDT(1904-1948), einem der Leibärzte HITLERs.

Olympische Plazierungen:

Kein Start wegen Unpäßlichkeit, war gemeldet für die 4x100-m-Freistilstaffel und das 100-m-Rückenschwimmen.

Sportlicher Werdegang:

von links: Lini SÖHNCHEN, Anni und Hanni REHBORN

Vereine: Damen Schwimmverein Bochum,
1923 Deutsche Meisterin über 100-m-Freistil,
1923 Deutsche Meisterin über 100-m-Rücken,
1924 Deutsche Meisterin über 100-m-Freistil,
1924 Deutsche Meisterin über 100-m-Rücken,
1925 Deutsche Meisterin über 100-m-Rücken,
1927 Deutsche Meisterin über 100-m-Rücken,
1928 Deutsche Meisterin über 100-m-Rücken,
1929 Deutsche Meisterin über 100-m-Rücken,
1926 Siegerin Deutsche Kampfspiele über 200-m-Rücken,
1927 3. Europameisterin in der 4x100-m-Freistil-Staffel,
Deutsche Rekorde: 100-m-Freistil - 1:20,0 (1924/100-m-Bahn), 200-m-Freistil - 3:04,8 (1926), 100-m-Rücken - 1:29,2 (1925), 1:28,6 min (1927), dazu 3 Staffelrekorde.

REHBORN, Hanni

Schwimmerin

Persönliche Daten:

geb: 20.11.1907 in Bochum, die jüngere
Schwester von Hanni und Julius REHBORN,
Beruf: Haustochter,
Stand: Ledig.

Olympische Plazierungen:

Turmspringen: Nach 3. Rang in der Vorkampfgruppe mit 28,20 Punkten und Platzzahl 14,5, Platz 6 im Endkampf mit 26,60 Punkten und Platzzahl 26, bei 17 Starterinnen.

Sportlicher Werdegang:

Vereine: Damen Schwimmverein Bochum,
1927 3. Europameisterin im Turmspringen,
Eine deutsche Meisterschaft im Turmspringen für Damen gab es noch nicht, erst ab 1933.

REHBORN, Julius

Schwimmer

Persönliche Daten:

geb: 30.12.1899 in Langenberg, der älteste der drei REHBORN-Geschwister,

verstorben,

Beruf: Bademeister.

Olympische Plazierungen:

Turmspringen: 3. Rang in seiner Vorkampfgruppe mit 83,46 Punkten und der Platzziffer 15, 9. Platz im Endkampf mit 67,78 Punkten und der Platzziffer 43, bei 24 Teilnehmern.

Sportlicher Werdegang:

Vereine: Schwimmverein in Bochum,
Schwimmverein 05 Erfurt,
1925 4. Deutscher Meister im Turmspringen.

RUPERTI, Oskar

IOC-Mitglied und Betreuer

Persönliche Daten:

geb: 16.04.1877 in Hamburg,
gest.: 20.11.1958 in Hamburg,
Beruf: Jurastadium, Dr. jur., Rechtsanwalt in Hamburg, Kaufmann, Rechtsbeistand und Vorstandsmitglied Deutsche Oil Company, nach dem ersten Weltkrieg Vorstandsvorsitzender in der Chemie-Industrie, u. a. BV Aral AG, Chemische Industrie A.G. Bochum, in vielen Aufsichtsräten, einer der bedeutendsten Industriemanager Deutschlands,

Stand: Verheiratet mit Ada HANSEN.

Olympische Tätigkeiten:

1924-1929 IOC-Mitglied,
1911-1929 Mitglied des Deutschen Reichsausschusses für Olympische Spiele/ Leibesübungen,
1912 Delegationsleiter der deutschen Rudermannschaft in Stockholm,
1914 Mitglied der deutschen Delegation beim Olympischen Kongreß in Paris,
1926-1929 Mitglied im Deutschen Olympischen Ausschuß,
1928 Delegationsleiter der deutschen Rudermannschaft.

Sportlicher Werdegang:

Vereine: Hamburger und Germania Ruderclub Hamburg, während des Studiums Universität Cambridge, nach dem Ersten Weltkrieg zeitweise bei ETUF Essen, aktiver Ruderer seit 1892 bis ins hohe Alter.

Sportliche Funktionen;

Vorsitzender des Hamburger und Germania Ruderclubs,
später Ehrenvorsitzender,
1910-1919 2. Vorsitzender Deutscher Ruderverband,
1919-1926 Vorsitzender Deutscher Ruderverband,
ab 1926 Ehrenvorsitzender.

Auszeichnungen:

1954 Bundesverdienstkreuz.

Veröffentlichungen:

Führer für Wanderruderer, Berlin 1910,

Übungs- und Wander-Boote. Eine Anweisung für den Ankauf und die Pflege von Booten und Inventar, Berlin 1912.

SCHÖNRATH, Hans

Boxer

Persönliche Daten:

geb: 08.11.1902 in Gronau,
gest.: 18.02.1945 beim Untergang des Lazarettschiffs „General Steuben" vor Pillau ertrunken,

Beruf: Schmelzer, später Berufsboxer.

Olympische Plazierungen:

Schied bei nur 10 Teilnehmern nach Freilos in der Qualifikation des Schwergewichtboxens im ersten Kampf durch knappe Punktniederlage gegen den späteren Silbermedaillengewinner Nils A. RAMM (SWE), gegen den er schon 1927 bei der Europameisterschaft in Berlin im Finale verloren hatte, aus, lieferte den wohl besten Kampf seiner Amateurlaufbahn.

Sportlicher Werdegang:

Vereine: Boxclub 1920 Krefeld,
1925 Deutscher Meister im Schwergewicht,
1928 Deutscher Meister im Schwergewicht,
1925-1928 Westdeutscher Meister im Schwergewicht,
1927 Vize-Europameister,
1930 Deutscher Meister im Schwergewicht der Berufsboxer, den er 1931 wieder verlor,
5 internationale Starts (3 Siege, 2 Niederlagen).
Sein Bruder Jakob war ebenfalls in den 30er Jahren ein bekannter Profiboxer.

SÖHNCHEN, Lini

Schwimmerin

Persönliche Daten:

geb: 19.07.1897 in Witten/Ruhr, verstorben.

Olympische Plazierungen:

Kunstspringen: Im Endkampf (kein Vorkampf) 6. Platz mit 63,28 Punkten und der Platzziffer 34, bei 10 Teilnehmern.
Ihr Wettkampf wurde am 09.08. durchgeführt. Sie war damit die erste Westfälin, die bei Olympischen Spielen an den Start ging.

Hatte sich schon 1914/15 für die Olympischen Spiele 1916 in Berlin qualifiziert.

Sportlicher Werdegang:

Vereine: Schwimm-Verein Gelsenkirchen von 1904,
bis 1923 Neptun Osnabrück,
1924-1928 ATBS Bremen
ab 1929 Bremer Sportfreunde 1885/91,
1921 Deutsche Meisterin im Kunstspringen,
1922 Deutsche Meisterin im Kunstspringen,
1924 Deutsche Meisterin im Kunstspringen,
1925 Deutsche Meisterin im Kunstspringen,
1926 Deutsche Meisterin im Kunstspringen,
1927 Deutsche Meisterin im Kunstspringen,
1928 Deutsche Meisterin im Kunstspringen,
1929 Deutsche Meisterin im Kunstspringen,
1922 Kampfspielsiegerin,
1921 Österreichische Meisterin,
1926 Holländische Meisterin,
1927 Vizeeuropameisterin.

SPERLING, Eduard („Ede")

Ringer

Persönliche Daten:

geb: 29.11.1902 in Hamm,
gest.: 25.02.1985 in Dortmund,
Beruf: Chauffeur, Hausmeister in Dortmund.

Olympische Plazierungen:

Silbermedaille: Leichtgewicht (griechisch-römisch) nach 4 Schultersiegen, einem Punktsieg und je einer Schulter- und Punktniederlage, bei 19 Startern,

siehe Los Angeles 1932.

Sportlicher Werdegang:

Vereine: bis 1926 SV Nürnberg 04 Maxvorstadt
Athletik Sportverein (ASV) 94 Heros Dortmund,
1926 Deutscher Vizemeister im Leichtgewicht,
1926 Deutscher Mannschaftsmeister,
1927 Deutscher Meister im Leichtgewicht,
1929 Deutscher Mannschaftsmeister,
1931 Deutscher Meister im Leichtgewicht,
1932 Deutscher Meister im Leichtgewicht,
1932 Deutscher Mannschaftsmeister,
1933 Deutscher Meister im Leichtgewicht,
1934 Deutscher Meister im Federgewicht,
1936 Deutscher Meister im Leichtgewicht,
1926 2. Kampfspielsieger im Leichtgewicht,
1927 Europameister im Leichtgewicht,
1929 Europameister im Leichtgewicht,
1932 Europameister im Leichtgewicht,
12 Länderkämpfe (11 Siege).

Auszeichnungen:

Ehrengast des Organisationskomitees 1936 in Berlin.

STEINIG, Ernst

Ringer

Persönliche Daten:

geb: 01.01.1900 in Kleinlassowitz (Kreis Rosenberg),
verstorben,
Beruf: Schlosser.

Olympische Plazierungen:

Federgewicht: 4. Platz (griechisch-römisch) ex aequo nach zwei Schulter und zwei Punktsiegen und einer Schulterniederlage gegen den späteren Olympiasieger Waldemar WÄLI (EST), bei 20 Startern.

Sportlicher Werdegang:

Vereine: Athletik Sportverein (ASV) Heros 94 Dortmund,
1925 Deutscher Meister im Federgewicht,
1926 Deutscher Meister im Federgewicht,
1927 Deutscher Mannschaftsmeister,
1932 Deutscher Mannschaftsmeister,
1926 Kampfspielsieger im Federgewicht,
1925 Vizeeuropameister im Federgewicht,
1924, 1927, 1929 Teilnahme an der Europameisterschaft.

STELGES, Hans Ludwig

Leichtathlet

Persönliche Daten:

geb: 06.06.1901 in Essen,

gest.: 17.12.1986 in Baden-Baden,

Beruf: Bankkaufmann, später Vorstand einer großen Krankenversicherungs AG, Direktor in Köln, Pensionär,

Stand: Ledig, später verheiratet.

Olympische Plazierungen:

Marathonlauf: 19. Platz in 2:45:27,0 (persönliche Bestzeit) als Bester der 6 Deutschen, bei 69 Startern.

Sportlicher Werdegang:

Vereine: TuS Bochum,
1928 Deutscher Vizemeister im Marathonlauf in 2:53:19.

STERN, Julius

Betreuer und Kampfrichter

Persönliche Daten:

geb: 01.07.1884 in Gelsenkirchen,
gest.: 08.05.1942 in München,
Beruf: Ingenieur, Industrieller,
Stand: Verheiratet mit Ruth STERN.

Olympische Tätigkeiten:

Betreuer und Trainer der deutschen Wassersprungmannschaft und Punktrichter.
Er war 1912 für die Spiele in Stockholm als Springer gemeldet, konnte aber nicht teilnehmen.

Sportlicher Werdegang:

Vereine: Schwimmvereinigung 1904 Gelsenkirchen,
Poseidon Gelsenkirchen,
Schwimmverein München 1899,
Langstreckenschwimmer und Wasserspringer,
1908 Österreichischer Meister im Kunstspringen.

Sportliche Funktionen:

bis 1933 Vorstandsmitglied (Sprungwart) des Deutschen Schwimmverbandes,
1926 mit der Ausbildung der deutschen SpringerInnen für Amsterdam beauftragt,
1925-1932 Mitglied des Sprungrates des Internationalen Schwimmverbandes.

Veröffentlichungen:

Geheimnisse der Schwimmkunst. Grundlagen der Schwimmtechnik, München 1919, Berlin 1929.

Besonderes:

Erfinder des genormten Sprungstahlbrettes.

STERN, Ruth

Betreuerin

Persönliche Daten:

geb: In Gelsenkirchen,
verstorben,
Beruf: Hausfrau,
Stand: Verheiratet mit Julius STERN.

Olympische Tätigkeiten:

Protokollführerin beim Kunst- und Turmspringen.

Sportliche Funktionen:

Kampfrichterin im Schwimmsport.

STÜBECKE, Bernhard

Radfahrer

Persönliche Daten:

geb: 06.05.1904 in Westig,
gest.: 02.08.1964,
Stand: Ledig, später verheiratet.

Olympische Plazierungen:

168-km-Straßenfahren, Einzel: Aufgegeben nach Sturz mit schwerer Beinverletzung, bei 75 Startern,
168-km-Straßenfahren, Mannschaft: Da auch die deutschen Fahrer Otto KÜRSCHNER (Übelkeit) und Arthur ESSING (mehrere Defekte) aufgaben, blieb die deutsche Mannschaft ohne Wertung.

Sportlicher Werdegang:

Vereine: RC Schwalbe O7 Westig bei Hemer (Kreis Iserlohn), begann 1919 mit dem Radsport, motiviert durch seinen Vater, einem erfolgreichen Radrennfahrer,
1928 Sieger im Pressa-Straßenpreis (270 km Rund um Köln).

VAHLKAMP, Eugen

Betreuer

Persönliche Daten:

geb.:   20.04.1895 in Dortmund,

gest.:   22.02.1956 in Dortmund,

Olympische Tätigkeiten:

Punktrichter beim Boxen.

Sportlicher Werdegang:

Vereine: 1921-1956 Boxsport 20 Dortmund,
begann 1910 als Turner, später ab 1921 aktiver Boxer.

Sportliche Funktionen:

Seit 1923 Kampfrichter,
Sportwart des Westdeutschen Boxverbandes.

VORFÜHRGRUPPE

der Deutschen Hochschule für Leibesübungen Berlin
Teilnehmer aus Westfalen

JOHOW, Hilde   geb.: 25.09.1903 in Gladbeck,

LANGE, Werner   geb.: 14.04.1906 in Berghausen,

KORZILIUS, Heinz   geb.: 29.11.1905 in Bochum,

HÜLSMANN, Heinz   geb.: 20.0.1906 in Gelsenkirchen.

Lake Placid 1932

Dauer: 04.02.-15.02.1932,
Deutsche Teilnehmer: 26 (0), davon 20 (0) am Start,
Begleiter: 3,
keine Sportler und Begleiter aus Westfalen am Start.
Gewonnene Medaillen: 2 Bronzemedaillen.

2. 7. Los Angeles 1932

Zur Statistik:

Dauer: 30.07.-14.08.1932,
Deutsche Teilnehmer: 87 (7), davon 83 (7) am Start,
aus Westfalen: 5 (0), davon 5 (0) am Start,
Begleiter: 30,
aus Westfalen: Keiner,
Gewonnene Medaillen: 4 Gold-, 12 Silber-,
5 Bronzemedaillen,
dazu 1 Gold-,
2 Bronzemedaille(n),
in den Kunstwettbewerben,

von Westfalen:
Goldmedaillen: Keine(r),
Silbermedaillen: BORCHMEYER, Erich mit der
4x100-m-Staffel,
JONATH, Arthur mit der
4x100-m-Staffel,
Bronzemedaillen: JONATH, Arthur im 100-m-Lauf,
SPERLING, Eduard im Ringen
Leichtgewicht (griechisch/
römisch).

47

Teilnehmer:

BORCHMEYER, Erich (Leichtathlet),
ESSER, Leo (Schwimmer),
JONATH, Arthur (Leichtathlet),
KOHLHAAS, Heinz (Boxer),
SPERLING, Eduard (Ringer).

Es gab eine Reihe von den Verbänden benannte Olympiakandidaten, die aber aus finanziellen Gründen nicht nominiert wurden. Davon kamen aus Westfalen u.a.:

HEITMANN, August (Ringer) aus Dortmund-Hörde,
LOHMANN, Walter (Radrennfahrer) von Sturmvogel Bochum (geb. 21.07.1911),
TROSTHEIM, Willi (Turner) von der TG Dortmund (geb. 1906).

Biographien:

BORCHMEYER, Erich („Erka")

Leichtathlet

Persönliche Daten:

geb: 23.01.1905 in Münster,

Beruf: Kaufmann, Studium an der Reichsakademie für Leibesübungen in Berlin, Sportlehrer, später Besitzer eines Sportgeschäftes in Frankfurt/M., heute Rentner,

Stand: verheiratet mit Anni RÖLKER.

Von links: Gerd HORNBERGER, Erich BORCHMEYER

Olympische Plazierungen:

4x100-m-Staffel: Silbermedaille in 40,9 (mit Helmut KÖRNIG, Fritz HENDRIX, Erich BORCHMEYER, Arthur JONATH), nach gewonnenem Vorlauf in 41,2 sec bei 8 Staffeln.
200 m: Vorlauf 1. in 22,1 sec, Zwischenlauf 3., im Halbfinale als 5. in 21,8 sec ausgeschieden, bei 25 Teilnehmern,

Siehe Berlin 1936.

Sportlicher Werdegang:

Vereine: Münster 08, gleichzeitig beim VfL Osnabrück, (als Fußballspieler), bis 1930 DSV von 1878 Hannover, 1931-1934 TuS Bochum, 1935-1938 Stuttgarter Kickers, ab 1939 Eintracht Frankfurt,
1928 Beginn der sportlichen Laufbahn als Fußballspieler und Leichtathlet,
1930 3. Deutscher Meister über 200 m,
1930 Deutscher Vizemeister in der 4x100-m-Staffel,
1931 3. Deutscher Meister in der 4x100-m-Staffel,
1932 Deutscher Vizemeister über 200 m,
1932 Deutscher Vizemeister in der 4x100-m-Staffel,
1933 Deutscher Meister über 100 m,

1933 Deutscher Meister über 200 m,
1933 Deutscher Vizemeister in der 4x100-m-Staffel,
1934 Deutscher Meister über 100 m,
1935 Deutscher Meister über 100 m,
1935 Deutscher Vizemeister über 200 m,
1936 3. Deutscher Meister über 100 m,
1936 Deutscher Vizemeister in der 4x100-m-Staffel,
1937 Deutscher Meister über 100 m,
1937 Deutscher Vizemeister in der 4x100-m-Staffel,
1940 3. Deutscher Meister über 100 m,
1932 Deutscher Rekord über 4x100 m in 40,6 sec, auch Europarekord,
1934 Europameister in der 4x100-m-Staffel,
1934 Vizeeuropameister über 100 m, zeitgleich mit dem Sieger (Zielphoto),
1939 Deutscher Rekord über 4x100 m in 40,1 sec, auch Europarekord,
1935 Deutscher Rekord in der Schwedenstaffel (400, 300, 200, 100 m) in 1:55,4 sec,
persönliche Bestleistungen: 100 m - 10,3, 200 m - 21,2, 400 m - 49,2 sec, Dreisprung - 14,90 m,
22 Länderkämpfe,
1940 Ende der aktiven Laufbahn.

Sportliche Funktionen:

Bis 1945 Sportlehrer im Gau Südwest,
später Trainer in Frankfurt/M.

ESSER, Leo

Schwimmer

Persönliche Daten:

geb: 17.02.1907 in Düsseldorf,

Beruf: Soldat, später Sportlehrer, heute Rentner,

Stand: Verheiratet.

Olympische Plazierungen:

Kunstspringen: Im Finale 5. Platz und bester Europäer mit 134,30 Punkten bei 13 Teilnehmern,

siehe Berlin 1936.

Sportlicher Werdegang:

Vereine: SC „Gut Naß" Iserlohn,
SV Wünsdorf,
1931 Deutscher Meister im Mehrkampf (Tauchen, Springen, Schwimmen)
1932 Deutscher Meister im Mehrkampf (Tauchen, Springen, Schwimmen)
1933 Deutscher Meister im Mehrkampf (Tauchen, Springen, Schwimmen)
1934 Deutscher Meister im Mehrkampf (Tauchen, Springen, Schwimmen)
1934 Deutscher Meister im Kunstspringen,
1934 Kampfspielsieger im Kunstspringen,
1931 Europameister im Kunstspringen.
1934 Europameister im Kunstspringen.

Ehrungen:

1992 durch die DOG-Gruppe in Hilden.

JONATH, Arthur

Leichtathlet

Persönliche Daten:

geb: 09.09.1909 in Bentrop(Lippe),
gest.: 11.04.1963 in Neu-Isenburg
(Herzinfarkt),
Beruf: zuletzt Tankstellenbesitzer in Neu-Isenburg.

Olympische Plazierungen:

4x100-m-Staffel: Silbermedaille in 40,9 (mit Helmut KÖRNIG, Fritz HENDRIX, Erich BORCHMEYER, Arthur JONATH), nach gewonnenem Vorlauf in 41,2 sec bei 8 Staffeln.
100 m: Bronzemedaille, (Vorlauf 1. in 10,6, Zwischenlauf 1. in 10,5, Halbfinale 3., Endlauf 3. in 10,4 sec), bei 32 Teilnehmern.
200 m: 4. Platz. (Vorlauf 1. in 21,9, Zwischenlauf 1. in 21,4, Halbfinale 1. in 21,5, Endlauf 4. in 21,6 sec), bei 25 Teilnehmern.

Sportlicher Werdegang:

Vereine: 1923-1929 Dortmunder Sportclub von 1895,
1930 Hannover 1878, ab 1931 TuS Bochum,
1923 Beginn sportliche Laufbahn, als Leistungssportler aber nur von 1928 bis 1932
1930 Deutscher Vizemeister über 100 m,
1930 Vizemeister in der 4x100-m-Staffel,
1931 Deutscher Meister über 100 m, 1931 Deutscher Meister über 200 m,
1932 Deutscher Meister über 100 m, 1932 Deutscher Meister über 200 m,
1932 Deutscher und Europa-Rekord über 100 m in 10,3 sec,
1928 Weltrekord in der 4x1oo-m-Staffel in 40,8 sec (Arthur JONATH, Richard CORTS, Hubert HOUBEN und Helmut KÖRNIG), 1932 Weltrekord in der 4x1oo-m-Staffel in 40,6 sec (Helmut KÖRNIG, Georg LAMMERS, Erich BORCHMEYER und Arthur JONATH),
Bestzeiten: 10,3 sec über 100 m und 21,2 sec über 200 m, 6 Länderkämpfe.

Sportliche Funktionen:

Nach dem Zweiten Weltkrieg Trainer der Leichtathleten des FSV Frankfurt.

Auszeichnungen:

Ehrengast des Organisationskomitees 1936 in Berlin

KOHLHAAS, Heinz

Boxer

Persönliche Daten:

geb: 20.07.1912 in Münster.

Olympische Plazierungen:

In der Qualifikation der Schwergewichtsklasse bei 6 Teilnehmern ausgeschieden, so Platz 5 ex aequo.
KOHLHAAS kam als Außenseiter zu den Olympischen Spielen. Ursprünglich sollten nur zwei bis drei deutsche Boxer nach Los Angeles geschickt werden. Die New Yorker Staatszeitung lud aber eine deutsche Boxstaffel zu Schaukämpfen in die USA ein. Da diese Kämpfe etwa zeitgleich zu den Olympischen Spielen lagen, meldete der Deutsche Olympische Ausschuß vorsorglich alle 8 Boxer dieser Staffel für die Spiele. Nach Kämpfen in Chicago entschied sich der Deutsche Reichsverband für Amateurboxen, dessen Präsident Friedrich BURGER die Delegation führte, für die Entsendung der gesamten Staffel nach Los Angeles. Auf diese Weise kam KOHLHAAS zu seinem olympischen Einsatz. Wegen einer Augenbrauenverletzung aus der 2. Runde verlor er allerdings seinen ersten Kampf in der Qualifikation gegen den Kanadier George MAUGHAN, der ihn an Größe und Reichweite übertraf, nach Punkten.

Sportlicher Werdegang:

Vereine: Polizei SV Münster.

SPERLING, Eduard („Ede")

Ringer

Olympische Plazierungen:

Leichtgewicht: Bronzemedaille (griechisch-römisch).
SPERLING verlor seinen ersten Kampf gegen den Favoriten Erik MALMBERG (SWE), schon Bronze- 1924 und Silbermedaille 1928. Im zweiten Kampf siegte SPERLING nach Punkten gegen Abraham KURLAND (DEN), ebenso im dritten gegen Aarne REINI (FIN), mußte aber aufgrund der Fehlerpunktzahl (5) trotz des Sieges ausscheiden. Nur noch MALMBERG und KURLAND waren im Wettbewerb. Dieser erhielt nach der Finalniederlage gegen MALMBERG die Silbermedaille, obwohl SPERLING ihn besiegt hatte. KURLAND hatte im ersten Kampf gegen den schwächsten Ringer Y. MIYAZAKI (JAP), der von allen geschultert wurde, antreten müssen, im zweiten gegen SPERLING nach Punkten verloren und in der dritten Runde ein Freilos gezogen. Dadurch wies sein Konto nur drei Fehlerpunkte auf gegenüber den fünf von SPERLING, der aber einen Kampf mehr bestreiten mußte und die schwereren Gegner gehabt hatte. SPERLING behauptete bis zu seinem Tode, er habe 1932 eine Silbermedaille gewonnen. Interessanterweise kann sein Sohn auch zwei olympische Silbermedaille von 1928 und 1932 vorweisen.

Siehe Amsterdam 1928.

Garmisch-Partenkirchen 1936

Dauer: 06.02.-16.02.1936,
Deutsche Teilnehmer: 113 (12), davon 77 (7) Starter,
aus Westfalen: Keiner,
Begleiter: Ungefähr 50 (2),
aus Westfalen: Keiner,
Gewonnene Medaillen: 3 Gold-, 3 Silbermedaillen,
2 Silber-, 1 Bronzemedaille(n),
in den Vorführwettbewerben.

2. 8. Berlin 1936

Zur Statistik:

Dauer: 01.08.-16.08.1936,
Deutsche Teilnehmer: 436 (41), davon 348 (42) Starter,
aus Westfalen: 28 (0), davon 18 (0) Starter,
Begleiter: Ungefähr 400 (10),
aus Westfalen: 3 (bekannt), sicher mehr,
Gewonnene Medaillen: 33 Gold-, 26 Silber-,
30 Bronzemedaillen, dazu
5 Gold-, 5 Silber-,
2 Bronzemedaillen in den
Kunstwettbewerben,

von Westfalen:
Goldmedaillen: KAISER, Willy im Boxen
(Fliegengewicht),
KNAUTZ, Arthur mit der
Handballmannschaft,
KÖRVERS, Heinz mit der
Handballmannschaft,
Silbermedaillen: BONDROIT, Fritz im
Zweierkajak (1.000 m),
MURACH, Michael im Boxen
(Weltergewicht),
TILKER, Fritz im Zweierkajak
(1.000 m),
Bronzemedaillen: BORCHMEYER, Erich mit der
4x100-m-Staffel.

Teilnehmer/Betreuer:

BALKE, Joachim (Schwimmer),
BORCHMEYER, Erich (Leichtathlet),
DIXKES, Willy (Boxer),
EHRENGÄSTE (frühere Medaillengewinner),
GELLESCH, Rudolf (Fußballer),
HASSELBERG, Heinz (Radfahrer),
HEINA, Artur (Schwimmer),
KNAUTZ, Arthur (Handballspieler),
LAUDIEN, Albert (Ringer),
MURACH, Michael (Boxer),
OHLWEIN, Wilhelm (Betreuer),
RUTHENBECK, Karl Heinz (Kanute),
SCHAUMBURG, Fritz (Leichtathlet),
SCHMITZ, Josef (Boxer),
SIEVERING, Günther (Kanute),
STASCH, Wilhelm (Boxer),
URBAN, Adolf (Fußballer),

BONDROIT, Fritz (Kanute),
DAUME, Willi (Basketballspieler),

ESSER, Leo (Schwimmer),
GROTEBRUNE, Rudolf (Betreuer),
HEGEMANN (Betreuer),
KAISER, Willy (Boxer),
KÖRVERS, Heinz (Handballspieler),
LENZ, August (Fußballspieler),
OBERBECK, Willi (Radfahrer),
RAFF, Hans Heinz (Leichtathlet),
SABEL, Otto (Betreuer),
SCHMEDES, Karl (Boxer),
SCHNARRE, Erich (Boxer),
SIMON, Erwin (Schwimmer),
TILKER, Ewald (Kanute),
WESTHOFF, Franz (Ruderer).

Biographien:

BALKE, Joachim („Jochen")

Schwimmer

Persönliche Daten:

geb.: 12.09.1917 in Dortmund,
gest.: 19.01.1944 vermißt im Raum Nowgorod/UdSSR,
Stand: Ledig.

Olympische Plazierungen:

200-m-Brust: 6. Platz in 2:47,8 (Vorlauf 2. in 2:46,4, Zwischenlauf 2. in 2:45,4 min), bei 25 Teilnehmern.

Sportlicher Werdegang:

Vereine: Schwimmverein Westfalen Dortmund,
ab 1938 Bremischer Schwimmverein,
1929 Beginn sportliche Laufbahn.

1936 Deutscher Meister 200-m-Brust,
1938 Deutscher Meister 3x100-m-Lagenstaffel,
1939 Deutscher Meister 200-m-Brust,
1939 Deutscher Meister 3x100-m-Lagenstaffel,
1940 Deutscher Meister 200-m-Brust,
1940 Deutscher Meister 3x100-m-Lagenstaffel,
1940 Deutscher Meister 200-m-Brust (Halle),
1941 Deutscher Meister 200-m-Brust,
1941 Deutscher Meister 4x200-m-Bruststaffel,
1941 Deutscher Meister 3x100-m-Lagenstaffel,
1938 Europameister 200 m Brust.
1935 Deutscher Rekord 100-m-Brust in 1:12,5 min,
1936 Deutscher Rekord 100-m-Brust in 1:12,4 und 1:11.2 min,
1937 Deutscher Rekord 100-m-Brust in 1:10,7 min,
1937 Deutscher Rekord 400-m-Brust in 5:52,4 min,
1938 Deutscher Rekord 400-m-Brust in 5:50,0 min,
1938 Deutscher Rekord 500-m-Brust in 7:26,8 min,
1938 Europarekord 200-m-Brust in 2:38,3 und 2:37,8 min,
1939 Europarekord 200-m-Brust in 2:37,4 min,
1938 Weltrekord 100-m-Brust in 1:09,5 min,
1938 Weltrekord 500-m-Brust in 7:32,3 min.
Mitglied der Europamannschaft 1938 beim Erdteilländerkampf gegen USA, dabei Sieger über 100- und 200-m-Brust und in der 3x100-m-Lagenstaffel.

BONDROIT, Fritz

Kanute

Persönliche Daten:
geb.: 20.03.1912 in Herford,
gest.: 19.09.1974,
Beruf: Metallhandwerker, später Ingenieurstudium.

Olympische Plazierungen:

Silbermedaille im Zweierkajak über 1.000 m zusammen mit Ewald TILKER in 4:08,9 nach 2. Platz im Vorlauf in 4:11,9 min, bei 12 Booten.

Sportlicher Werdegang:
Vereine: Kanuklub Herford,
1934 Deutscher Meister im Zweierkajak über 1.000 m,
1935 Deutscher Meister im Zweierkajak über 1.000 m,
1934 Europameister im Zweierkajak über 1.000 m,
1936 Deutscher Vizemeister im Zweierkajak über 1.000 m.

Auszeichnungen:
Die Stadt Herford finanzierte ihm nach dem Gewinn der Goldmedaille ein Studium an der Ingenieurschule in Lage/Lippe.

BORCHMEYER, Erich
Leichtathlet
Olympische Plazierungen:
100-m-Lauf: Im Endlauf Platz 5 in 10,6 nach Siegen im Vor- in 10,7 und Zwischenlauf in 10,5 und einem 3. Rang im Halbfinale in 10,7 sec, bei 30 Teilnehmern,
4x100-m-Staffel: Bronzemedaille zusammen mit Wilhelm LEICHUM, Erwin GILLMEISTER und Gerd HORNBERGER in 41,2 nach Vorlaufsieg in 41,4 sec, 15 Staffeln am Start,
siehe Los Angeles 1932.

DAUME, Willi

Basketballspieler

Persönliche Daten:

geb.: 24.05.1913 in Hückeswagen, Taufpate war Ferdinand GOETZ, der langjährige Vorsitzende der Deutschen Turnerschaft,
Beruf: Student, später Industrieller (Eisengießerei in Dortmund), außerdem Teilhaber und Gesellschafter verschiedener Industriefirmen in Dortmund und München,
Stand: Verheiratet mit Rosemarie KREDEL, 2 Kinder.

Olympische Plazierungen:

Gehörte zu den 14 Spielern der Basketballmannschaft, wurde aber zu keinem der 3 Spiele nominiert.

Besucher der Olympischen Spiele 1928 (mit Vater) und 1932 (als Student),

siehe auch 1952 bis 1992.

Sportlicher Werdegang:

Vereine: Turn- und Sportverein Eintracht Dortmund,
begann seine sportliche Laufbahn als Turner, Leichtathlet und Handballer (auch Basketballspieler).

Olympische Tätigkeiten:

siehe Oslo 1952 bis Barcelona 1992.

Sportliche Funktionen:

Siehe Oslo 1952.

Auszeichnungen:

Siehe Oslo 1952.

DIXKES, Willy

Boxer

Persönliche Daten:

geb.: 05.02.1911,
Maße: 1,67 m, 61 kg.

Olympische Plazierungen:

Ersatzmann im Leichtgewicht ohne Einsatz.

Sportlicher Werdegang:

Vereine: Boxring 31 Hamm,
1936 Westfalenmeister im Leichtgewicht.

EHRENGÄSTE

Das Organisationskomitee hatte die deutschen Medaillengewinner der früheren Olympischen Spiele als Ehrengäste zu den Spielen eingeladen. Dazu gehörten aus Westfalen:

HOUBEN, Hubert (Leichtathlet), siehe Amsterdam 1928,
JONATH, Arthur (Leichtathlet), siehe Los Angeles 1932,
KRÄMER, Josef (Turner, Leichtathlet), siehe Athen 1906, London 1908,
SCHUHMANN, Carl (Turner, Leichtathlet, Ringer), siehe Athen 1896,
SPERLING, Eduard (Ringer), siehe Amsterdam 1928, Los Angeles 1932.

ESSER, Leo

Schwimmer

Olympische Plazierungen:

Kunstspringen: Platz 6 mit 137,99 Punkten hinter seinem Landsmann Erhardt WEIß mit 141,24 Punkten, die damit beste Europäer waren, bei 24 Startern, siehe Los Angeles 1932.

GELLESCH, Rudolf („Rudi")

Fußballer

Persönliche Daten:

geb.: 01.05.1914 in Gelsenkirchen,
gest.: 14.08.1990 in Kassel,
Beruf: Kfz-Schlosser, Chauffeur,
    später Fußballehrer (Trainer),
    Rentner,
Stand: Ledig, später verheiratet,
Maße: 1,77 m, 69 kg.

Olympische Plazierungen:

Ersatzmann, ohne Einsatz.

Sportlicher Werdegang:

Vereine: 1926-1946
           FC Schalke 04,
           1946-1950 FC Lübbecke,
1926 Beginn sportliche Laufbahn als Fußballer, rechter Außenläufer oder Halbstürmer,
1935 Deutscher Fußballmeister (Teilnehmer am Endspiel),
1937 Deutscher Meister, 1939 Deutscher Meister, 1938 Deutscher Vizemeister,
1937 Deutscher Pokalsieger 1935-1939 20 Länderspiele 1 Tor),
spielte repräsentativ für Westfalen und Berlin,
Mitglied des Weltmeisterschaftsaufgebotes 1938,
Mitglied der „Breslauer Elf", die am 16.05.1937 in Breslau Dänemark mit 8:0 besiegte und dann fast unverändert 10 Länderspiele hintereinander nicht verlor.

Sportliche Funktionen:

Fußballtrainer bei Hessen Kassel, Eintracht Trier,

zuletzt Verbandstrainer in Hessen.

GROTEBRUNE, Rudolf

Betreuer

Persönliche Daten:

geb.: in Lemgo/Lippe.

Olympische Tätigkeiten:

Kampfrichter (Schriftführer bei den Wurfdisziplinen in der Leichtathletik).

Sportlicher Werdegang:

Vereine: Lemgo.

HASSELBERG, Heinz

Radfahrer

Persönliche Daten:

geb.: 19.01.1914 in Bochum,
gest.: —.05.1989,
Beruf: Schüler, Kaufmännischer Angestellter.

Olympische Plazierungen:

4.000-m-Verfolgung (Mannschaft): 4. Platz zusammen mit Erich ARNDT, Hans HOFFMANN und Karl KLÖCKNER in 4:55,0 nach Siegen in der Ausscheidung in 4:48,6 (Olympischer Rekord) und im Viertelfinale in 4:56,0, obwohl HOFFMANN schon zu Beginn durch Defekt ausfiel, und einem 2. Platz im Halbfinale in 4:54,6 min gegen den späteren Olympiasieger Frankreich, bei 13 Mannschaften am Start.

Sportlicher Werdegang:

Vereine: Ab 1929 Sturmvogel Bochum,
1929 Beginn sportliche Laufbahn als Radrennfahrer,
1931 schon als 17jähriger Ruhrgaumeister,
1934 3. der Deutscher Fliegermeisterschaft,
1935 Deutscher Vizemeister im Tandem mit Ernst IHBE,
1935 2. in der deutschen Rangliste der Bahnfahrer,
1934 Teilnehmer an den Radweltmeisterschaften in Leipzig,
1935 Teilnehmer an den Radweltmeisterschaften in Brüssel.

HEGEMANN,

Betreuer

Olympische Tätigkeiten:

Betreuer beim Boxen.

Sportlicher Werdegang:

Vereine: Wattenscheid,

HEINA, Artur

Schwimmer

Persönliche Daten:

geb.: 22.02.1915 in Gladbeck,
gest.: 27.02.1986 in Königswinter,
Beruf: Bademeister, Soldat
  (Pionierbataillon, dann
  Heeressportschule Wünsdorf), später nach dem
  Zweiten Weltkrieg Beamter
  der Schutzpolizei und wieder Bademeister, Rentner,
Stand: Verheiratet, 1 Sohn.

Olympische Plazierungen:

200-m-Brust: Platz 9 nach Vorlauf 3. in 2:48,5, im Zwischenlauf als 5. und insgesamt Neuntbester in 2:47,3 ausgeschieden, bei 25 Startern.

Sportlicher Werdegang:

Vereine: Bis 1945 Schwimmverein Gladbeck 13,
  1946-1951 SC Olympia Gladbeck,
  1952-1957 Schwimmverein Gladbeck 13,
  ab 1957 SV Blau-Weiß Recklinghausen,
1935 Deutscher Meister 200-m-Brust, 1936 Deutscher Meister 3x100-m-Lagen,
1936 Deutscher Vizemeister 200-m-Brust,
1937 Deutscher Meister 3x100-m-Lagen,
1937 Deutscher Meister 4x200-m-Brust, 1939 Deutscher Meister 200-m-Brust,
1941 Deutscher Meister 200-m-Brust (Halle),
1947 Deutscher Meister 4x100-m-Brust, 1950 Deutscher Meister 4x200-m-Brust,
1951 Deutscher Meister 4x200-m-Brust, 1953 Deutscher Meister 4x200-m-Brust,
1954 Deutscher Meister 4x200-m-Brust,
5 Deutsche Rekorde mit der Vereinsstaffel,
1937 Europarekord 200-m-Brust in 2:38,9, erster Europäer unter 2:40 min,
1938 Weltrekord 400-m-Brust in 5:43,8, 1939 Weltrekord 500-m-Brust in 7:13,0,
5 Länderkämpfe zwischen 1935 und 1950, 1955 Ende der aktiven Laufbahn.

Sportliche Funktionen:

1952-1980 Schwimmtrainer in Gladbeck, Recklinghausen und zuletzt beim SFF Bonn als Nachwuchstrainer.

KAISER, Willy

Boxer

Persönliche Daten:

geb.: 16.01.1912 in Gladbeck,
gest.: 24.07.1986 in Gladbeck,
Beruf: Städtischer Angestellter in Gladbeck,
Stand: Verheiratet, mehrere Söhne.
Maße: 1,63 m, 51 kg.

Olympische Plazierungen:

Goldmedaille im Fliegengewicht nach drei Punktsiegen und einem Erfolg durch Technischen Ko, bei 25 Teilnehmern. Im olympischen Boxturnier erhielt der zunächst als Ersatzmann gemeldete Deutsche Vizemeister KAISER den Vorzug vor dem amtierenden, 5 Jahre jüngeren Deutschen Meister Alfred GRAAF, da er als der robustere und stabilere Turnierboxer galt.

Sportlicher Werdegang:

Vereine: Boxring 1928 Gladbeck,
kein Techniker, suchte den Schlagabtausch auf Halbdistanz,
1936 Deutscher Vizemeister,
1936 Europameister (durch den Olympiasieg),
1937 Deutscher Meister,
1938 Gewinner des Deutschlandpokals mit seinem Verein,
5 Länderkämpfe (1 Sieg).

Sportliche Funktionen:

Nach Rückkehr aus russischer Kriegsgefangenschaft 1949 bis 1953 Trainer und Berater in seinem Verein, Tätigkeit in der Brieftaubenvereinigung Gladbeck.

Auszeichnungen:

1951 Plakette der Stadt Gladbeck für besondere Verdienste um den Sport. Sein Name steht auf der Gedenktafel aller Olympiasieger am Marathontor des Olympiastadions in Berlin.

KNAUTZ, Arthur

Handballspieler

Persönliche Daten:

geb.: 20.03.1911 in Daaden/ Westerwald,
gest.: 04.05.1943, vermißt westlich von Bjelgorod,
Beruf: Zimmermann, seit 1929 Soldat, zuletzt Hauptmann.

Olympische Plazierungen:

Goldmedaille, eingesetzt in drei von fünf Spielen, als Verteidiger und Kapitän, gegen Ungarn (22:0), Schweiz (16:6) und im Finale gegen Österreich (10:6), bei 6 Mannschaften am Start.

Sportlicher Werdegang:

Vereine: 1930-1943 Militärsportverein (MSV) Hindenburg Minden,
1935 Deutscher Vizemeister im Feldhandball,
1936 Deutscher Meister im Feldhandball,
1941 Deutscher Vizemeister im Feldhandball,
7 Länderspiele zwischen 1935 und 1941.

Auszeichnungen:

Kapitän der Handballnationalmannschaft.

KÖRVERS, Heinz

Handballspieler

Persönliche Daten:

geb.: 03.07.1915 in Bönninghardt bei Xanten,
gest.: 29.12.1942 vermißt im Raum Stalingrad als Feldwebel,

Beruf: Zeitsoldat in Minden,

Olympische Plazierungen:

Goldmedaille, zweimal eingesetzt als Torhüter in den fünf Spielen, gegen USA (29:1) und im Endspiel gegen Österreich (10:6), bei 6 Mannschaften am Start.

Sportlicher Werdegang: ↑

Vereine: 1933-1941 Militärsportverein (MSV) Hindenburg Minden,
ab 1941 MTV Braunschweig,
1935 Deutscher Vizemeister im Feldhandball,
1936 Deutscher Meister im Feldhandball,
1941 Deutscher Vizemeister im Feldhandball,
5 Länderspiele zwischen 1935 und 1941.

LAUDIEN, Albert

Ringer

Persönliche Daten:

geb.: 13.01.1914 in Dortmund,

Beruf: Soldat der Wehrmacht bei der Kriegsmarine in Wilhelmshaven, später Sportleiterausbildung in der Heeressportschule Wünsdorf.

Olympische Plazierungen:

Ersatzmann im Mittelgewicht ohne Einsatz.

Sportlicher Werdegang:

Vereine: ASV Heros Dortmund,
1933-1945 ASV Siegfried-Kap Horn Wilhelmshaven,
1932 Deutscher Mannschaftsmeister,
1935 Deutscher Meister (griechisch/römisch) im Mittelgewicht,
1936 Deutscher Meister (Freistil) im Mittelgewicht,
1936 Deutscher Vizemeister (griechisch/römisch) im Mittelgewicht,
1937 3. Deutscher Meister (Freistil) im Mittelgewicht,
1938 3. Deutscher Meister (Freistil) im Mittelgewicht,
1938 Deutscher Vizemeister (griechisch/römisch) im Mittelgewicht,
1940 Deutscher Vizemeister (griechisch/römisch) im Mittelgewicht,
1940 Deutscher Vizemeister (Freistil) im Mittelgewicht,
1941 3. Deutscher Meister (Freistil) im Halbschwergewicht,
1942 Deutscher Meister (Freistil) im Mittelgewicht,
1943 Deutscher Meister (griechisch/römisch) im Halbschwergewicht,
1943 Deutscher Vizemeister (Freistil) im Mittelgewicht,
1 Länderkampf.

LENZ, August

Fußballspieler

Persönliche Daten:

geb.: 29.11.1910 in Dortmund,
gest.: 05.12.1988,

Beruf: Sortierer,

Maße: 1,68 m, 72 kg.

Olympische Plazierungen:

Nahm am zweiten und letzten Spiel der deutschen Mannschaft in der Zwischenrunde gegen Norwegen (0:2) teil.
Die deutsche Mannschaft blieb nach einem Sieg (9:0 gegen Luxemburg) und der Niederlage gegen NORWEGEN als einer der Favoriten unplaziert (Platz 5 ex aequo bei 16 Mannschaften).

Sportlicher Werdegang:

Vereine: 1921-1949 (aktiv) Borussia Dortmund,
1921 Beginn sportliche Laufbahn als Fußballspieler, Mittelstürmer,
1948 Westdeutscher Oberligameister,
1949 Westdeutscher Oberligameister,
1949 Deutscher Vizemeister
14 Länderspiele (1935-1937), 9 Tore,
1947/48 Torschützenkönig der Oberliga West,
1948/49 Torschützenkönig der Oberliga West.
1950 Ende der aktiven Laufbahn.

MURACH, Michael

Boxer

Persönliche Daten:

geb.: 01.02.1911 in Schalke,
gest.: 01.08.1941 gefallen in Dubrowka/UdSSR,

Maße: 1,71 m, 66 kg.

Olympische Plazierungen:

Silbermedaille im Weltergewicht nach 3 Punktsiegen und einer Punktniederlage im Finale gegen Sten SUVIO (FIN), bei 25 Startern.
MURACH war als Deutscher Vizemeister Ersatzmann hinter Erich CAMPE aus Berlin, der sich aber kurz vor dem Turnier beim Sparring im Olympischen Dorf einen Nasenbeinbruch zugezogen hatte.

Sportlicher Werdegang:

Vereine: Boxclub Schalke 04,
Rechtsausleger, harter Schlag, unorthodoxer Stil,
1935 Deutscher Meister im Weltergewicht,
1936 Deutscher Vizemeister im Weltergewicht,
1937 Deutscher Meister im Weltergewicht,
1938 Deutscher Meister im Weltergewicht,
1939 Deutscher Meister im Weltergewicht,
1940 Deutscher Meister im Weltergewicht,
1937 Europameister im Weltergewicht,
1939 Europameister im Weltergewicht,
1937 Sieger im Erdteilkampf Europa - Amerika,
1933-1940 21 Länderkämpfe.

OBERBECK, Willi

Radfahrer

Persönliche Daten:

geb.: 31.02.1910 in Hagen,

Beruf: Installateur, in den 30er Jahren lange Zeit erwerbslos.

Olympische Plazierungen:

Ersatzmann (Straßenfahrer) ohne Einsatz.

Sportlicher Werdegang:

1932 Beginn seiner sportlichen Laufbahn als Radfahrer, vorher Wanderfahrer,
seit 1934 Mitglied der Nationalmannschaft,
1936 2. Sieger bei der Fernfahrt Berlin - Warschau.

OHLWEIN, Wilhelm

Betreuer

Persönliche Daten:

geb.: 04.11.1894 in Gladbeck,
verstorben: In Altenkirchen,

Stand: Verheiratet, Kinder.

Olympische Tätigkeiten:

Ansager im Schwimmstadion.

Sportlicher Werdegang:

Vereine: SV 13 Gladbeck, ab 1929 SpVg Schwarz-Gelb Gladbeck,

aktiver Schwimmer.

Sportliche Funktionen:

1920 Mitbegründer des Stadtverbandes für Leibesübungen Gladbeck,
1921 Geschäftsführer des Stadtamtes für Leibesübungen,
1924 Vorsitzender des Stadtverbandes,
1927 Geschäftsführer der Deutschen Gesellschaft für das Badewesen,
1927 Geschäftsführer des Vereins Deutsche Badefachmänner,
1962 Initiator und Berater beim Freibadbau.

Auszeichnungen:

Ehrenmedaille des Vereins Deutsche Badefachmänner.

RAFF, Hans Heinz

Leichtathlet

Persönliche Daten:

geb.: 30.10.1911 in Osterfeld,
gest.: 13.05.1990 in Oberhausen,
bis 1919 in Osterfeld,
1919-1925 in Rügenwalde,
dann wieder wohnhaft in Osterfeld,

Beruf: Angestellter in einem chemischen Werk,

Maße: 1,67 m, 61 kg.

Olympische Plazierungen:

3.000-m-Hindernis: Im Vorlauf ausgeschieden (Furunkel, hohes Fieber), bei 28 Startern. Obwohl er Deutscher Meister über 5.000 m war, wurde er für die Hindernisstrecke nominiert.

Sportlicher Werdegang:

Vereine: Seit 1928 Eichenkreuz Osterfeld (als Turner und Leichtathlet), TV Oberhausen, ab 1931 TB Osterfeld,
1928 Beginn seiner sportlichen Laufbahn als Leichtathlet, als er bei den Reichsjugendwettkämpfen 1.000 m in 2:55,0 min lief,
1936 Deutscher Meister 5.000 m,
1940 Deutscher Vizemeister 3.000-m-Hindernis,
1941 Deutscher Meister 5.000 m,
1942 Deutscher Vizemeister 5.000 m, 1937 und 1940 Dritter,
1936 Deutscher Rekord 3.000 m in 8:34,1 min,
1941 Persönliche Bestleistung über 3.000 m mit 8:29,8 min,
weitere Bestleistungen 1.500 m in 3:55,4, 5.000 m in 14:39,8 min,
4 Länderkämpfe,
wurde international bekannt, als er 1935 Gene VENZKE (USA), den Inhaber des Weltrekordes über 1 Meile, schlug.

RUTHENBECK, Karl Heinz

Kanute

Persönliche Daten:

geb.: 21.06.1917 in Hattingen,

Beruf: Hilfsarbeiter, Maler- und Anstreichergeselle,

Olympische Plazierungen:

Ersatzmann im Zweier-Canadier (1.000 m), kein Einsatz,

Sportlicher Werdegang:

Vereine: Kanu Club Linden-Dahlhausen,
1934 Westdeutscher Meister Zweier-Canadier über 10.000 m,
1935 Deutscher Vizemeister Zweier-Canadier über 10.000 m,
1936 Deutscher Vizemeister Zweier-Canadier über 10.000 m,
mehrfacher westfälischer Meister.

SABEL, Otto

Betreuer

Persönliche Daten:

geb.: 29.11.1891 in Vilmar/Lahn,
gest.: 20.10.1968 Vilmar/Lahn.

Olympische Tätigkeiten:

Leiter des Wettkampfbüros Leichtathletik,
Berechner beim Zehnkampf,

siehe Helsinki 1952.

Sportlicher Werdegang:

Bis 1924 aktiver Mittelstreckler, in Dortmund.

Sportliche Funktionen:

Nach 1919 Kreis-, später Bezirksathletikobmann im Westdeutschen Spielverband,
1946 Mitbegründer des Deutschen Leichtathletikausschusses,
1946-1947 Vorsitzender des Fußball- und Leichtathletikverbandes Westfalen,
1947-1952 Vorsitzender des Westdeutschen Leichtathletik-Verbandes,
1949-1953 Stellvertretender Vorsitzender des Deutschen Leichtathletik-Verbandes,
Mitglied der Regelkommission des DLV und der IAAF,
Mitherausgeber der Wettkampfbestimmungen und der deutschen Leichtathletikordnung.

Auszeichnungen:

1932 Goldene Ehrennadel der Deutschen Sportbehörde für Leichtathletik,
1952 Hanns-BRAUN-Gedächtnispreis,
1953 DLV-Ehrenring.

SCHAUMBURG, Fritz

Leichtathlet

Persönliche Daten:

geb.: 30.12.1905 in Hagen,
gest.: 19.12.1988,
Beruf: Landwirtschaftseleve,
Polizeioffizier
(1936 Hauptmann),
Stand: Verheiratet,
Größe:1,73 cm.

Olympische Plazierungen:

1.500 m: 10. im Endlauf in 3:56,2 , im Vorlauf 3. in 3:55,2 min, bei 27 Startern.

Sportlicher Werdegang:

Vereine: 1925-1933 Spiel- und Turnverein Hünxe,
1934-1935 Polizei-Sportverein Mülheim,
1936 Polizei-Sportverein Oberhausen,
ab 1937 Polizei-Sportverein Berlin,
1925 Beginn sportliche Laufbahn als Turner,
1926 Meister Deutsche Turnerschaft über 5.000 m,
1927 Meister Deutsche Turnerschaft über 5.000 m,
1930 Vizemeister über 5.000 m, 1931 Deutscher Waldlaufmeister,
1931 Deutscher Meister über 5.000 m, 1932 Vizemeister über 5.000 m,
1933 krankheitsbedingte Wettkampfpause,
1934 Deutscher Meister über 1.500 m, 1935 Deutscher Meister über 1.500 m,
1936 Deutscher Meister über 1.500 m, 1937 Deutscher Meister über 1.500 m,
1938 Deutscher Vizemeister über 1.500 m,
1939 Deutscher Vizemeister über 5.000 m,
1934 4. der Europameisterschaften über 1.500 m,
1934 Deutscher Rekord über 2.000 m in 5:32,8 min,
1935 Deutscher Rekord über 2.000 m in 5:28,0 min.
1936 Deutscher Rekord über 2.000 m in 5:27,5 min,
1936 Deutscher Rekord über 3.000 m in 8:17,2 min (Bestzeit),
1931 Deutscher Rekord über 4x1.500 in 16:06,6 min (Nationalmannschaft),
1938 Deutscher Rekord über 4x1.500 m in 15:56,6 min (Nationalmannschaft),
1939 als zweiter Deutscher 5.000 m in 14:28,4 unter 14:30 min
(Persönliche Bestleistung),
1937 1.500 m in 3:53,2 min (Persönliche Bestleistung), 17 Länderkämpfe.

SCHMEDES, Karl

Boxer

Persönliche Daten:

geb.: 14.11.1908 in Dortmund,

gest.: 31.05.1981,

Beruf: Kraftfahrer, Rentner,

Stand: Verheiratet, 1 Sohn,

Maße: 1,68 m, 61 kg.

Olympische Plazierungen:

Als ältester und erfahrenster deutscher Boxer, der von den Experten im Finale erwartet wurde, in der Qualifikation des Leichtgewichts nach hauchdünner Punktniederlage gegen den Philippinen José PADILLA ausgeschieden, bei 26 Teilnehmern.

Sportlicher Werdegang:

Vereine: Boxsportclub 1920 Dortmund,
guter Techniker, Schlagkraft in beiden Fäusten, sehr ruhig im Ring, manchmal sogar phlegmatisch,
1933 Deutscher Meister im Leichtgewicht,
1934 Deutscher Meister im Leichtgewicht,
1935 Deutscher Meister im Leichtgewicht,
1936 Deutscher Meister im Leichtgewicht,
1934 Bronzemedaille Europameisterschaft im Leichtgewicht,
1937 Bronzemedaille Europameisterschaft im Leichtgewicht,
15 Länderkämpfe (12 Siege).

SCHMITZ, Josef

Boxer

Persönliche Daten:

geb.: 13.01.1917 in Dortmund,
verstorben,
Beruf: Landwirtschaftlicher Arbeiter, dann Arbeiter beim Dortmunder Wasserwerk,
Maße: 1,61 m, 54 kg.

Olympische Plazierungen:

Ersatzmann (Bantam) ohne Einsatz, war den Fachleuten erst bei der Deutschen Meisterschaft aufgefallen und kam erst im Mai 1936 nachträglich zum Olympiavorbereitungslehrgang, wo er sich als Zweitbester seiner Klasse durchsetzte.

Sportlicher Werdegang:

Vereine: Boxsportclub Dortmund-Barop,
Fighter, voller Einsatz bis zur letzten Sekunde,
boxte schon als Jugendlicher mit seinen Brüdern im Verein,
1934 Jugendmeister in Dortmund, 1935 und 1936 Vizegaumeister von Westfalen.

SCHNARRE, Erich

Boxer

Persönliche Daten:

geb.: 02.01.1913,
Maße: 1,85 m, 88 kg.

Olympische Plazierungen:

Ersatzmann (Schwergewicht) ohne Einsatz,

Sportlicher Werdegang:

Vereine: Boxsportklub 20 Recklinghausen,
1936 Gaumeister Westfalen im Halbschwergewicht,
1939 Deutscher Meister im Halbschwergewicht.

SIEVERING, Günther

Kanute

Persönliche Daten:

geb.: 24.03.1916,

Olympische Plazierungen:

Ersatzmann im Zweier-Canadier (1.000 m), ohne Einsatz.

Sportlicher Werdegang:

Vereine: Kanu Club Linden-Dahlhausen,
1935 Deutscher Vizemeister mit Karl-Heinz RUTHENBECK Zweier-Canadier 10.000 m,
1936 Deutscher Vizemeister mit Karl-Heinz RUTHENBECK Zweier-Canadier 10.000 m,
mehrfacher westdeutscher Meister.

SIMON, Erwin

Schwimmer

Persönliche Daten:

geb.: 24.09.1908 in Gladbeck,
gest.: 20.09.1959 in Caracas/Venezuela,
Beruf: Nach dem Zweiten Weltkrieg Trainer und Sportlehrer,
Stand: Ledig, später verheiratet.

Olympische Plazierungen:

100-m-Rücken: Als 4. im Vorlauf in 1:11,7 und 6. im Zwischenlauf in 1:11,7 min mit der elftschnellsten Zeit, zweitbester Europäer ausgeschieden, bei 30 Startern.

Sportlicher Werdegang:

Vereine: Schwimmverein Gladbeck 13,
1946-1951 SC Olympia Gladbeck
1936 Deutscher Meister in der Lagenstaffel,
1936 3. Deutscher Meister über 100-m-Rücken,
1937 Deutscher Meister in der Lagenstaffel,
Deutsche Rekorde: Lagenstaffel (1935) in 5:02,8 min und in 4:58,5 min (1937),
1934 Europarekord über 200-m-Rücken in 2:38,3.
4 Länderkämpfe.

Sportliche Funktionen:

1946 zusammen mit Artur HEINA Mitbegründer des SC Olympia Gladbeck, eine Abtrennung vom SV 13, der sich aber 1951 wieder auflöste.

1951-1952 Trainer der finnischen Damenolympiamannschaft im Schwimmen, wanderte 1954 nach Venezuela aus, wo er als Sportlehrer am Nationalen Sport-Institut tätig war, zusammen mit seiner Frau.

Auszeichnungen:

1952 Bronzeplakette der Stadt Gladbeck für besondere Verdienste im Sport.

STASCH, Wilhelm

Boxer

Persönliche Daten:

geb.: 12.03.1911 in Essen-Kray,

Beruf: Kraftfahrer,

Maße: 1,61 m, 54 kg.

Olympische Plazierungen:

Nach einem Punktsieg in der Qualifikation im Achtelfinale gegen den Philippinen Oscardo LARRAZABAL nach Punkten ausgeschieden, Platz 9 bis 16 ex aequo bei 24 Teilnehmern.

Sportlicher Werdegang:

Vereine: Bis 1936 Boxsportklub 1920 <u>Dortmund</u>,
ab 1936 für Boxsportclub 26 Kassel,
mehrfacher Westfalenmeister im Fliegen- und Bantamgewicht, war 1932 in der Olympiaqualifikation ganz knapp gegen den Deutschen Meister Werner SPANNAGEL aus Barmen gescheitert,
1934 Deutscher Meister im Bantamgewicht,
1936 Deutscher Meister im Bantamgewicht,
kam mit einem Rekord von 234 Kämpfen mit 169 Siegen zu den Spielen nach Berlin.

TILKER, Ewald

Kanute

Persönliche Daten:
geb.:   03.11.1911 in Herford,
Beruf: Schlosser, dann Ingenieurstudent.

Olympische Plazierungen:
Silbermedaille im Zweierkajak über 1.000 m zusammen mit Fritz BONDROIT in 4:08,9 nach 2. Platz im Vorlauf in 4:11,9 min, bei 12 Booten.

Sportlicher Werdegang:
Vereine: Kanuklub Herford,
1934 Deutscher Meister im Einerkajak über 1.000 m,
1934 Deutscher Meister im Zweierkajak über 1.000 m,
1935 Deutscher Meister im Zweierkajak über 1.000 m,
1936 Deutscher Vizemeister im Zweierkajak über 1.000 m,
1934 Europameister im Einerkajak über 1.000 m,
1934 Europameister im Zweierkajak über 1.000 m,
1934/35 3 Siege bei internationalen Regatten.

Auszeichnungen:
Die Stadt Herford finanzierte ihm nach dem Gewinn der Goldmedaille ein Studium an der Ingenieurschule in Lage/Lippe.

URBAN, Adolf („Allan")

Fußballer

Persönliche Daten:

geb.: 09.01.1914 in Gelsenkirchen,
gest.: 23.05.1943 in Alexino (Lazarett) bei Staraja Russa (UdSSR),
Beruf: Schlosser,
Stand: Ledig,
Maße: 1,72 m, 74 kg.

Olympische Plazierungen:

In beiden Spielen Deutschlands als Halblinker eingesetzt, in der Vorrunde 9:0 gegen Luxemburg und 0:2 gegen Norwegen in der Zwischenrunde. Die deutsche Mannschaft schied nach dieser Niederlage gegen Norwegen in der Zwischenrunde aus und blieb als Favorit unplaziert (Platz 5 ex aequo bei 16 Mannschaften).

Sportlicher Werdegang:

Vereine: 1926-1943 FC Schalke 04,
während des Krieges Gastspieler bei VfB Bielefeld,
1926 Beginn sportliche Laufbahn,
Stammplatz Linksaußen, aber auch als Halblinker eingesetzt,
1934 Deutscher Fußballmeister (als Teilnehmer am Endspiel),
1935 Deutscher Fußballmeister (als Teilnehmer am Endspiel),
1937 Deutscher Fußballmeister (als Teilnehmer am Endspiel),
1938 Deutscher Fußballvizemeister (als Teilnehmer am Endspiel),
1939 Deutscher Fußballmeister (als Teilnehmer am Endspiel),
1937 Deutscher Pokalsieger,
21 Länderspiele (11 Tore) zwischen 1935 und 1942,
spielte repräsentativ für Westfalen,
Mitglied der „Breslauer Elf", die 1937 in Breslau Dänemark mit 8:0 besiegte und dann fast unverändert 10 Länderspiele hintereinander nicht verlor.

WESTHOFF, Franz

Ruderer

Persönliche Daten:

geb.: 05.07.1911.

Olympische Plazierungen:

Ersatzmann im Einer, ohne Einsatz,

Sportlicher Werdegang:

Vereine: Ruderverein Münster von 1882.

Sapporo/St.Moritz/Garmisch-Partenkirchen 1940
Tokio/Helsinki 1940

Wegen des zweiten Weltkrieges fielen die Winterspiele und die Spiele der XII. Olympiade aus.

Cortina d'Ampezzo 1944
London 1944

Wegen des zweiten Weltkrieges fielen die Winterspiele und die Spiele der XIII. Olympiade aus.

St.Moritz 1948
London 1948

Keine deutsche Beteiligung, da ein deutsches NOK noch nicht wieder bestand und Deutschland von den Organisationskomitees dieser Spiele nicht eingeladen worden war.

2. 9. Oslo und Helsinki 1952

Oslo 1952

Zur Statistik:

Dauer:	14.02.-25.02.1952,
Deutsche Teilnehmer:	59 (12), dazu 4 (0) Teilnehmer auf Abruf zu Hause, davon 53 (12) Starter,
aus Westfalen:	2 (1),
Begleiter:	16,
aus Westfalen:	1,
Gewonnene Medaillen:	3 Gold-, 2 Silber-, 2 Bronzemedaillen,
von Westfalen:	
Goldmedaillen:	FALK, Paul im Eiskunstlaufen (Paare), FALK, Ria im Eiskunstlaufen (Paare),
Silbermedaillen:	Keine(r),
Bronzemedaillen:	Keine(r).

Teilnehmer/Betreuer:

DAUME, Willi (Betreuer),
FALK, Paul (Eiskunstläufer).
FALK, Ria (Eiskunstläuferin).

Biographien:

DAUME, Willi

Betreuer

Das Präsidium des deutschen NOK bei der I. Hauptversammlung am 05.11. 1949 mit von links stehend: Carl DIEM, Willi DAUME, Max DANZ, sitzend: Robert LINGNAU, Bernhard SKAMPER, Gustav RAU, Walter KOLB und Herzog Adolf Friedrich zu MECKLENBURG.

Persönliche Daten:

siehe Berlin 1936.

Sportlicher Werdegang:

siehe Berlin 1936.

Olympische Tätigkeiten

Stellvertretender Delegationsleiter der deutschen Mannschaft,

siehe 1952 bis 1992.

Sportliche Funktionen:

1944/45 Gaufachwart Handball im Gau IX Westfalen,
ab 1945 einige Jahre Vorsitzender des TSV Eintracht Dortmund,
1948-1950 Vizepräsident der Arbeitsgemeinschaft Deutscher Sport,
Mitglied des Zonensportrates der Britischen Zone,
1949-1955 Präsident des Deutschen Handballbundes,
1950-1979 Präsident des Deutschen Sportbundes,
1967-1970 Vorsitzender des Kuratoriums der Deutschen Sporthochschule Köln,
1988 Präsident Comité International pour le Fair Play,
1989-1991 Präsident der Stiftung Deutsche Sporthilfe.

Olympische Funktionen:

1949 Gründungsmitglied des Nationalen Olympischen Komitees für Deutschland (NOK) als Vertreter des DHB,
1949-1952 Schatzmeister des NOK,
1949 bis heute Präsidiumsmitglied des NOK,
1956-1991 Mitglied des IOC,
1961-1992 Präsident des NOK,
1972-1976 Vizepräsident des IOC,
1978 Vorsitzender der Zulassungskommission des IOC,
1979-1988 Präsident der Deutschen Olympischen Gesellschaft,
1966-1973 Präsident des Organisationskomitee der Olympischen Spiele 1972 in München,
Präsident des Organisationskomitee des XI. Olympischen Kongreß 1981 in Baden-Baden.

Auszeichnungen:

Ehrenmitglied von Eintracht Dortmund,
seit 1955 Ehrenpräsident des DHB,
1959 Großer Verdienstkreuz des Verdienstordens der Bundesrepublik Deutschland,
1967 Französischer Verdienstorden,
1967 Schwedischer Wasa-Orden,
seit 1970 Ehrenpräsident des DSB,
1972 Condecoration Oden Francisco de Miranda I. Klasse der Republik Venezuela,
1972 Offizier der französischen Ehrenlegion,
1972 Plakette der Stadt Dortmund,
1973 Stern zum Großen Verdienstkreuz der Bundesrepublik Deutschland,

1973 Dr. Sportwiss. e.h. der Deutschen Sporthochschule Köln,
1973 Bayerischer Verdienstorden,
1973 Avery-BRUNDAGE-Foundation-Medal,
1973 Goldener Schlüssel der Stadt New York,
1974 Commendatore dell Ordine „Al Merito della Republica Italiana",
1975 Kultureller Ehrenpreis der Stadt München,
1976 Diplome de Maitrise,
1976 Medaille d'Or Prosper Montagne,
1981 Präsident der Erich-KÄSTNER-Gesellschaft,
1982 Ehrenmedaille in Gold der Stadt Baden-Baden,
1986 Großes Verdienstkreuz mit Stern und Schulterband der Bunderepublik Deutschland,
seit 1988 Ehrenpräsident der DOG,
seit 1991 Ehrenmitglied des IOC,
1991 Olympischer Orden,
seit 1992 Ehrenpräsident des NOK,
Verleihung der Würde eines Professors durch den Ministerpräsident des Landes Baden-Württemberg.

Veröffentlichungen über DAUME:

SCHERER, Karl Adolf, *Willi Daume*. Persönlichkeiten der Gegenwart, Heft 7, Freundenstadt 1968.

GIESELER, Karlheinz/WOLF, Norbert (Red.), *Willi Daume. Deutscher Sport 1952-1972* [Reden], München 1973.

FALK, geb. BARAN, Ria

Eiskunstläuferin

Persönliche Daten:

geb.: 29.11.1922 in Dortmund,
gest.: 12.11.1986 in Düsseldorf,
Beruf: Hotelkauffrau,
   1952-1959 Eiskunstläuferin
   (Profi) bei „Holiday on Ice"
   und „Baier",
Stand: Seit 1951 verheiratet mit Paul FALK, 1 Tochter.

Olympische Plazierungen:

Paarlaufen: Goldmedaille mit der Platzziffer 11,5 und 11.400 Punkten, bei 13 Paaren am Start.

Sportlicher Werdegang:

Vereine: Düsseldorfer EG,
19?? Beginn sportliche Laufbahn,
1936 Deutsche Jugendmeisterin Rollkunstlauf (Paare),
1937 Deutsche Jugendmeisterin Eiskunstlauf (Paare),
1938 Deutsche Jugendmeisterin Eiskunstlauf (Paare),
1939 Deutsche Jugendmeisterin Eiskunstlauf (Paare),
1947 Deutsche Meisterin Eiskunstlauf (Paare),
1947 Deutsche Meisterin Rollkunstlauf (Paare),
1948 Deutsche Meisterin Eiskunstlauf (Paare),
1948 Deutsche Meisterin Rollkunstlauf (Paare),
1949 Deutsche Meisterin Eiskunstlauf (Paare),
1949 Deutsche Meisterin Rollkunstlauf (Paare),
1950 Deutsche Meisterin Eiskunstlauf (Paare),
1950 Deutsche Meisterin Rollkunstlauf (Paare),
1951 Deutsche Meisterin Eiskunstlauf (Paare),
1951 Deutsche Meisterin Rollkunstlauf (Paare),
1952 Deutsche Meisterin Eiskunstlauf (Paare),
1950 Europameisterin Rollkunstlauf (Paare), 1951 Europameisterin Eiskunstlauf (Paare),
1952 Europameisterin Eiskunstlauf (Paare), 1951 Weltmeisterin Eiskunstlauf (Paare),
1951 Weltmeisterin Rollkunstlauf (Paare), 1952 Weltmeisterin Rollkunstlauf (Paare),
1951 Sportlerin des Jahres.

Auszeichnungen:

1951 Silbernes Lorbeerblatt,
1952 Silbernes Lorbeerblatt.

FALK, Paul

Eiskunstläufer

Persönliche Daten:

geb.:	21.12.1921 in Dortmund,
Beruf:	Techniker, Hotelier, dazwischen 1952-1959 Eiskunstläufer (Profi) bei „Holiday on Ice" und „Baier", Rentner,
Stand:	Seit 1951 verheiratet mit Ria BARAN, 1 Tochter.

Olympische Plazierungen:

Paarlaufen: Goldmedaille mit der Platzziffer 11,5 und 11.400 Punkten, bei 13 Paaren am Start.

Sportlicher Werdegang:

Vereine: Düsseldorfer EG,
19?? Beginn sportliche Laufbahn,
1936 Deutscher Jugendmeister Rollkunstlauf (Paare),
1937 Deutscher Jugendmeister Eiskunstlauf (Paare),
1938 Deutscher Jugendmeister Eiskunstlauf (Paare),
1939 Deutscher Jugendmeister Eiskunstlauf (Paare),
1947 Deutscher Meister Eiskunstlauf (Paare),
1947 Deutscher Meister Rollkunstlauf (Paare),
1948 Deutscher Meister Eiskunstlauf (Paare),
1948 Deutscher Meister Rollkunstlauf (Paare),
1949 Deutscher Meister Eiskunstlauf (Paare),
1949 Deutscher Meister Rollkunstlauf (Paare),
1950 Deutscher Meister Eiskunstlauf (Paare),
1950 Deutscher Meister Rollkunstlauf (Paare),
1951 Deutscher Meister Eiskunstlauf (Paare),
1951 Deutscher Meister Rollkunstlauf (Paare),
1952 Deutscher Meister Eiskunstlauf (Paare),
1950 Europameister Rollkunstlauf (Paare),
1951 Europameister Eiskunstlauf (Paare),
1952 Europameister Eiskunstlauf (Paare),
1951 Weltmeister Eiskunstlauf (Paare),
1951 Weltmeister Rollkunstlauf (Paare),
1952 Weltmeister Rollkunstlauf (Paare).

Auszeichnungen:

1951 Silbernes Lorbeerblatt,
1951 Sportler des Jahres,
1952 Silbernes Lorbeerblatt.

Helsinki 1952

Zur Statistik:

Dauer:	(16.)19.07.-03.08.1952,
Deutsche Teilnehmer:	214 (36), dazu gemeldet und auf Abruf zu Hause 9 (1), davon 205 (32) am Start,
aus Westfalen:	25 (6),
Begleiter:	Ungefähr 90,
aus Westfalen:	7,
Gewonnene Medaillen:	7 Silber-, 17 Bronzemedaillen,
von Westfalen:	
Silbermedaillen:	ROTHE, Otto mit der Military-Mannschaft, WERNER, Marianne im Kugelstoßen,
Bronzemedaillen:	HAASE, Günther im Turmspringen, LUEG, Werner im 1.500-m-Lauf.

Teilnehmer/Betreuer:

ADERHOLD, Hanns (Schwimmer),
BENSCH, Josef (Fußballer),
BERTRAM, Alfred (Betreuer),
CLEVE, Urban (Leichtathlet),
DAUME, Willi (Betreuer),
DICKHUT, Adalbert (Turner),
EICHHOLZ, Heinz (Ruderer),
ELLERBROCK, Rolf (Ringer),
EUTENEUER, Kurt (Turner),
GOCKE, Gustav (Ringer),
HAASE, Günther (Schwimmer),
HAPPE, Ursula, (Schwimmerin),
HERBERS, Erna (Schwimmerin),
HIDDING, Friedrich Wilh. (Hockeyspieler),
HÖLTIG, Georg (Reiter),
KIESLER, Brigitte (Turnerin),
KOESTER, Josefa (Kanutin),
LABONTÉ, Josef (Betreuer),
LUEG, Werner (Leichtathlet),
MACKOWIAK, Anton (Ringer),
MILTENBERGER, Meinrad (Kanute),
NIEMACK, Horst (Betreuer),
POLLMANNS, Willi (Betreuer),
POST, Alfred (Fußballer),
RECHLIN, Elisabeth (Schwimmerin),
RENNEBERG, Karl Heinz (Ruderer),
ROTHE, Otto (Reiter),
SABEL, Otto (Betreuer),
SCHÄFER, Herbert (Fußballer),
SCHÖPPNER, Erich (Boxer),
VIEBIG, Wilhelm (Betreuer),
WERNER, Marianne (Leichtathletin).

Rechts die Mannschaft von Deutschland (Saksa) und Saarland

Biographien:

ADERHOLD, Hanns

Schwimmer

Persönliche Daten:

geb.: 13.05.1919 in Osnabrück,
gest.: 04.08.1987 in Dortmund-
Wellinghofen,
Stand: Ledig, 1953 verheiratet mit
Irmgard WINTER, 1 Sohn,
Beruf: Kaufmännischer Angestellter,
später selbständiger Kaufmann.

Olympische Plazierungen:

Kunstspringen: 11. Platz im Vorkampf mit 67,09 Punkten, nachdem er seinen sichersten Sprung, einen $1\,^1/_2$ Schraubensalto in der Pflicht verpatzt hatte, bei 36 Startern,
siehe Tokio 1964.

Sportlicher Werdegang:

Vereine: VfL Osnabrück,
1940-1945 Luftwaffensportverein Berlin, ab 1947 SV Gronau 1910,
1941 Deutscher Meister Kunstspringen, 1942 Deutscher Meister Kunstspringen,
1943 Deutscher Meister Kunstspringen, 1950 Deutscher Meister Kunstspringen,
1951 Deutscher Meister Kunstspringen, 1952 Deutscher Meister Kunstspringen,
1950 Deutscher Meister Kunstspringen (Halle),
1952 Deutscher Meister Kunstspringen (Halle),
1938 Sieger Deutsches Turn- und Sportfest Kunstspringen,
1939 Studenten-Vizeweltmeister Kunstspringen,1950 Europameister Kunstspringen,
1952 nach den Spielen Rücktritt vom Leistungssport, in Deutschland ungeschlagen.

Sportliche Funktionen:

1958-1960 Trainer der Springer und
1964-1966 Sprungwart im Deutschen Schwimmverband.

Auszeichnungen:

1951 Silbernes Lorbeerblatt.

BENSCH, Josef

Fußballer

Persönliche Daten:

geb.:	29.06.1920 in Gelsenkirchen,
gest.:	28.12.1974 in Recklinghausen,
Stand:	Verheiratet, 1 Sohn,
Beruf:	Schlosser, später bei der Berufsfeuerwehr,
Größe:	1,71 m.

Olympische Plazierungen:

Ersatztorwart, kein Einsatz.

Sportlicher Werdegang:

Vereine: 1934-1945 Union Gelsenkirchen,
1946-1953 FC Lübbecke,
1953-1954 SpVgg Erkenschwick,
keine Länderspiele,
Westfalenauswahlspieler,
1954 Ende der aktiven Laufbahn.

Auszeichnungen:

1952 Eintragung in das Ehrenbuch der Stadt Lübbecke.

BERTRAM, Alfred

Kampfrichter

Persönliche Daten:

geb.:	20.10.1894 in Clausthal-Zellerfeld,
gest.:	11.01.1970 in Minden,
Beruf:	Bankangestellter in Minden,
	1954-1964 hauptamtlicher Bundesturnwart,
Stand:	Verheiratet.

Olympische Tätigkeiten:

Kampfrichter Turnen.

Sportlicher Werdegang:

Vereine: 1905-1909 TV Clausthal-Zellerfeld,
1909-1911 MTV Osterode,
1911-1919 TV Rastatt,
1919-1954 TV Jahn Minden,
ab 1954 Turn- und Fachgemeinde Frankfurt,
1905-1925 aktiver Turner,
ab 1919 Vorturner.

Sportliche Funktionen:

bis 1935 Oberturnwart im TV Jahn Minden,
1935-1952 Vorsitzender des TV Jahn Minden,
Gaumännerturnwart und Gauoberturnwart des Turngaus Minden-Ravensberg,
ab 1934 Bezirksführer des Bezirks 2 Minden und Mitglied im Gauführerstab IX,
ab 1934 Gauvorsitzender,
bis 1954 Landesmänner- und -kunstturnwart im Westfälischen Turnerbund,
1952-1954 Männerturnwart des Westfälischen Turnerbundes,
(1954-1964 hauptamtlicher Bundesturnwart beim Deutschen Turnerbund in Frankfurt),
Oberturnwart der Turn- und Fachgemeinde Frankfurt,
1960-1967 Gauoberturnwart des Turngaues Frankfurt,
13 Jahre Bundeskampfrichterobmann,
Kampfrichter.

Auszeichnungen:

Ehrenvorsitzender des TV Jahn Minden,
Ehrenoberturnwart des Westfälischen Turnerbundes,
Ehrenmitglied von Eintracht Frankfurt,
Goldene Ehrennadel des Deutschen Turnerbundes mit Ehrenurkunde.

Veröffentlichungen:

Neuzeitliches Turnen, Frankfurt 1951, mehrere Auflagen,
Deutsche Turnsprache, Frankfurt 1952, mehrere Auflagen,
Vom Jugend- zum Meisterturner, Frankfurt 1952, mehrere Auflagen,
Das Kampfrichterbuch, München 1950,
mit FETZ, Friedrich, *Die Bezeichnungen der Bodenübungen*, Frankfurt 1959, mehrere Auflagen,
mit FETZ, Friedrich, *Die Bezeichnungen der Frei- und Ordnungsübungen*, 1959, mehrere Auflagen.

CLEVE, Urban

Leichtathlet

Persönliche Daten:

geb.: 24.11.1930 in Dortmund,
Beruf: Abiturient, Studium, Dipl-Ing.,
  Geschäftsführer,
Stand: Ledig, später verheiratet,
  2 Kinder,
Maße: 1,78 m, 66 kg.

Olympische Plazierungen:

800 m: Vorlauf 2. in 1:53,4, im Zwischenlauf als 5. in 1:51,6 min ausgeschieden, obwohl er die fünftbeste Zeit aller drei Zwischenläufe und persönliche Bestzeit erzielte und schneller war als die Sieger der beiden anderen Zwischenläufe, bei 50 Teilnehmern.

Sportlicher Werdegang:

Vereine: 1947-1949 TSV 1860 Neunkirchen/Saar,
  1950-1954 KTSV Preußen Krefeld 1855,
  1955-1957 CSV Marathon 1910 Krefeld,
1947 Beginn sportliche Laufbahn als Leichtathlet,
1947 Saarländischer Jugendmeister über 800 m,
1948 Saarländischer Jugendmeister über 800 m,
1949 Saarländischer Meister über 800 m,
1950 Deutscher Juniorenmeister über 800 m,
1950 Deutscher Juniorenmeister in der 3x1.000-m-Staffel,
1950 Deutscher Vizemeister über 800 m,
1951 Deutscher Meister über 800 m,
1952 Deutscher Meister in der 3x1.000-m-Staffel,
1953 Deutscher Vizemeister über 800 m,
1955 Deutscher Meister 4x400-m-Staffel,
1953 Deutscher Hochschulmeister über 800 m,
1953 Deutscher Hochschulmeister in der 3x1.000-m-Staffel,

1953 Studentenweltmeister über 800 m,
1953 Studentenweltmeister in der 4x400-m-Staffel,
1953 Studentenweltmeister in der Olympischen Staffel,
1953 Deutscher Studentenrekord in der Akademischen Staffel (800, 400, 200, 100 m) in 3:12,8 min.,
1953 Deutscher Studentenrekord in der 3x1.000-m-Staffel in 7:31,4 min,
1954 Deutscher Studentenrekord in der 3x1.000-m-Staffel in 7:27,4 min,
11 Länderkämpfe zwischen 1951 und 1953,
1956 Ende der aktiven Laufbahn wegen Verletzung.

Sportliche Funktionen:

2. Vorsitzender des Clubs der alten Meister (VEL).

DAUME, Willi

Betreuer

Olympische Tätigkeiten:

Chef de Mission der deutschen Mannschaft,

siehe 1936 bis 1992.

DICKHUT, Adalbert

Turner

Persönliche Daten:

geb.: 16.05.1923 in Dortmund,

Beruf: Staatl. gepr. Gymnastiklehrer, Studium Deutsche Sporthochschule Köln, Diplom-Sportlehrer, 1948-1960 Dozent an der Deutschen Sporthochschule, Direktor der Deutschen Turnschule in Frankfurt,

Stand: Verheiratet, 3 Kinder.

Olympische Plazierungen:

12-Kampf-Mannschaft: Platz 4 mit 561,20 Punkten, bei 23 Mannschaften,
12-Kampf-Einzel: Platz 24 mit 110,85 Punkten, bei 185 Teilnehmern,
Boden: Platz 32 mit 18,40 Punkten,
Reck: Platz 75 17,60 Punkten,
Barren: Platz 19 mit 18,85 Punkten,
Ringe: Platz 45 mit 18,40 Punkten,
Pferdsprung: Platz 9 mit 18,85 Punkten,
Seitpferd: Platz 18 mit 18,75 Punkten,

siehe Melbourne 1956,

siehe Tokio 1964.

Sportlicher Werdegang:

Vereine: 1934-1952 TSV Eintracht Dortmund,
ab 1952 Kölner Turnerschaft von 1843,
1941 Deutsche Vizejuniorenmeister,
1942 Deutscher Jugendmeister,
1942 3. Deutscher Meister im 12-Kampf,
1947 Deutscher Vizemeister Boden,

1947 Deutscher Vizemeister Reck,
1948 Deutscher Vizemeister Boden,
1948 Deutscher Vizemeister Reck,
1950 Deutscher Meister 12-Kampf,
1950 2. Sieger bei den Deutschen Kunstturn-Meisterschaften,
1950 Deutscher Meister Reck,
1950 Deutscher Meister Boden,
1951 Deutscher Meister Deutscher 12-Kampf,
1951 Deutscher Meister Reck,
1952 Deutscher Meister Deutscher 12-Kampf,
1953 Turnfestsieger in Hamburg,
1954 Deutscher Meister im 12-Kampf,
1955 Deutscher Meister Reck
1955 Deutscher Meister Boden,
1958 Deutscher Meister 12-Kampf,
1958 Deutscher Mannschaftsmeister
1958 1. Sieger beim Deutschen Turnfest im Deutschen Zehnkampf,
1955 Europameister Pferdsprung,
1955 3. Europameister Boden,
1954 15. der Weltmeisterschaften im 12-Kampf.

Sportliche Funktionen:

1958-1959 Oberturnwart des Turngaues Köln,
1959-1984 Hauptamtlicher Direktor der Deutschen Turnschule in Frankfurt,
1962-1972 Vorsitzender der Turngemeinde Rüsselsheim.

Auszeichnungen:

1950 August-BIER-Plakette für das beste Diplom im Wintersemester 1949/50,
1951 Silbernes Lorbeerblatt,
1973 Ehrenpräsident der Turngemeinde Rüsselsheim,
1957 Bundesehrenbrief des Rheinischen Turnerbundes,
1983 Walter-KOLB-Plakette des Deutschen Turnerbundes.

Veröffentlichungen:

Das Bodenturnen. Eine Betrachtung über die geschichtliche Entwicklung und über die Stellung in der heutigen Leibeserziehung, Diplomarbeit Köln 1949,
Methodik der Elementarübungen, Celle 1975,
Zehn Minuten mit Adalbert Dickhut, Frankfurt 1959,
mit BANTZ, Helmut, *Turnmethodik*, Frankfurt 1959,
mit KLEMM, Franz, *Turnen. Die volkstümliche Leibesübung für jedermann*, Celle 1963.

Sonstiges:

1955-1970 Moderator der ARD-Fernsehsendung „*10 Minuten mit Adalbert Dickhut*".

EICHHOLZ, Heinz

Ruderer

Persönliche Daten:

geb.: 04.01.1927 in Gelsenkirchen,
Beruf: Schlosser,
Größe: 1,84 m,
Gewicht: 82 kg.

Olympische Plazierungen:

Zweier ohne: Mit Heinz RENNEBERG im Vorlauf 3. in 8:03,3 min, zum Hoffnungslauf nicht mehr angetreten, war schon erkrankt (Nesselfieber) in den Vorlauf gegangen, die Ärzte hatten Startverbot erteilt.

Sportlicher Werdegang:

Vereine: Ruderverein Gelsenkirchen,
1939 Beginn sportliche Laufbahn,
1951 Deutscher Meister Zweier ohne,
1952 Deutscher Meister Zweier ohne.

ELLERBROCK, Rolf

Ringer

Persönliche Daten:

geb.: 30.05.1933 in Dortmund,

Olympische Plazierungen:

Federgewicht, griechisch-römisch: Platz 7 ex aequo nach einem Punktsieg (3:0) und zwei Schulterniederlagen (8:30, 2:14 min), bei 17 Teilnehmern,
Federgewicht Freistil: Platz 16 nach zwei Punktniederlagen (je 0:3), bei 21 Teilnehmern.

Sportlicher Werdegang:

Vereine: ASV Heros 94 Dortmund,
1952 Deutsche Vizemeister (griechisch/römisch) im Federgewicht,
1953 Deutscher Meister Mannschaft,
1954 Deutscher Meister Mannschaft,
1955 Deutscher Meister Mannschaft,
1956 Deutscher Meister Mannschaft,
1957 Deutscher Meister Mannschaft.

Auszeichnungen:

1951 Silbernes Lorbeerblatt.

EUTENEUER, Kurt

Turner

Persönliche Daten:

geb.: 02.11.1922 in Lippe/Kreis Siegen,
gest.: 14.08.1963,
Beruf: Technischer Angestellter, Ingenieur (Hochbau),
Stand: Verheiratet, 3 Kinder.

Olympische Plazierungen:

Ersatzmann ohne Einsatz.

Sportlicher Werdegang:

Vereine: 1932-1945 Turnverein Neunkirchen/Westfalen,
1951-1963 Turnverein Eichen,
1932 Beginn sportliche Laufbahn als Turner,
seit 1939 Mitglied der Deutschen Jugendriege der Turner,
1941 3. der Deutschen Juniorenmeisterschaften,
1950 12. im 12-Kampf bei den Deutschen Meisterschaften,
1951 12. im 12-Kampf bei den Deutschen Meisterschaften,
mehrfacher Westfalenmeister,
1952 Aufnahme in die A-Nationalriege (Länderkampf gegen Finnland),
nach längerer Krankheit 1954 wieder aktiv, und
1955 6. bei den Deutschen Meisterschaften im 12-Kampf,
1956 Beendigung der aktiven Laufbahn.

Sportliche Funktionen:

1949-1952 Oberturnwart des TV Neunkirchen,
1956-1963 Männerturnwart im TV Eichen.

GOCKE, Gustav

Ringer

Persönliche Daten:

geb.: 17.02.1919 in Dortmund,
Beruf: Karosserieschlosser, Inhaber
  einer Tankstelle, heute Rentner,
Stand: Verheiratet, 1 Kind,
Maße: 1,72 m, 80 kg.

Olympische Plazierungen:

Mittelgewicht (griechisch-römisch): Platz 7 ex aequo nach einem Punktsieg (2:1), einer Punkt- (0:3) und einer Schulterniederlage (11:06 min), bei 11 Startern,

Mittelgewicht (Freistil): Platz 4 nach 3 Punktsiegen (3:0, 4:0, 3:0), einem Schultererfolg (1:20 min) und einer Punktniederlage (0:3), bei 17 Startern.

Sportlicher Werdegang:

Vereine: 1928 bis heute ASV Heros 94 Dortmund,
1928 Beginn der sportlichen Laufbahn als Ringer,
1936 Deutscher Jugendmeister,
1937 Deutscher Vizejugendmeister,
1940 Deutscher Vizemeister (griechisch-römisch) Weltergewicht,
1941 Deutscher Meister (griechisch-römisch) Weltergewicht,
1941 Deutscher Meister Freistil Weltergewicht,
1942 Deutscher Vizemeister (griechisch-römisch) Weltergewicht,
1943 Deutscher Meister (griechisch-römisch) Mittelgewicht,
1948 Deutscher Vizemeister (griechisch-römisch) Mittelgewicht,
1949 Deutscher Meister (griechisch-römisch) Mittelgewicht,
1949 Deutscher Mannschaftsmeister,
1950 Deutscher Meister (griechisch-römisch) Mittelgewicht,
1951 Deutscher Meister (Freistil) Mittelgewicht,
1951 Deutscher Mannschaftsmeister,
1952 Deutscher Vizemeister (griechisch-römisch) Mittelgewicht,
1953 Deutscher Meister (griechisch-römisch) Mittelgewicht,
1953 Deutscher Mannschaftsmeister,

1954 Deutscher Mannschaftsmeister,
1955 Deutscher Mannschaftsmeister,
27 Länderkämpfe zwischen 1941 und 1953,
1959 Ende der aktiven Laufbahn, in 31 Jahren ca. 2.000 Kämpfe.

Sportliche Funktionen:

1963-1980 Technischer Leiter bei Heros Dortmund.

Auszeichnungen:

1943 Sportplakette mit Urkunde der Stadt Dortmund,
1951 Silbernes Lorbeerblatt,
1978 Ehrenadel in Gold des Deutschen Ringerbundes,
1984 Ehrenplakette in Gold des Ringerverbandes NRW,
1988 Goldene Vereinsnadel mit Brillanten für 60jährige Mitgliedschaft bei Heros Dortmund.

HAASE, Günther

Schwimmer

Persönliche Daten:

geb.: 11.06.1925 in Hamburg,

Stand: Verheiratet 1951 mit Paula TATAREK, der 10fachen Deutschen Meisterin vom Brett und Turm aus Erkenschwick,

Beruf: Kaufmann, Selbständiger Handelsvertreter.

Olympische Plazierungen:

Turmspringen: Bronzemedaille mit 141.31 Punkten, bei 31 Startern.

Sportlicher Werdegang:

Vereine: 1930-1933 TV Hamburg-Eppendorf 08,
1934-1941 Hamburg-Eilbeck,
1942-1947 Post SV Hamburg,
1948-1949 Schwimmverein Neptun Erkenschwick,
ab 1950 SV Neptun Lüdenscheid,
1930 Beginn sportliche Laufbahn als Turner auf Wunsch seines Vaters, zählte in den 40er Jahren zu den besten deutschen Jugendturnern, seit 1936 auch Training im Kunstspringen,
1939 und 1940 Teilnahme an den Deutschen Jugendmeisterschaften in beiden Sportarten,
1941 Deutscher Vizemeister im Turmspringen,
1941 3. Deutscher Meister im Kunstspringen,
1942 Deutscher Vizemeister im Turmspringen,
1942 3. Deutscher Meister im Kunstspringen
1943 Deutscher Meister Turmspringen,
1947 Deutscher Meister Turmspringen,
1948 Deutscher Meister Turmspringen,
1949 Deutscher Meister Turmspringen,
1949 Deutscher Meister Brettspringen (1 m),

1949 Deutscher Meister Brettspringen (3 m),
1950 Deutscher Meister Turmspringen,
1951 Deutscher Meister Turmspringen,
1952 Deutscher Meister Turmspringen (Halle),
1955 Deutscher Meister Turmspringen,
1956 Deutscher Meister Turmspringen,
1950 Europameister im Turmspringen,
viele Länderkämpfe und internationale Wettkämpfe, die er fast alle als Sieger beendete,
1956 Ende der aktiven Laufbahn.

Sportliche Funktionen:

Zeitweise Mitglied im Trainerrat für Kunst- und Turmspringen.

Auszeichnungen:

1951 Silbernes Lorbeerblatt,
1952 Silbernes Lorbeerblatt.

HAPPE geb. KREY, Ursula

Schwimmerin

Persönliche Daten:

geb.: 20.10.1926 in Danzig, kam
1945 als Flüchtling nach
Schleswig-Holstein,
Beruf: Hausfrau,
Stand: Verheiratet 1950, 4 Kinder
(1953, 1955, 1958,
1966), Sohn Thomas ist Handball-Nationalspieler und
gewann 1984 in Los Angeles
eine Silbermedaille.

Olympische Plazierungen:

200-m-Brust: 2. Platz im Vorlauf in 3:02,7, als 7. im Zwischenlauf in 3:03,8 min ausgeschieden, insgesamt Platz 13, bei 34 Teilnehmern,

siehe Melbourne 1956.

Sportlicher Werdegang:

Vereine: 1931-1945 Neptun Danzig,
1947 Neptun Kiel,
ab 1949 Schwimmverein Westfalen Dortmund,
später TuS Dortmund-Wellinghofen 05, Abt. Schwimmen
1949 Deutsche Meisterin über 100-m-Brust,
1949 Deutsche Vizemeisterin 100-m-Kraul,
1950 Deutsche Meisterin über 100-m-Brust (Halle),
1950 Deutsche Meisterin über 200-m-Brust (Halle),
1952 Deutsche Meisterin über 100-m-Brust,
1952 Deutsche Meisterin über 200-m-Brust,
1952 Deutsche Meisterin in der 4x100-m-Bruststaffel,
1954 Deutsche Meisterin über 200-m-Brust,
1954 Deutsche Meisterin über 200-m-Brust (Halle),
1954 Deutsche Meisterin über 100-m-Schmettern,
1954 Deutsche Meisterin über 100-m-Schmettern (Halle)

1954 Deutsche Meisterin über 200-m-Brust (Halle),
1954 Deutsche Meisterin in der 4x200-m-Bruststaffel,
1956 Deutsche Meisterin über 200-m-Brust,
1954 Europameisterin 200-m-Brust,
1954 3. Europameister über 100-m-Schmettern,
1954 Deutscher Rekord über 200-m-Brust in 2:54,7,
1954 Deutsche Rekorde über 100-m-Brust in 1:22,0, 1:19,0,
1954 Deutscher Rekord über 100-m-Schmettern in 1:18,7,
1956 Deutsche Rekorde über 200-m-Brust in 2:53,9, 2:51,0,
6 Vereinsstaffelrekorde.

Sportliche Funktionen:

Übungsleiterin für Kinder im TuS Dortmund-Wellinghofen, Abt. Schwimmen.

Auszeichnungen:

1954 Sportlerin des Jahres,
1954 Silbernes Lorbeerblatt,
1956 Sportlerin des Jahres,
1956 Silbernes Lorbeerblatt,
1956 Ehrenring der Stadt Dortmund,
1956 Ehrennadel des Deutschen Schwimmverbandes.

HERBERS geb. WESTHELLE, Erna

Schwimmerin

Persönliche Daten:

geb.: 02.05.1925 in Amsterdam,
Stand: Verheiratet.

Olympische Plazierungen:

100-m-Rücken: Als 7. in 1:23,1 min im Vorlauf ausgeschieden, damit 18. von 20 Teilnehmern, war aber krank an den Start gegangen, deshalb 10 Sekunden unter ihren Möglichkeiten.

Sportlicher Werdegang:

Vereine: 1942-1945 Undine Mönchengladbach,
1946-1949 Schwimmverein Hagen 1894,
1949-1953 Eimsbütteler TV,
1937 Beginn sportliche Laufbahn als Schwimmerin in Hilversum/Holland, wo die Familie wohnte, ab 1938 erste Wettkämpfe,
1941 2. Deutsche Jugendmeisterin,
1942 Deutsche Jugendmeisterin über 100-m-Rücken,
1942 Deutsche Meisterin über 100-m-Rücken,
1942 Deutscher Meisterin in der 3x100-m-Lagenstaffel,
1943 Deutscher Meisterin über 100-m-Rücken,
1943 Deutscher Meisterin in der 3x100-m-Lagenstaffel,
1947 2. Deutscher Meisterin über 100-m-Rücken,
1947 Deutscher Meisterin in der 100-, 200-, 100-m-Lagenstaffel,
1948 Deutscher Meisterin über 100-m-Rücken,
1948 Deutscher Meisterin in der 100-, 200-, 100-m-Lagenstaffel,
1949 2. Deutscher Meisterin über 100-m-Rücken,
1949 Deutscher Meisterin in der 100-, 200-, 100-m-Lagenstaffel,
1950 3. Deutscher Meisterin über 100-m-Rücken,
1952 Deutscher Vizemeisterin über 100-m-Rücken,
1943 Deutscher Rekord über 100-m-Rücken in 1:15,0,
1944 Deutscher Rekord über 200-m-Rücken in 2:48,4.
1943 2. bei den Europäischen Jugendkämpfen über 100-m-Rücken,
1943 1. bei den Europäischen Jugendkämpfen in der Lagenstaffel,
1953 Ende der aktiven Laufbahn.

Auszeichnungen:

Ehrenpreis der Stadt Rheydt,
1948 Ehrenpreis des Regierungspräsidenten in Arnsberg.

HIDDING, Friedrich Wilhelm („Pudding")

Hockeyspieler

Persönliche Daten:
geb.: 06.11.1926 in Hamm,
Beruf: Kapellmeister, Dirigent.

Olympische Plazierungen:
In vier von fünf Spielen gegen Holland (0:1), Finnland (7:0), Österreich (2:1) und Polen (4:0) als Außenläufer und dreimal als Mittelläufer eingesetzt, Platz 5 in der Trostrunde, durch Niederlage gegen Holland in der Hauptrunde wurde die Finalrunde nicht erreicht, aber beste Mannschaft in der Trostrunde, bei 12 Mannschaften am Start.

Sportlicher Werdegang:
Vereine: Club Raffelberg Duisburg,
1940 Beginn sportliche Laufbahn als Hockeyspieler,
1950 Deutscher Vizemeister,
1951 Deutscher Meister,
1953 Deutscher Meister,
8 Länderspiele.

HÖLTIG, Georg

Reiter

Persönliche Daten:

geb.: 26.11.1912 in Barförde/Elbe,
gest.: 24.12.1991 in Halle,
Beruf: Bauer, aktiver Unteroffizier bis 1945,
ab 1948 Gastwirt, 1952 Hotelier in Halle,
Stand: Verheiratet seit 1939 mit Elfriede SCHÜTZ, 2 Kinder.

Olympische Plazierungen:

Jagdspringen-Einzel: Auf 7jährigem Holsteiner Wallach „Fink" mit 20 (8 und 12) Fehlerpunkten Platz 16 ex aequo, bei 51 Startern,

Jagdspringen-Mannschaft: Platz 5 mit 60 Fehlerpunkten zusammen mit Fritz THIEDEMANN auf „Meteor" (0 und 8) und Hans H. EVERS auf „Baden" (24 und 8), bei 15 Mannschaften am Start.

Sportlicher Werdegang:

Vereine: 1937-1940 Kavallerieschule Hannover,
nach 1945 Reit- und Fahrverein Halle,
1924 Beginn sportliche Laufbahn als 12jähriger Junge auf dem elterlichen Hof, reiterliche Ausbildung als Soldat in Lüneburg (1932-1937) und an der Kavallerieschule in Hannover (ab 1937),
1952 drei Einsätze im Preis der Nationen,
1952 nach den Spielen Beendigung der sportlichen Laufbahn.

Auszeichnungen:

1972 FN-Ehrenzeichen in Silber mit Olympischen Ringen.

KIESLER geb. KÄRST, Brigitte

Turnerin

Persönliche Daten:

geb.: 15.08.1924 in Ludwigslust/
Mecklenburg, lebt heute in
Grassvalley/USA,
Stand: Verheiratet mit Rudi KIESLER,
Beruf: Sportstudium in Berlin,
Büroangestellte,
heute Rentnerin.

Olympische Plazierungen:

Gruppengymnastik: Platz 4 mit 71,20 Punkten,
Olympischer Mehrkampf Mannschaft: Platz 5 mit 495,20 Punkten, bei 16 Mannschaften,
Achtkampf, Einzel: Platz 80 mit 67,98 Punkten, bei 134 Teilnehmern,
Boden: Platz 73 mit 17,43 Punkten,
Schwebebalken: Platz 122 mit 15,00 Punkten,
Stufenbarren: Platz 63 mit 17,26 Punkten,
Pferdsprung: Platz 27 mit 18,29 Punkten.

Sportlicher Werdegang:

Vereine: 1938-1949 TV Schwerin,
1949-1956 Turngemeinde Bielefeld 1848,
1938 Beginn der sportlichen Laufbahn als Turnerin,
mehrfache mecklenburgische und einmal westfälische Kunstturnmeisterin (1952),
1951/52 Mitglied der Olympia-Kernmannschaft,
1952 2. bei den Olympia-Prüfungswettkämpfen,
1956 Ende der aktiven Laufbahn und Auswanderung in die USA.

Auszeichnungen:

1952 Ehrenplakette der Stadt Bielefeld.

KOESTER geb. LEHMENKÜHLER, Josefa, heute KRÖGER

Kanutin

Persönliche Daten:

geb.: 16.06.1918 in Lippstadt,
Beruf: Verkäuferin, Hausfrau,
Stand: Verheiratet, wiederverheiratet.

Olympische Plazierungen:

Kajak-Einer: Platz 2 im Vorlauf in 2:26,9, Platz 8 im Finale in 2:25,9 min, bei 13 Startern.

Sportlicher Werdegang:

Vereine: Ab 1935 Wasser- und Wintersportclub Lippstadt,
1937 Deutsche Vizemeisterin im Kajak-Einer,
1938 Deutsche Meisterin im Kajak-Einer,
1938 Deutsche Meisterin im Kajak-Zweier,
1939 Deutsche Meisterin im Kajak-Einer,
1939 Deutsche Meisterin im Kajak-Zweier,
1940 Deutsche Meisterin im Kajak-Einer,
1940 Deutsche Meisterin im Kajak-Zweier,
1941 Deutsche Meisterin im Kajak-Einer,
1941 Deutsche Meisterin im Kajak-Zweier,
1942 Deutsche Vizemeisterin im Kajak-Einer,
1947 Deutsche Meisterin im Kajak-Einer,
1952 Deutsche Meisterin im Kajak-Einer,
1938 Vizeweltmeisterin im Kajak-Zweier,
1952 Ende der aktiven Laufbahn.

Sportliche Funktionen:

Ab 1950 Frauenfachwartin im Kanuverband NRW.

Auszeichnungen:

1938 Vereinsabzeichen in Gold.

LABONTÉ, Josef

Betreuer

Persönliche Daten:

geb.: 22.02.1903 in Siegen,

Olympische Tätigkeiten:

Ruderertrainer.

Sportlicher Werdegang:

Vereine: RV Gelsenkirchen.

LUEG, Werner

Leichtathlet

Persönliche Daten:

geb.: 16.09.1931 in Brackwede,
Beruf: Kaufmännischer Angestellter, in einem Hüttenwerk in Hagen-Haspe als Kalkulator, heute in der Textilbranche tätig.

Olympische Plazierungen:

1.500 m: Vorlauf 1. in 3:52,0 min, Zwischenlauf 2. in 3:49,8, Bronzemedaille im Endlauf in 3:45,4 min, bei 56 Teilnehmern, galt in der Fachwelt als Favorit.

Sportlicher Werdegang:

Vereine: ab 1950 TuS Iserlohn 46, 1951-1953 Sportfreunde Gevelsberg, ab 1954 Barmer TV 1846,
1949 Deutscher Jugendmeister über 1.000 m,
1950 Deutscher Juniorenmeister über 1.500 m,
1951 Deutscher Vizemeister über 1.500 m,
1952 Deutscher Meister über 1.500 m, 1953 Deutscher Meister über 1.500 m,
1954 Deutscher Meister über 1.500 m,
1954 Deutscher Meister in der 3x1.000-m-Staffel,
1955 Deutscher Meister über 1.500 m,
1955 Deutscher Meister in der 3x1.000-m-Staffel,
1957 Deutscher Vizemeister über 1.500 m,
1957 Deutscher Meister in der 3x1.000-m-Staffel,
1952 Weltrekord über 1.500 m eingestellt in 3:43,0 am 29.06.1952 in Berlin bei den Deutschen Meisterschaften im Endlauf.
1954 Platz 5 über 1.500 m bei den Europameisterschaften in Bern,
Bestleistungen und Rekorde: 800 m - 1:49,7, 1.000 m - 2:20,8 (DR - 1955), - 1.5000 m - 3:49,4 (DR - 1951), 3:43,0 (WR - 1952), 3.000 m - 8:15,6 min (1952),
17 Länderkämpfe zwischen 1951 und 1957, Trainer: Arthur LAMBERT.

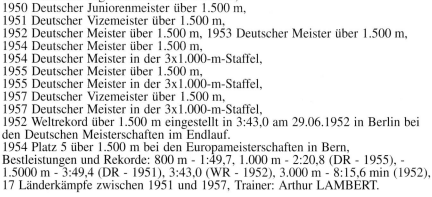

Vorne Josy BARTHEL (406, LUX, Gold), Werner LUEG (739)

Auszeichnungen:

1952 Silbernes Lorbeerblatt.

MACKOWIAK, Anton

Ringer

Persönliche Daten:

geb.: 29.09.1922 in Dortmund,
Beruf: Kaufmann, heute Rentner,
Stand: Verheiratet, 1 Sohn.

Olympische Plazierungen:

Weltergewicht, griechisch-römisch:
Nach einem Schultersieg (3:40 min),
einer Schulterniederlage (7:13) und
einer Punktniederlage (0:3) Platz 9 ex
aequo, bei 18 Startern,

Weltergewicht, Freistil: Nach zwei
Punktsiegen (je 3:0)und einer -
Punktniederlage (0:3) Platz 9, bei 20
Startern.

Sportlicher Werdegang:

Vereine: 1930-1935 Sportverein 08 Dortmund, nach Fusion,
1935- heute ASV Heros Dortmund,
1930 Beginn sportliche Laufbahn als Ringer,
1935 Deutscher Schülermeister,
1938 Deutscher Jugendmeister,
1939 Deutscher Jugendmeister,
1949 Deutscher Mannschaftsmeister,
1950 Deutscher Meister im Weltergewicht (griechisch-römisch),
1950 Deutscher Meister im Weltergewicht (griechisch-römisch),
1951 Deutscher Meister im Weltergewicht (Freistil),
1951 Deutscher Mannschaftsmeister,
1953 Deutscher Mannschaftsmeister,
1954 Deutscher Meister im Weltergewicht (griechisch-römisch),
1954 Deutscher Mannschaftsmeister, 1955 Deutscher Mannschaftsmeister,
1956 Deutscher Mannschaftsmeister, 1957 Deutscher Mannschaftsmeister.
1955 Vizeweltmeister im Weltergewicht, zahlreiche Länderkämpfe.

Auszeichnungen:

1951 Silbernes Lorbeerblatt.

MILTENBERGER, Meinrad („Auto")

Kanute

Persönliche Daten:

geb.: 06.12.1924 in Herdecke,
Beruf: Elektriker und Maurer, ab 1959 Trainer, seit 1988 Rentner,
Stand: Verheiratet,
Maße: 1,78 m, 80 kg.

Olympische Plazierungen:

Kajak-Zweier 10.000 m: Platz 6 in 45:12,2 min, bei 18 Booten am Start,
Kajak-Einer 1.000 m: Zweiter im Vorlauf in 4:21,2, im Finale Platz 5 in 4:21,6 min, bei 20 Booten am Start,

siehe Melbourne 1956,
siehe Rom 1960,
siehe Tokio 1964,
siehe Mexiko-City 1968.

Sportlicher Werdegang:

Vereine: 1931-1941 TSG Herdecke,
1941- heute Herdecker Kanu-Club 1925,
1931 Beginn sportliche Laufbahn als Leichtathlet, Handballer und Turner, seit
1941 Kanute bei Herdecker Kanu-Club, bei dem er 18 Jahre aktiv war,
1942 Deutscher Jugendvizemeister Kajak-Einer über 600 m,
1951 Deutscher Meister Kajak-Einer über 10.000 m,
1952 Deutscher Meister Kajak-Einer über 500 m,
1954 Deutscher Meister Kajak-Einer über 500 m,
1954 Deutscher Meister Kajak-Einer über 1.000 m
1955 Deutscher Meister Kajak-Einer über 500 m,
1956 Deutscher Meister Kajak-Einer über 500 m,
1957 Deutscher Meister Kajak-Einer über 500 m,
dazu zwischen 1951 und 1957 12 Deutsche Vizemeisterschaften,
1953 West-Europameister Kajak-Einer über 500 m,
1953 West-Europameister Kajak-Zweier über 500 m,
1953 West-Europameister in der 4x500-m-Staffel,
1954 West-Europameister Kajak-Einer über 500 m,
1955 West-Europameister Kajak-Zweier über 500 m,
1955 West-Europameister in der 4x500-m-Staffel,
1957 Vizeeuropameister Kajak-Zweier über 500 m,
1957 Vizeeuropameister in der 4x500-m-Staffel,
1958 West-Europavizemeister Kajak-Einer über 1.000 m,
1958 West-Europavizemeister Kajak-Einer über 10.000 m,
1958 West-Europameister in der 4x500-m-Staffel,
1959 Europameister in der 4x500-m-Staffel,
1954 Weltmeister Kajak-Zweier über 500 m,
1954 Vizeweltmeister Kajak-Einer über 500 m,
1958 Weltmeister in der 4x500-m-Staffel,
1958 3. Weltmeister Kajak-Zweier über 500 m,
1958 5. der Weltmeisterschaften Kajak-Einer über 500 m,
1959 Ende der aktiven Laufbahn.

Sportliche Funktionen:

1954-1959 Bezirkssportwart Kanu für Westfalen-West,
1959-1969 Trainer des Deutschen Kanuverbandes für Kanurennsport,
1969-1988 Landestrainer im Landeskanuverband Berlin,
1979-1988 Kampfrichter im Deutschen Kanu-Verband,
1972-1988 Kampfrichter im Internationalen Kanu-Verband.

Auszeichnungen:

1954 Silbernes Lorbeerblatt,
1957 Silbernes Lorbeerblatt,
1954 Goldene Ehrennadel des Berliner Senats,
1956 Goldene Ehrennadel des Herdecker Kanu-Clubs,
1974 Bundesverdienstkreuz,
1985 Goldene Ehrennadel des Deutschen Kanu-Verbandes.

NIEMACK, Horst

Betreuer

Persönliche Daten:

geb.: 10.03.1909 in Hannover,
gest.: 07.04.1992 in Celle,
Beruf: 1931-1945 Kavallerie- und
   Panzeroffizier, zuletzt
   Generalmajor und Divisions
   kommandeur,
   Verbandsfunktionär, Reitlehrer,
Stand: Verheiratet.

Olympische Tätigkeiten:

Equipechef der deutschen
Dressurreiter,
siehe Stockholm 1956,
siehe Rom 1960,
siehe Tokio 1964,
siehe Mexiko-City 1968.

Sportlicher Werdegang:

Begann als Schüler 1924 mit dem Reiten, als Offiziersanwärter bei der Fahr-Abteilung 6 und als junger Offizier beim Reiterregiment 18, ab 1934 Angehöriger des Militarystalles der Kavallerieschule Hannover, ab 1935 des Dressurstalles, 1936-1939 dort Reitlehrer, ausgebildet von den besten Reitlehrern der 30er Jahre Oskar Maria STEINBECK, Felix BÜRKNER, Friedrich GERHARD und Otto LÖRKEN, hervorragender Reiter in allen Sätteln mit vielen Siegen, nach dem Kriege Verbandsfunktionär.

Sportliche Funktionen:

Vorsitzender der Deutschen Richtervereinigung,
seit 1950 Leiter der Reitschule Warendorf,
seit 1952 internationaler Dressurrichter,
Vorsitzender des Ausschusses Ausbildung des Hauptverbandes für Zucht und Prüfung Deutscher Pferde (HDP),
Hippologe, schrieb viele Aufsätze und Abhandlungen zu Fragen der Reitausbildung und des Richtens.

Auszeichnungen:

Vorsitzender der Ordenskommission der Ordensgemeinschaft der Ritterkreuzträger des EK,
Deutsches Reiterabzeichen in Gold,
Deutsches Reiterkreuz in Gold,
1974 FN-Ehrenzeichen in Gold mit Olympischen Ringen,
Großes Verdienstkreuz des Verdienstordens der Bundesrepublik Deutschland,
Ritterkreuz des Eisernen Kreuzes mit Eichenlaub und Schwertern,
Großkreuz des spanischen Verdienstordens,
Großes Verdienstkreuz des niedersächsischen Verdienstordens,
Goldene Ehrennadel des Verbandes Honnoverscher Warmblutzüchter,
Sonderstufe der Goldenen Ehrennadel mit Lorbeerkranz des niedersächsischen Reiterverbandes.

POLLMANNS, Willi

Betreuer

Persönliche Daten:
geb.:   30.04.1908,
gest.:   12.07.1977 in Dortmund,
Stand: Verheiratet.

Olympische Tätigkeiten:
Betreuer der deutschen Leichtathleten,
siehe Melbourne 1956,
siehe Rom 1960,
siehe Tokio 1964.

Sportlicher Werdegang:
Vereine: Bis 1937 Sportfreunde Neuß,
            ab 1937 Deutscher SC Düsseldorf,
1933 Deutscher Vizemeister über 110-m-Hürden,
1939 Deutscher Vizemeister über 110-m-Hürden,
persönliche Bestzeit: 14,7 sec (1939),
7 Länderkämpfe zwischen 1933 und 1939.

Sportliche Funktionen:
1952-1953 Sportwart des Westdeutschen Leichtathletik-Verbandes,
1952-1965 Sportwart des Deutschen Leichtathletik-Verbandes,
1954-1961 Vorsitzender des Westdeutschen Leichtathletikverbandes,
1956-1966 Mitglied im Regel-und Rekord-Komitee des Internationalen Leichtathletik-Verbandes (IAAF),
ab 1961 dort auch im Technischen Komitee.

Auszeichnungen:
1965 Ehrenring des Deutschen Leichtathletik-Verbandes,
1959 Hanns-BRAUN-Gedächtnispreis,
1963 Ehrenvorsitzender des Leichtathletikverbandes Niederrhein.

POST, Alfred

Fußballer

Persönliche Daten:

geb.: 20.08.1926 in Ochtrup,
Beruf: Textil-Ingenieur, heute Rentner,
Stand: Verheiratet, 3 Kinder.

Olympische Plazierungen:

Platz 4 nach 2 Siegen und 2 Niederlagen, bei 25 Mannschaften am Start, In den Spielen gegen Ägypten (3:1), Brasilien (4:2 n.V.) und Schweden (0:2) um den dritten Platz als Außenläufer bzw. linker Verteidiger eingesetzt.

Sportlicher Werdegang:

Vereine: Arminia Ochtrup,
             Rheydter SV,
             Eintracht Nordhorn,
1938 Beginn sportliche Laufbahn als Fußballspieler,
10 Amateur-Länderspiele zwischen 1952 und 1955,
1960 Ende der aktiven Laufbahn.

Auszeichnungen:

Ehrennadel der Stadt Rheydt,
Silberne Ehrennadel des Deutschen Fußball-Bundes.

RECHLIN, Elisabeth

Schwimmerin

Persönliche Daten:

geb.: 24.03.1930 in Bochum,
Stand: Ledig, später verheiratet mit Wilfried BODE, Wasserballspieler und Olympiastarter 1952 und 1956, ihrem Vereinskollegen.

Olympische Plazierungen:

100-m-Freistil: Dritte im Vorlauf in 1:08,5, als Achte im Zwischenlauf in 1:08,5 min ausgeschieden, damit insgesamt Platz 15 bei 41 Teilnehmern,
400-m-Freistil: Als Vierte im Vorlauf in 5:38,0 min ausgeschieden, 23. Zeitschnellste bei 34 Teilnehmern,
4x100-m-Freistilstaffel: Vierter im Vorlauf in 4:42,7 und in der Entscheidung Platz 7 in 4:40,3 min, bei 13 Staffeln am Start.

Sportlicher Werdegang:

Vereine: Schwimmverein Blau-Weiß Bochum,
1950 Deutsche Meisterin im 7.500-m-Stromschwimmen,
1951 Deutsche Meisterin im 7.500-m-Stromschwimmen,
1951 Deutsche Meisterin über 100-m-Freistil,
1951 Deutsche Meisterin über 400-m-Freistil,
1952 Deutsche Meisterin über 100-m-Freistil,
1952 Deutsche Meisterin über 100-m-Freistil (Halle),
1952 Deutsche Meisterin über 400-m-Freistil,
1952 Deutsche Meisterin über 400-m-Freistil (Halle),
1953 Deutsche Meisterin über 100-m-Freistil (Halle),
1952 Deutscher Rekord über 200-m-Freistil in 2:34,8 min,
1952 Deutscher Rekord über 400-m-Freistil in 5:37,6 und 5:35,8 min,
1954 3. Europameisterin in der 4x100-m-Freistilstaffel

RENNEBERG, Karl Heinz

Ruderer

Persönliche Daten:

geb.: 29.10.1927 in Gelsenkirchen,
Beruf: Maschinen-Schlosser,
Stand: Verheiratet,
Maße: 1,83 m, 62 kg.

Olympische Plazierungen:

Zweier ohne: Dritter im Vorlauf in 8:03,3 min, im Hoffnungslauf wegen Erkrankung von Heinz EICHHOLZ nicht angetreten,

siehe Rom 1960.

Sportlicher Werdegang:

Vereine: Ruderverein Gelsenkirchen,
1939 Beginn sportliche Laufbahn als Leichtathlet, rudert seit 1941,
1951 Deutscher Meister im Zweier ohne,
1952 Deutscher Meister im Zweier ohne,
über 120 Regattasiege.

Sportliche Funktionen:

In den 60er Jahren Jugendwart seines Vereins.

ROTHE, Otto

Reiter

Persönliche Daten:

geb.: 06.11.1924 in Samoniemen/
 Ostpreußen,
gest.: 09.01.1970 in Bad Reichenhall
 nach einem Verkehrsunfall,
Beruf: Tierarzt, Veterinär-Offizier,
Stand: Ledig, verheiratet 1957 mit
 Helga Olympia von POSER
 und GROß-NAEDLITZ,
hatte 1945 seine Heimat und den
Reitergutshof Samonienen in Ostpreußen verloren und erlebte das Kriegsende als schwerverwundeter Kavallerie-Leutnant in Klingenthal. Als
Vertiebener kam er über Hof, Garmisch-Partenkirchen auf den Sophienhof bei Husum, studierte von 1946-1950 in München Veterinärwissenschaft, arbeitete als Tierarzt und Reitlehrer beim Deutschen Olympiadekomitee für Reiterei auf dem Landgestüt Dillenburg/ Hessen und in Warendorf, zwischendurch in Hannover tätig, ab 1957 als praktischer Tierarzt in Bremen, 1965 Eintritt in die Bundeswehr als Oberstabsveterinär bei den Gebirgsjägern in Bad Reichenhall.

Olympische Plazierungen:

Military Einzel: Platz 11 auf „Trux von Kamax" mit 114,33 Punkten, bei 59 Startern, Military-Mannschaft: Silbermedaille mit 235,49 Punkten zusammen mit Wilhelm BÜSING auf „Hubertus" (55,5) und Klaus WAGNER auf „Dachs" (65,66), bei 19 Mannschaften am Start.
siehe Stockholm 1956.

Sportlicher Werdegang:

Vereine: 1950-1952 und 1956 Deutsche Reitschule Warendorf,
1935 Beginn sportliche Laufbahn als Junge auf dem elterlichen Gutshof,
1955 Deutscher Meister in der Military.

Auszeichnungen:

1952 Silbernes Lorbeerblatt.

SABEL, Otto

Betreuer

Olympische Tätigkeiten:

Stellvertretender Leiter der Leichtathletik-Mannschaft,
siehe Berlin 1936.

SCHÄFER, Herbert

Fußballer

Persönliche Daten:

geb.:   16.08.1927 in Siegen,
gest.:   06.05.1991 in Siegen,
Beruf: Maschinen-Schlosser, später Sparkassenangestellter,
Maße: 1,82 m, 80 kg.

Olympische Plazierungen:

Nach zwei Siegen gegen Ägypten (3:1) und Brasilien (4:2 n.V.) und zwei Niederlagen gegen Jugoslawien (1:3) und Schweden (0:2) Platz 4, in allen Spielen eingesetzt als Mittelläufer, nur gegen Ägypten als Halblinker, 25 Mannschaften am Start,
siehe Melbourne 1956.

Sportlicher Werdegang:

Vereine: 1941-1991 Sportfreunde Siegen,
1941 Beginn sportliche Laufbahn als Fußballer, aktiv bis 1964,
1955 Deutscher Meister der Amateure,
zwischen 1952 und 1960 24 Amateur-, 4 B-, 1 A-Länderspiel, damit deutscher Rekordinternationaler der Amateure.

Sportliche Funktionen:

1960-1966 Trainer bei den Sportfreunden Siegen,
1966-1970 beim VfL Klafeld,
1979/71 beim VfB Wissen,
ab 1971 wieder bei den Sportfreunden Siegen.

Auszeichnungen:

1960 Silbernes Lorbeerblatt,
langjähriger Kapitän der Amateurnationalmannschaft.

SCHÖPPNER, Erich

Boxer

Von links: Erich SCHÖPPNER, Theunis van SCHALKWYK (RSA)

Persönliche Daten:

geb.: 25.06.1932 in Witten,
Beruf: Machinenschlosser im Gußstahl-Werk Witten AG,
später in der Betriebsfeuerwehr,
dann Großhändler für Tabak und Spirituosen,
1956-1963 Berufsboxer,

Olympische Plazierungen:

Halbmittelgewicht: Nach Freilos in der Qualifikation, technischer k.o.-Sieger im Achtelfinale und Ausscheiden nach knapper Punktniederlage im Viertelfinale gegen den späteren Gewinner der Silbermedaille, den Südafrikaner Theunis van SCHALKWYK, Platz 5 ex aequo, bei 23 Teilnehmern.

Sportlicher Werdegang:

Vereine: Boxsport Witten 1923,
1952 Deutscher Meister im Halbmittelgewicht,
1955 Deutscher Meister im Halbschwergewicht,
1955 Europameister im Halbschwergewicht,
6 Länderkämpfe,
Rekord als Amateur: 276 Kämpfe, davon 246 Siege,
als Berufsboxer:
1958 Deutscher Meister im Halbschwergewicht,
1961 Deutscher Meister im Schwergewicht, gab Titel kampflos ab,
1958 Europameister im Halbschwergewicht, verlor diesen Titel 1962 kampflos.

VIEBIG, Wilhelm

Betreuer

Persönliche Daten:

geb.: 03.06.1899 in Horst/Kreis Ostpriegnitz als Sohn eines Landwirts und Pferdezüchters,
gest.: 16.01.1982 in Wiesbaden,
Beruf: Seit 1916 aktiver Artillerieoffizier, zuletzt seit dem 01.01.1945 Generalmajor und Kommandeur der 277. Infantrie-Division seit dem 10.08.1944, 07.03.1945 in Kriegsgefangenschaft, nach 1945 Reitlehrer, Rentner,
Stand: Verheiratet.

Olympische Tätigkeiten:

Equipechef der deutschen Militarymannschaft,

siehe Stockholm 1956,

siehe Rom 1960,

war 1932 als Dressurreiter für die Olympischen Spiele nominiert, aber kein Start, da die deutsche Reiterequipe mit 9 Reitern und Pferden aus wirtschaftlichen Gründen nicht nach Los Angeles fuhr,

war in Berlin 1936 inoffizieller Ersatzreiter in der Dressur.

Sportlicher Werdegang:

Vereine: 1916-1944 Reichsheer, Reichswehr und dann Wehrmacht, 1919 Beginn sportliche Laufbahn als Reiter, ab 1924 international, einer der besten deutschen Dressurreiter, guter Military- und Renn-Reiter, 1930-1936 Mitglied des Turnierstalls der Kavallerie-Schule in Hannover, reiterliche Förderung durch die besten deutschen Dressurausbilder der damaligen Zeit Felix BÜRKNER, Julius WALZER, Oskar M. STEENSBECK und Richard WÄTJEN, als Rennreiter durch Otto von MITZLAFF, die größten Erfolge in der Dressur auf den Pferden „Fels", „Gimpel" und „Burgsdorff", in der Military auf „Frontkämpfer".

Sportliche Funktionen:

1950-1961 (Bundes-)Trainer der Deutschen Reiterlichen Vereinigung in Warendorf für die Militaryreiter,
Richter für internationale Dressur- und Militaryprüfungen,
Parkourchef für Military,
1957-1975 Mitglied der Rennleitungen in der AG westdeutscher Rennvereine.

Veröffentlichungen:

Hippologischer Fachschriftsteller, Mitverfasser von Büchern, u.a. *Das deutsche Pferd in der Welt*, Stuttgart 1957,
Olympia der Reiter 1972, München 1972.

Auszeichnungen:

1942 Deutsches Kreuz in Gold.
1974 FN-Ehrenzeichen in Gold mit Olympischen Ringen.

WERNER geb. SCHULZE-ENTRUP, Marianne, verh. ADER

Leichtathletin

Persönliche Daten:

geb.: 04.01.1924 in Dülmen,
Beruf: Krankengymnastin, Diplomsportlehrerin (1959), Assistentin Pädagogische Hochschule Osnabrück, Sportdozentin Pädagogische Hochschule Neuß, dann Hamm, dann Hagen, Professorin am Sportwissenschaftlichen Institut der Universität Dortmund,

Stand: Verheiratet 1948 mit Erich WERNER, der auch ihr Trainer war, 1 Kind, geschieden, danach verheiratet mit Prof. Dr. Armin ADER,
Größe: 1,74 m,
Gewicht: 83 kg.

Olympische Plazierungen:

Kugelstoßen: 4. der Qualifikation mit 13,62, 4. des Vorkampfes mit 13,89, im Endkampf Silbermedaille mit 14,57 m, bei 20 Teilnehmerinnen,

Diskuswerfen; 3. der Qualifikation mit 41,37, 9. im Vorkampf mit 41,03 m, bei 20 Teilnehmerinnen,

siehe Melbourne 1956.

Sportlicher Werdegang:

Vereine: 1942-1949 Turnverein Münster 62,
1950-1951 SC Preußen Münster,
1952-1953 SSV Wuppertal 04,
ab 1954 SC Greven 09,
1938 Beginn sportliche Laufbahn als Leichtathletin uns Schwimmerin,
1946 Deutsche Vizemeistern im Kugelstoßen,
1947 Deutsche Vizemeisterin im Kugelstoßen,

1947 Deutsche Meisterin im Diskuswerfen,
1948 Deutsche Vizemeisterin im Kugelstoßen,
1948 Deutsche Vizemeisterin im Fünfkampf,
1951 Deutsche Meisterin im Diskuswerfen,
1952 Deutsche Vizemeisterin im Kugelstoßen,
1952 Deutsche Meisterin im Diskuswerfen,
1953 Deutsche Meisterin im Diskuswerfen,
1953 Deutsche Meisterin im Kugelstoßen,
1954 Deutsche Meisterin im Diskuswerfen,
1954 Deutsche Meisterin im Kugelstoßen,
1955 Deutsche Meisterin im Kugelstoßen (Halle),
1955 3. Deutsche Meisterin im Kugelstoßen,
1955 3. Deutsche Meisterin im Diskuswerfen,
1956 Deutsche Meisterin im Kugelstoßen (Halle),
1956 Deutsche Meisterin im Kugelstoßen,
1957 Deutsche Meisterin im Kugelstoßen (Halle),
1957 Deutsche Meisterin im Kugelstoßen,
1958 Deutsche Meisterin im Kugelstoßen (Halle),
1958 Deutsche Meisterin im Kugelstoßen,
1959 Deutsche Meisterin im Kugelstoßen (Halle),
1959 Deutsche Meisterin im Kugelstoßen,
1960 Deutsche Vizemeisterin im Kugelstoßen,
zwischen 1946 und 1960 27mal im Finale bei Deutschen Meisterschaften,
1954 5. Platz Europameisterschaften im Kugelstoßen mit 13,93 m,
1954 11. Platz Europameisterschaften im Diskuswerfen mit 41,36 m,
1958 Europameisterin im Kugelstoßen mit 15,74 m,
1954 Deutscher Rekord im Kugelstoßen mit 14,86 m,
1955 Deutsche Rekorde im Kugelstoßen mit 15,00 und 15.03 m,
1955 Deutscher Rekord im Diskuswerfen mit 48,35 m, (persönliche Bestleistung,
1954 Deutscher Rekorde im Kugelstoßen mit 15,36, 15,45, 15,61, 15,67 m,
1958 Deutsche Rekorde im Kugelstoßen mit 15,68, 15,84 m (persönlicher Rekord),
insgesamt 10 Deutsche Rekorde (9mal Kugel, 1x Diskus),
mit 27 internationalen Berufungen und 42 Einsätzen war sie jahrelang die erfolgreichste deutsche Leichtathletin,
1960 Ende der aktiven Laufbahn.

Auszeichnungen:

1952 Silbernes Lorbeerblatt,
1957 Silbernes Lorbeerblatt,
1961 als erste Frau Goldene Länderkampfnadel des DLV,
1959 Rudolf-HARBIG-Gedächtnispreis als 2. Frau,
1985 Dr.Hans-Heinrich-SIEVERT-Preis.

2. 10. Cortina d'Ampezzo, Stockholm und Melbourne 1956

Cortina d'Ampezzo 1956

Zur Statistik:

Dauer:	26.01.-05.02.1956,
Deutsche Teilnehmer:	75 (14), davon 63 (11) Starter,
aus Westfalen:	Keine,
Begleiter:	Ungefähr 40 (3),
aus Westfalen:	1,
Gewonnene Medaillen:	1 Gold-, 0 Silber-, 1 Bronzemedaille.

Betreuer:

DAUME, Willi (Betreuer).

Biographien:

DAUME, Willi

Betreuer

Olympische Tätigkeiten:

Präsidiumsmitglied des NOK, siehe 1952 bis 1992.

Stockholm 1956

Zur Statistik:

Dauer:	10.-17.07.1956,
Deutsche Teilnehmer:	9 (3), davon 9 (3) Starter,
aus Westfalen:	4,
Begleiter:	14,
aus Westfalen:	3,
gewonnene Medaillen:	2 Gold-, 3 Silber-, 1 Bronzemedaille(n),
von Westfalen:	
Goldmedaillen:	LÜTKE WESTHUES, Alfons mit der Springreiter-Mannschaft,
	WINKLER, Hans Günter mit der Springreiter-Mannschaft,
	WINKLER, Hans Günter im Jagdspringen,
Silbermedaillen:	LÜTKE WESTHUES, August mit der Military-Mannschaft,
	LÜTKE WESTHUES, August in der Military,
	ROTHE, Otto mit der Military-Mannschaft,
Bronzemedaillen:	Keine(r).

Teilnehmer/Betreuer:

LÜTKE WESTHUES, Alfons (Reiter),
LÜTKE WESTHUES, August (Reiter),
NIEMACK, Horst (Betreuer),
ROTHE, Otto (Reiter),
SCHULZE-DIECKHOFF, Alfons (Betreuer),
VIEBIG, Wilhelm (Betreuer),
WINKLER, Hans Günther (Reiter).

Biographien:

LÜTKE WESTHUES, Alfons

1947 Änderung des eigentlichen Familiennamens HOHENBRINK auf den Hofnamen der Mutter LÜTKE WESTHUES.

Reiter

Persönliche Daten:

geb.: 17.05.1930 in Westbevern,
Beruf: Landwirt, seit 1960 Versicherungskaufmann, seit 1977 Betriebsleiter im Bundesleistungszentrum Reiten,
Stand: Ledig, später verheiratet, 3 Kinder.

Olympische Plazierungen:

Jagdspringen Einzel: Platz 11 auf „Ala" (westfälischer Wallach) mit 24 (16+8) Fehlerpunkten, bei 66 Startern,

Jagdspringen Mannschaft: Goldmedaille mit 40 Fehlerpunkten mit Hans Günther WINKLER auf „Halla" (4+0=4) und Fritz THIEDEMANN auf „Meteor" (8+4=12), bei 21 Mannschaften,

siehe Mexiko-City 1968,
siehe München 1972.

Sportlicher Werdegang:

Vereine: 1947-1950 Reiterverein Ostbevern,
             seit 1950 Reiterverein „Gustav Rau" in Westbevern,
1947 Beginn sportliche Laufbahn als Reiter,
1948 erstes Turnier in Warendorf,
ab 1952 beim Deutschen Olympiade-Komitee für Reiterei,
Ausbildung unter General a.D. Albert STECKEN und Hans Günther WINKLER,
erster internationaler Start 1953 in Genf,
erster Preis der Nationen 1953 in Aachen (2. Platz),
26 Teilnahmen am Preis der Nationen.

Sportliche Funktionen:

Vorsitzender Kreisreiterverband Warendorf und der Landeskommission Westfalen,
Landesbeauftragter für Parcoursbau in Westfalen,
Honorartrainer für Springen an der Bundeswehrsportschule in Warendorf,
Stellvertretender Vorsitzender der Deutschen Reitervereinigung.

Auszeichnungen:

1974 FN-Ehrenabzeichen in Gold mit Olympischen Ringen,
Deutsches Reiterkreuz in Silber,
Goldene Verdienstplakette des Provinzialverbandes,
Ehrenbürger der Gemeinde Westbevern.

LÜTKE WESTHUES, August

1947 Namensänderung des eigentlichen Familiennamens HOHENBRINK auf den Hofnamen der Mutter LÜTKE WESTHUES.

Reiter

Persönliche Daten:

geb.: 25.07.1926 in Westbevern,
Beruf: Landwirt,
Stand: Verheiratet.

Olympische Plazierungen:

Military Einzel: Silbermedaille auf „Trux von Kamax" mit -84.57 Punkten, bei 56 Startern,

Military-Mannschaft: Silbermedaille mit -475.61 Punkten mit Otto ROTHE auf „Sissi" (-158.04) und Klaus WAGNER auf „Prinzeß" (-233.0), bei 18 Mannschaften.

Sportlicher Werdegang:

Vereine: Reiterverein „Gustav Rau" Telgte, Westbevern,
1947 Beginn der sportlichen als Reiter,
Turnierreiter im Raum Westfalen, Ausbildung in den 50er Jahren am Militarystall des Deutschen Olympiade-Komitees für Reiterei unter Dr. Gustav RAU und General a.D. Wilhelm VIEBIG.
1953 Deutscher Meister Military,
1956 Deutscher Meister Military,
1959 Europameister Military-Mannschaft,
1961 Ende der aktiven Laufbahn.

Sportliche Funktionen:

Seit 1964 Vorsitzender der Landeskommission für Leistungsprüfungen in Westfalen,
seit 1964 Vorsitzender des Provinzial-Verbandes westfälischer Reitervereine,
seit 1965 Vorsitzender des Reitervereins „Gustav Rau" Westbevern,
seit 1989 Vorsitzender des Nordrhein-Westfälischen Reiterverbandes,
seit 1989 Mitglied des Ausschusses Vielseitigkeit beim Deutschen Olympiade-Komitee für Reiterei.

Auszeichnungen:

Silbernes Lorbeerblatt,
1974 FN-Ehrenabzeichen in Gold mit Lorbeer und Olympischen Ringen,
1986 Deutsches Reiterkreuz in Gold,
1991 Goldene Plakette der Landwirtschaftskammer Westfalen-Lippe,
Bundesverdienstkreuz,
weitere Auszeichnungen der Landesreiterverbände Westfalen und Rheinland.

NIEMACK, Horst

Betreuer

Olympische Tätigkeiten:

Equipechef der deutschen Dressurreiter,

siehe Helsinki 1952,

siehe Rom 1960,

siehe Tokio 1964,

siehe Mexiko-City 1968.

ROTHE, Otto

Reiter

Olympische Plazierungen:

Military Einzel: Platz 15 auf „Sissi" mit -158.04 Punkten, bei 56 Startern,
Military-Mannschaft: Silbermedaille mit -475.91 Punkten mit August LÜTKE WESTHUES auf „Trux von Kamax" (84.57) und Klaus WAGNER auf „Prinzeß" (-233.0), bei 18 Mannschaften,

siehe Helsinki 1952.

SCHULZE-DIECKHOFF, Alfons

Betreuer

Persönliche Daten:

geb.: 1904 in Westbevern,
gest.: 23.01.1982,
Beruf: Landstallmeister,
    Sportfunktionär, Leiter des
    Stalles „Schnapka" in den
    70er Jahren,

Stand: Verheiratet.

Olympische Tätigkeiten:

Deutscher Missionschef,
siehe Rom 1960,
siehe Tokio 1964,
siehe Mexiko-City 1968.

Sportliche Funktionen:

Nach dem Zweiten Weltkrieg langjähriger Geschäftsführer des Verbandes der Reit- und Fahrvereine im Bundesgebiet, ab 1953 des DOKR in Warendorf, vielmaliger Equipechef bzw. Missionschef der Reitermannschaften bei offiziellen internationalen Turnieren und Olympischen Spielen,
Co-Autor zahlreicher Bücher über Pferdesport.

Auszeichnungen:

1974 FN-Ehrenabzeichen in Gold mit Olympischen Ringen.

VIEBIG, Wilhelm

Betreuer

Olympische Tätigkeiten:

Equipechef der deutschen Militarymannschaft,
siehe Helsinki 1952,
siehe Rom 1960.

WINKLER, Hans Günter

Reiter

Persönliche Daten:

geb.: 27.07.1926 in Wuppertal als Sohn eines Reitlehrers und ehemaligen herzoglichen Stallmeisters,
Beruf: Kaufmann, Reitlehrer in Warendorf,
Stand: 3mal verheiratet und geschieden, 1957-1960 mit der bekannten Springreiterin Inge FELLGIEBEL, Tochter des Landstallmeisters Hans FELLGIEBEL, 1962-1970 mit Marianne Gräfin MOLTKE, 2 Kinder, 1976 mit Astrid KALEN geb. NUNER-ISAVA, Tochter der ersten Frau im IOC, Flor ISAVA aus Chile,
Maße: 1,74 m, 70 kg.

Olympische Plazierungen:

Als Reitlehrer „Berufsreiter" konnte er 1952 nicht nominiert werden, wurde im September 1952 „reamateurisiert",
Jagdspringen Einzel: Goldmedaille auf „Halla" mit 4 Fehlerpunkten, bei 66 Startern
Jagdspringen-Mannschaft: Goldmedaille auf „Halla" mit Alfons LUETKE WESTHUES auf „Ala" und Fritz THIEDEMANN auf „Meteor" mit 40 Fehlerpunkten, bei 21 Mannschaften,

siehe Rom 1960,
siehe Tokio 1964,
siehe Mexiko-City 1968,
siehe München 1972,
siehe Montreal 1976,
siehe Olympiamannschaft 1980,
siehe Seoul 1988.

Mit sechs Teilnahmen als aktiver Sportler an Olympischen Spielen ist er hinter Reiner KLIMKE (7mal) der zweithäufigste deutsche Olympiastarter. WINKLER gewann 5 Gold-, 1 Silber- und 1 Bronzemedaille(n).

Sportlicher Werdegang:

Vereine: Seit 1951 Reiterverein Warendorf,
1934 Beginn sportliche Laufbahn als Reiter, schon als Schuljunge in Dortmund, später 1938 in Frankfurt/M und nach 1948 für 2 Jahre in Kronberg/Taunus,
1951 3. Deutsches Championat im Jagdspringen,
1952 1. Deutsches Championat im Jagdspringen,
1953 1. Deutsches Championat im Jagdspringen,
1954 1. Deutsches Championat im Jagdspringen,
1955 1. Deutsches Championat im Jagdspringen,
1959 1. Deutsches Championat im Jagdspringen,
1960 Deutscher Vizemeister im Jagdspringen,
1962 Deutscher Vizemeister im Jagdspringen,
1966 Deutscher Vizemeister im Jagdspringen,
1969 3. Deutscher Meister im Jagdspringen,
1975 3. Deutscher Meister im Jagdspringen,
1954 Weltmeister im Jagdspringen,
1955 Weltmeister im Jagdspringen,
1957 Europameister im Jagdspringen,
1958 Vize-Europameister im Jagdspringen,
1959 3. Europameister im Jagdspringen,
1961 3. Europameister im Jagdspringen,
1955 Sieger im Deutschen Springderby,
1962 Sieger im Deutschen Springderby,
1965 Gewinner des King-GEORGE-V-CUP im Wembley,
1968 Gewinner des King-GEORGE-V-CUP im Wembley,
98 Einsätze im Nationenpreis,
1986 Ende der aktiven Laufbahn.

Sportliche Funktionen:

1980 Mitglied Springausschuß des Reitsportweltverbandes,
1981 Vorstandsmitglied im Deutschen Olympiade-Komitee für Reiterei,
1985 Bundestrainer der Springreiter,
1988 Teamchef.

Auszeichnungen:

1954 Silbernes Lorbeerblatt,
1955 Sportler des Jahres,
1956 Sportler des Jahres,
1965 Ehrenbürger der Stadt Warendorf,
1974 FN-Ehrenzeichen in Gold mit Lorbeer und Olympischen Ringen,
1975 Großes Verdienstkreuz des Verdienstordens der Bundesrepublik Deutschland,
1976 Goldenes Ehrenzeichen des Reiter-Weltverbandes,
1976 FN-Ehrenzeichen in Gold mit olympischen Ringen, Lorbeer und Brillanten.

Melbourne 1956

Zur Statistik:

Dauer:	22.11.-08.12.1956,
Deutsche Teilnehmer:	169 (24), davon 158 (24) Starter,
aus Westfalen:	12 (2),
Begleiter:	Ungefähr 65,
aus Westfalen:	2,
gewonnene Medaillen:	4 Gold-, 10 Silber-, 6 Bronzemedaillen,
von Westfalen:	
Goldmedaillen:	HAPPE, Ursula im 200-m-Brustschwimmen, MILTENBERGER, Meinrad im Kajak-Zweier (1.000 m),
Silbermedaille:	KLEINE, Theo im Kajak-Zweier (10.000 m),
Bronzemedaille:	WERNER, Marianne im Kugelstoßen.

Teilnehmer/Betreuer:

DAUME, Willi (Betreuer),
DICKHUT, Adalbert (Turner),
HAPPE, Ursula (Schwimmerin),
KIENAST, Ulrich (Boxer),
KLEINE, Theo (Kanute),
MILTENBERGER, Meinrad (Kanute),
OBERSTE, Walter (Leichtathlet),
POERSCHKE, Manfred (Leichtathlet)
POLLMANNS, Willi (Betreuer),
SCHÄFER, Herbert (Fußballer),
SCHMIDT, Paul (Leichtathlet),
STRATMANN, Günther (Fechter),
WEGMANN, Karl Heinz (Leichtathlet),
WERNER, Marianne (Leichtathletin).

Biographien:

DAUME, Willi

Betreuer

Olympische Tätigkeiten:
Präsidiumsmitglied des NOK,
19.11.1956 Wahl ins IOC,
siehe 1936 bis 1956.

DICKHUT, Adalbert

Turner

Olympische Plazierungen:
Wegen Trainingsverletzung ohne Einsatz, für ihn kam Erich WIED in die Mannschaft,
siehe Helsinki 1952,
siehe Tokio 1964.

HAPPE, Ursula

Schwimmerin

Olympische Plazierungen:
200-m-Brust: Goldmedaille in 2:53,1 (Olympischer Rekord) nach Sieg im Vorlauf in 2:54:1 min bei 14 Teilnehmern,
siehe Helsinki 1952.

KIENAST, Ulrich

Boxer

Persönliche Daten:
geb.: 20.03.1937 in Danzig,
Beruf: Polizeibeamter,
Maße: 1,68 m, 74 kg.

Olympische Plazierungen:
Halbmittelgewicht: 1. Runde Punktsieger, Viertelfinale Niederlage durch technischen ko gegen den späteren Gewinner der Bronzemedaille J. McCORMACK (GBR), so 5. Platz (ex aequo) bei 14 Teilnehmern.

Sportlicher Werdegang:
Vereine: Boxsport <u>Witten</u> 1923,
1956 Deutscher Meister im Halbmittelgewicht,
1958 Deutscher Meister im Halbmittelgewicht,
9 Länderkämpfe.

KLEINE, Theo

Kanute

Persönliche Daten:

geb.: 04.09.1924 in Lünen,
Beruf: Ausbilder,
   heute Sportlehrer i.R.,
Stand: Verheiratet, 2 Kinder,
Maße: 1,80 m, 89 kg.

Olympische Plazierungen:

Kajakzweier 10.000 m: Silbermedaille mit Fritz BRIEL in 43:40,6 min, bei 12 Booten.
Der Wettkampf wurde auf einem Rundkurs mit 7 Wenden auf dem Lake Wendouree durchgeführt, da der See nur einen Durchmesser von 2 Kilometern hat.

Sportlicher Werdegang:

Vereine: 1940-1954 Kanu- und Skiclub Lünen,
           1955-1959 Bertasee Duisburg,
1940 Beginn sportliche Laufbahn als Kanute,
1942 Deutscher Jugendmeister Zweikajak 600 m,
1943 Deutsche Vizejugendmeister Zweikajak 600 m,
1947 Deutscher Meister Zweierkaja 10.000 m,
1948 Deutscher Meister Zweierkajak 1.000 m,
1948 Deutscher Meister Zweierkajak 10.000 m,
1949 Deutscher Meister Zweierkajak 10.000 m,
1950 Deutscher Meister Zweierkajak 1.000 m,
1950 Deutscher Meister Zweierkajak 10.000 m,
1951 Deutscher Meister Zweierkajak 10.000 m,
1955 Deutscher Meister Zweierkajak 500 m,
1955 Deutscher Meister Viererkajak 1.000 m,
1955 Deutscher Meister Viererkajak 10.000 m,
1955 Deutscher Meister in der 4x500-m-Staffel,
1956 Deutscher Meister Zweierkajak 500 m,
1956 Deutscher Meister Viererkajak 1.000 m,
1956 Deutscher Meister in der 4x500-m-Staffel,

1956 Deutscher Mannschaftsmeister Einerkajak 1.000 m,
1957 Deutscher Meister Zweierkajak 10.000 m,
1957 Deutscher Meister Viererkajak 1.000 m,
1957 Deutscher Meister in der 4x500-m-Staffel,
1958 Deutscher Meister Viererkajak 1.000 m,
1958 Deutscher Meister in der 4x500-m-Staffel,
1959 Deutscher Meister Viererkajak 1.000 m,
1959 Deutscher Meister Viererkajak 10.000 m,
1959 Deutscher Meister Kajak 4x500 m,
1955 Westeuropameister Kajak 500 m,
1955 Westeuropameister Viererkajak 10.000 m,
1955 Westeuropameister Kajak 4x500 m,
1957 Europameister Viererkajak 10.000 m,
1957 Vizeeuropameister Viererkajak 1.000 m,
1959 Europameister Viererkajak 10.000 m,
1959 Vizeeuropameister Viererkajak 1.000 m,
1954 3. Weltmeister Zweierkajak 10.000 m,
1958 Weltmeister Vierkajak 1.000 m,
1958 Weltmeister Vierkajak 10.000 m,
1960 Ende der aktiven Laufbahn.

Sportliche Funktionen:

1957-1976 Kanutrainer in Nordrhein-Westfalen,
1965-1976 Technischer Leiter bei Eintracht Dortmund.

Auszeichnungen:

1956 Silbernes Lorbeerblatt.

MILTENBERGER, Meinrad

Kanute

Olympische Plazierungen:

Kajak-Zweier 1.000 m: Goldmedaille mit Michael SCHEUER in 3:49,6, nach Vorlaufsieg in 3:56,4 min, bei 15 Booten am Start,
siehe Helsinki 1952,
siehe Rom 1960,
siehe Tokio 1964,
siehe Mexiko-City 1968.

OBERSTE, Walter

Leichtathlet

Persönliche Daten:
geb.: 25.12.1933 in Westhofen,
Beruf: Student, Dr.phil.,
heute Akademischer Oberrat an der Universität Münster,
Stand: Ledig, jetzt verheiratet,
3 Kinder,
Maße: 1,84 m, 70 kg.

Olympische Plazierungen:
4x400-m-Staffel: Mit Jürgen KÜHL, Manfred POERSCHKE und Karl Friedrich HAAS 1. im Vorlauf in 3:09,8, Platz 4 im Finale in 3:08,2 min, bei 15 Staffeln am Start, siehe München 1972.

Sportlicher Werdegang:
Vereine: 1953-1960 OSV Hörde,
1950 Beginn der sportlichen Laufbahn als Leichtathlet,
1954 Deutscher Juniorenmeister über 200 m,
1956 3. Deutscher Hallenmeister über 400 m,
1956 Deutscher Vizemeister über 400 m,
1956 Deutscher Meister in der 4x400-m-Staffel,
1957 Deutscher Meister in der 4x400-m-Staffel,
1958 3. Deutscher Meister im Internationalen Fünfkampf,
1959 Deutscher Hallenmeister in der 4x400-m-Staffel,
1959 3. Deutscher Meister über 400 m,
1959 Deutscher Meister in der 4x400-m-Staffel,
1957 Englischer Meister in der 4x400-y-Staffel,
1959 Vizestudentenweltmeister über 400 m,
persönliche Bestzeit über 400 m - 47,2, 200 m - 21,5 sec, im Fünfkampf 3.672 Punkte (Westfälischer Rekord),
1956 Deutscher Vereinsrekord in der 4x400-m-Staffel in 3:14,6 min,
1957 Deutscher Vereinsrekord in der 4x400-m-Staffel in 3:08,9 min,
19 Länderkämpfe zwischen 1954 und 1959,
1960 Ende der aktiven Laufbahn.

Sportliche Funktionen:
1968-1972 DLV-Trainer für Sprint und Sprintstaffel (Männer),
1975-1983 Sportwart SC Münster-Sprakel,
seit 1988 Vorstandsmitglied Verein für Gesundheitssport und Sporttherapie Münster.

POERSCHKE, Manfred

Leichtathlet

Persönliche Daten:

geb.: 26.02.1934 in Dortmund,
Beruf: Student, Dr. phil., heute
   Studiendirektor und Leiter
   einer Fachschule,
Stand: Ledig.

Olympische Plazierungen:

4x400-m-Staffel: Mit Walter OBERSTE, Jürgen KÜHL und Karl Friedrich HAAS, 1. im Vorlauf in 3:09,8, Platz 4 im Finale in 3:08,2 min, bei 15 Staffeln am Start.

Sportlicher Werdegang:

Vereine: 1952 bis heute OSV Hörde,
1952 Beginn sportliche Laufbahn als Leichtathlet,
1955 Deutscher Juniorenmeister über 400 m,
1956 Deutscher Meister in der 4x400-m-Staffel des OSV Hörde,
1957 3. Deutscher Meister über 400 m,
1957 Deutscher Meister in der 4x400-m-Staffel des OSV Hörde,
1958 Deutscher Hallenvizemeister über 400 m,
1959 Deutscher Meister in der 4x400-m-Staffel des OSV Hörde,
1960 Deutscher Meister in der 4x400-m-Staffel des OSV Hörde,
1957 Deutscher Hallenmeister in der 4x400-m-Staffel des OSV Hörde,
1958 Deutscher Hallenmeister in der 4x400-m-Staffel des OSV Hörde,
1960 Deutscher Hallenmeister in der 4x400-m-Staffel des OSV Hörde,
1958 Vizeeuropameister in der 4x400-m-Staffel,
1958 Englischer Meister in der 4x440-y-Staffel,
persönliche Bestzeit über 400 m: 47,0 sec,
1956 Deutscher Vereinsrekord in der 4x400-m-Staffel in 3:14,6 min,
1957 Deutscher Vereinsrekord in der 4x400-m-Staffel in 3:08,9 min,
persönliche Bestleistung über 400 m - 47,0 sec (1957),
21 Länderkämpfe zwischen 1955 und 1960,
1962 Ende der aktiven Laufbahn.

Sportliche Funktionen:

1959-1975 Verbandstrainer für Sprinterinnen im Westfälischen Fußball- und Leichtathletik-Verband,
1959-1976 Vereinstrainer beim OSV Hörde für Sprint und 400 m.

Auszeichnungen:

Sportmedaille der Stadt Dortmund.

POLLMANNS, Willi

Betreuer

Olympische Tätigkeiten:

Betreuer der deutschen Leichtathleten,

siehe Helsinki 1952,

siehe Rom 1960,

siehe Tokio 1964.

SCHÄFER, Herbert

Fußballer

Olympische Plazierungen:

Nach Niederlage (1:2) im Qualifikationsspiel gegen die UdSSR, dem späteren Olympiasieger, ausgeschieden, SCHÄFER war Kapitän der deutschen Mannschaft, bei 11 Mannschaften am Start,

siehe Helsinki 1952.

SCHMIDT, Paul

Leichtathlet

Persönliche Daten:

geb.: 09.08.1931 in Groß-Nebrau/ Westpreußen,

Beruf: Angestellter, Bundestrainer DLV (Mittelstrecke),

Stand: Verheiratet seit 1957 mit der mehrfachen Deutschen Meisterin im Sprint Charlotte BÖHMER,

Maße: 1,73 m, 60 kg.

Olympische Plazierungen:

800 m: Verletzungsbedingt im Vorlauf als 6. in 1:55,6 min ausgeschieden, nur die 3 Ersten kamen ins Halbfinale, bei 38 Startern,

siehe Rom 1960,

siehe München 1972.

Sportlicher Werdegang:

Vereine: Bielefelder Turngemeinde von 1848,
1953-1955 DSC Arminia Bielefeld,
1956-1959 OSV Dortmund-Hörde,
1960 FSV Frankfurt,
1961-1964 OSV Dortmund-Hörde,
1952 Beginn sportliche Laufbahn als Leichtathlet,
1956 Deutscher Meister über 800 m,
1956 Deutscher Meister in der 4x400-m-Staffel,
1957 Deutscher Meister über 800 m,
1957 Deutscher Hallenmeister über 800 m,
1957 Deutscher Hallenmeister in der 4x400-m-Staffel,
1958 Deutscher Meister über 800 m,
1958 Deutscher Hallenmeister über 800 m,
1958 Deutscher Meister in der 4x400-m-Staffel,
1959 Deutscher Vizemeister über 800 m,

1959 Deutscher Hallenmeister über 800 m,
1959 Deutscher Meister in der 4x400-m-Staffel,
1959 Deutscher Hallenmeister in der 4x400-m-Staffel,
1960 Deutscher Meister über 800 m,
1961 Deutscher Meister über 800 m,
1961 Deutscher Hallenmeister über 800 m,
1961 Deutscher Meister in der 4x400-m-Staffel,
1962 Deutscher Meister über 800 m,
1963 Deutscher Meister in der 3x1.000-m-Staffel,
1958 3. Europameister über 800 m,
1962 3. Europameister über 800 m,
1959 US-Hallenvizemeister über 1.000 y,
1956 Deutscher Rekord in der 4x400-m-Vereinsstaffel in 3:14,6 min,
1958 Deutscher Rekord über 1.500 m in 3:42,5 min,
1958 Deutscher Rekord über 1.000 m in 2:20,4 min,
1959 Deutscher Rekord über 800 m in 1:46,2 min, unterbot damit den 20 Jahre alten Rekord von Rudolf HARBIG (1:46,6 min),
45 Länderkämpfe zwischen 1955 und 1964.

Sportliche Funktionen:

Seit 1965 Bundestrainer Mittelstrecke.

Auszeichnungen:

1959 Silbernes Lorbeerblatt,
1961 Rudolf-HARBIG-Gedächtnispreis.

Veröffentlichungen:

BLÖDORN, Manfred/SCHMDT, Paul, *Trablaufen. Training, Technik, Taktik*, Reinbek 1977.

STRATMANN, Günther

Fechter

Persönliche Daten:

geb.: 08.01.1931 in Hamm,

Beruf: Kaufmännischer Angestellter, heute Pensionär,

Stand: Verheiratet,
Maße: 1,79 m, 72 kg.

Olympische Plazierungen:

War in Melbourne der einzige deutsche Fechter und startete in allen drei Waffen.
Florett: 1. Runde Platz 4 mit 4 Siegen und 25:30 Treffern nach Stechen ins Halbfinale,
hier als 5. mit 4 Siegen und 27:28 Treffern nach Stechen (2:5 und 4:5 Treffern) ausgeschieden, Platz 9, bei 32 Startern,
Degen: 1. Runde Platz 2 mit 5 Siegen und 19:31 Treffern, in der 2. Runde als 5. mit 2 Siegen und 4 Niederlagen und 25:25 Treffern ausgeschieden, Platz 18 ex aequo.
Säbel: 1. Runde Platz 2 nach 3 Siegen und 17:22 Treffern, 2. Runde Platz 4 nach 3 Siegen und 20:24 Treffern, im Semifinale nach 3 Siegen, 4 Niederlagen und 31:26 Treffern ausgeschieden, Platz 9 ex aequo, bei 35 Startern.

Sportlicher Werdegang:

Vereine: 1949-1951 TuS Hamen,
ab 1952 Fechtsportgesellschaft Iserlohn,
1949 Beginn sportliche Laufbahn als Fechter,
1951 Deutscher Jugendmeister im Degenfechten,
1951 3. Deutscher Jugendmeister im Florettfechten,
1952 Deutscher Jugendmeister im Degenfechten,
1952 Deutscher Vizejugendmeister im Florettfechten,
1952 3. Deutscher Jugendmeister im Säbelfechten,
1954 3. Deutscher Meister Florettfechten,
1954 3. Deutscher Meister Degenfechten.
1955 Deutscher Meister Florettfechten,

1955 Deutscher Meister Säbelfechten,
1956 Deutscher Meister Säbelfechten,
1956 Deutscher Vizemeister Florettfechten,
1962 Deutscher Meister Degenfechten,
1963 Deutscher Turnfestsieger im Säbelfechten,
1954-1957 Teilnehmer an den Weltmeisterschaften (Einzel und Mannschaft) in allen drei Waffen,
51 Länderkämpfe zwischen 1952 und 1963,
1964 Ende der aktiven Laufbahn als Einzelfechter,
1979 Ende der sportlichen Laufbahn überhaupt.

Auszeichnungen:

1954 Duisberg-Medaille der Stadt Iserlohn,
1956 Silberne Ehrenplakette des Deutschen Fechter-Bundes,
1965 Sportmedaille der Stadt Iserlohn.

WEGMANN, Karl Heinz

Leichtathlet

Persönliche Daten:

geb.: 19.02.1934 in Unna,
gest.: 28.08.1989,

Beruf: Elektriker,

Maße: 1,81 m, 85 kg.

Olympische Plazierungen:

Kugelstoßen: Nach geschaffter Qualifikation mit 16,63 und im Vorkampf Platz 7 das Finale um 2 cm verpaßt, weil der Schwede Erik UDDEBOM im letzten Veruch 16,65 m schafft, bei 14 Teilnehmern.

Sportlicher Werdegang:

Vereine: 1950-1955 Dortmunder Turngemeinde,
ab 1956 Dortmunder Sportclub 95,
1953 Deutscher Juniorenvizemeister im Kugelstoßen,
1954 Deutscher Juniorenvizemeister im Kugelstoßen,
1955 Deutscher Vizehallenmeister im Kugelstoßen,
1955 Deutscher Meister im Kugelstoßen,
1956 Deutscher Vizehallenmeister im Kugelstoßen,
1956 Deutscher Meister im Kugelstoßen,
1957 Deutscher Vizemeister im Kugelstoßen,
1958 3. Deutscher Meister im Kugelstoßen,
1959 Deutscher Vizehallenmeister im Kugelstoßen,
1959 Deutscher Meister im Kugelstoßen,
1960 3. Deutscher Meister im Kugelstoßen,
1961 3. Deutscher Hallenmeister im Kugelstoßen,
1961 3. Deutscher Meister im Kugelstoßen,
1962 3. Deutscher Hallenmeister im Kugelstoßen,
1956 Deutscher Rekord im Kugelstoßen mit 17,05 und 17,12 m.
26 Länderkämpfe zwischen 1954 und 1960,
persönliche Bestleistung: 17,71 m (1959),
auch als Gewichtheber erfolgreich:
1961 Deutscher Meister im Schwergewicht, 1 Länderkampf.

WERNER, Marianne

Leichtathletin

Olympische Plazierungen:

Kugelstoßen: Bronzemedaille mir 15,61 m, nach Qualifikation und jeweils 3. Platz im Vor- und Endkampf, bei 18 Starterinnen,

Diskuswerfen: Nach geschaffter Qualifikation 10. des Vorkampfes mit 43,34 m, bei 22 Starterinnen,

siehe Helsinki 1952.

2. 11. Squaw Valley und Rom 1960

Squaw Valley 1960

Zur Statistik:

Dauer:	18.-28.02.1960,
Deutsche Teilnehmer:	83 (21), davon 75 (18) Starter,
aus der Bundesrepublik:	49 (12), davon 45 (10) Starter,
aus der DDR	34 (09), davon 30 (08) Starter,
aus Westfalen:	Keiner,
Begleiter:	Ungefähr 50 (2),
aus Westfalen:	1,
Gewonnene Medaillen:	4 Gold-, 3 Silber-, 1 Bronzemedaille(n).

Biographien:

DAUME, Willi

Betreuer

Olympische Tätigkeiten:

Präsidiumsmitglied des NOK,

IOC-Mitglied,

siehe 1936-1992.

Rom 1960

Zur Statistik:

Dauer:	25.08.-11.09.1960,
Deutsche Teilnehmer:	320 (58), davon 296 (55) Starter,
aus der Bunderepublik:	190 (28), davon 176 (28) Starter,
aus der DDR:	130 (30), davon 120 (27) Starter,
aus Westfalen:	26 (1),
Begleiter:	Ungefähr 76 (4),
aus Westfalen:	7.
gewonnene Medaillen:	12 Gold-, 19 Silber-, 11 Bronzemedaillen,
von Westfalen:	
Goldmedaillen:	KNUBEL, Bernhard im Rudern im Zweier mit,
	RENNEBERG, Bernhard im Rudern im Zweier mit,
	WINKLER, Hans Günter mit der Springreiter-Mannschaft,
	ZERTA, Klaus im Rudern im Zweier mit,
Silbermedaillen:	GIESELER, Dieter im 1.000-m-Radzeitfahren,
	KINDER, Manfred mit der 4x400-m-Staffel,
	MARITSCHNIGG, Günther im Ringen Weltergewicht (griechisch/römisch),
Bronzemedaillen:	Keine.

Teilnehmer/Betreuer:

BECKER, Ingrid (Leichtathletin),
DAUME, Willi (Betreuer),
DUNAY, Pál (Betreuer),
GIESELER, Dieter (Radrennfahrer),
HOFFMEISTER, Hans (Schwimmer),
HÜNEKE, Hans (Leichtathlet),
JANZ, Helmut (Leichtathlet),
KILIAN, Gustav (Betreuer)
KINDER, Manfred (Leichtathlet),
KLIMKE, Reiner (Reiter),
KNUBEL, Bernhard (Ruderer),
LEWE, Detlef (Kanute),
LORENZ, Siegfried (Leichtathlet),
LYHS, Günter (Turner),
MARITSCHNIGG, Günter (Ringer),
MILTENBERGER, Meinrad (Betreuer),
NAGY, Lajos (Schwimmer),
NIEMACK, Horst (Betreuer),
RADZIK, Eberhard (Boxer),
POLLMANNS, Willi (Betreuer),
RENNEBERG, Heinz (Ruderer),
RIEKE, August (Radfahrer),
RIEKEMANN, Klaus (Ruderer),
SCHEPERS, Hans (Schwimmer),
SCHMIDT, Paul (Leichtathlet),
SCHULZE-DIECKHOFF, Alfons (Betreuer),
SCHWARTE, Adolf (Leichtathlet),
STRASSER, Bernd (Schwimmer),
URBACH, Dietrich (Leichtathlet),
VIEBIG, Wilhelm (Betreuer),
WENTZKE, Friedhelm (Kanute),
WINKLER, Hans Günther (Reiter),
WISCHMEYER, Jörg (Leichtathlet),
ZERTA, Klaus (Ruderer).

Biographien:

BECKER, Ingrid

Leichtathletin

Persönliche Daten:

geb.: 26.091942 in Geseke,
  Beruf: Einzelhandelskauffrau,
  Verwaltungsangestellte,
  Studentin in Mainz (Sport,
  Soziologie, Psychologie),
  Diplom, Lehrerin in Mainz,
  Studium im Ausland,
  Staatssekretärin im
  Ministerium für Arbeit,
  Soziales, Familie und
  Gesundheit in
  Rheinland-Pfalz (bis 1990),
Stand: Verheiratet seit 29.12.1969 mit
  dem Ingenieur Friedel
  MICKLER,
  seither MICKLER-BECKER,
Maße: 1,78 m, 62 kg.

Olympische Plazierungen:

Hochsprung: 1,65 m in der Qualifikation und im Vorkampf, damit 9. Platz (ex aequo), bei 23 Starterinnen,

siehe Tokio 1964,

siehe Mexiko-City 1968,

siehe München 1972.

Sportlicher Werdegang:

Vereine: TV 1862 Geseke,
           1960-1969 LG Geseke,
           1970-1972 USC Mainz, Trainer Manfred STEINBACH,
zuerst Turnerin, seit 1957 Leichtathletin,
1959 Deutsche Vizejugendmeisterin im Weitsprung,
1960 Deutscher Jugendmeisterin im Hochsprung,
1960 Deutscher Jugendmeisterin im Weitsprung,

1961 Deutsche Juniorenmeisterin im Fünfkampf,
1961 Deutsche Vizemeisterin im Hochsprung,
1961 Deutsche Vizemeisterin über 100 m,
1961 Deutsche Vizemeisterin im Weitsprung,
1962 Deutsche Meisterin im Hochsprung,
1962 Deutsche Vizemeisterin im Weitsprung,
1964 Deutsche Vizemeisterin im Fünfkampf,
1967 Deutsche Meisterin im Weitsprung,
1967 Deutsche Meisterin im Fünfkampf,
1967 3. Deutsche Meisterin über 100 m,
1968 Deutsche Meisterin über 100 m,
1968 Deutsche Vizemeisterin im Fünfkampf,
1969 Deutsche Vizemeisterin im Weitsprung,
1970 Deutsche Meisterin über 100 m,
1970 Deutsche Vizemeisterin im Weitsprung,
1970 Deutsche Vizemeisterin Fünfkampf,
1971 Deutsche Vizemeisterin über 100 m,
1971 Deutsche Vizemeisterin im Weitsprung,
1962 4. der Europameisterschaften im Fünfkampf,
1966 Teilnehmerin an den Europameisterschaften (ausgeschieden in der Weitsprungqualifikation),
1969 Vizeeuropameisterim in der 4x100-m-Staffel,
1971 Europameisterin im Weitsprung,
1971 Europameisterin in der 4x100-m-Staffel,
1971 Vizeeuropameisterim über 100 m,
36 Länderkämpfe zwischen 1960 und 1972 mit 61 Einsätzen,
1967 Mitglied der Europamannschaft im Erdteilkampf,
23 Deutsche Rekorde: 100 m - 11,3 (1970), danach noch 5mal eingestellt (1970/ 71), 11,2 (1971), 11,42 sec (1970),
4x110-m-Nationalstaffel - 44,18, 43,70 (1968), 43,6, 43,28 (1971), 42,97, 42,81 sec (1972),
Hochsprung - 1,69 (1960), 1,70, 1,71 m (1961),
Weitsprung - 6,25 (1962), 6,40 - (1964), 6,53, 6,63 m (1967),
Fünfkampf - 4.431 (1967), 4.559 Punkte (1968),
dazu 1960 Deutsche Jugenrekorde im Hochsprung 1,65 und 1,67 m,
Persönliche Bestleistungen: 100 m - 11,35, 200 m - 23,49 sec, Hochsprung - 1,71 m, Weitsprung - 6,76 m, Fünfkampf - 4.622 Punkte, Kugel - 13,44 m, 100-m-Hürden - 13,5 sec.

Sportliche Funktionen:

Persönliches Mitglied NOK,
Gutachterausschuß Deutsche Sporthilfe.

Auszeichnungen:

1968 Silbernes Lorbeerblatt,
1968 Sportlerin des Jahres,
1969 Rudolf-HARBIG-Gedächtnispreis,
1971 Sportlin des Jahres.

DAUME, Willi

Betreuer

Olympische Tätigkeiten:

IOC-Mitglied,

Präsidiumsmitglied des NOK,

siehe 1936 bis 1992.

DUNAY, Pál

Betreuer

Persönliche Daten:

geb.:	12.06.1909 in Ungarn,
Beruf:	Fechtmeister in Soest,
Stand:	Verheiratet, 2 Kinder.

Olympische Tätigkeiten:

Trainer der Fechter,

1936 Olympiateilnehmer für Ungarn im Degenfechten (Einzel und Mannschaft),

1948 Olympiateilnehmer für Ungarn im Degenfechten (Einzel und Mannschaft).

Sportlicher Werdegang:

Ausbildung in Ungarn als Turner und Fechter,
mehrfacher ungarischer Meister im Fechten,
internatioanle Erfolge, u.a. 1934 Weltmeister im Degen (Einzel).

Sportliche Funktionen:

1958-1960 Fechtmeister in Deutschland, u.a. bei der Fechterschaft Soest und zuletzt beim Landesverband Berlin, arbeitete als eine „Art Bundestrainer".

GIESELER, Dieter

Radrennfahrer

Persönliche Daten:

geb.: 10.01.1941 in Münster,
Beruf: Kaufmännischer Angestellter
im elterlichen Geschäft in
Münster,
Stand: Ledig,
Maße: 184 m, 74 kg.

Olympische Plazierungen:

1.000-m-Zeitfahren: Silbermedaille in
1:08,75 min (25 Starter).

Sportlicher Werdegang:

Vereine: RV 1895 Münster,
kam durch seinen Bruder Edi, einem der damaligen besten deutschen Profi-Bahnfahrer, zum Radrennsport, wurde von „Sechstagekaiser" Gustav KILIAN, seinem Trainer, gefördert, galt als großes Talent,
1960 Deutscher Meister im 1.000-m-Zeitfahren,
1960 Weltrekord im 1.000-m-Zeitfahren mit 1:09,3 min.

Auszeichnungen:

1960 Silbernes Lorbeerblatt.
Bronzeschale mit Widmung des Stadtsportverbandes Münster,
1960 Rathausplakette der Stadt Münster.

HOFFMEISTER, Hans

Schwimmer

Persönliche Daten:

geb.: 02.02.1936 in Chemnitz,
Beruf: Kraftfahrer, später Inhaber einer Wäscherei,
Stand: Verheiratet,
Maße: 1,87 m, 80 kg.

Olympische Plazierungen:

Wasserball: Als Torwart in 6 der 7 Spiele eingesetzt, Platz 6 bei 16 Mannschaften,
fehlte nur in einem Spiel der Vorrunde,

siehe Mexiko-City 1968,

siehe München 1972.

Sportlicher Werdegang:

Vereine: Rote Erde Hamm,
1955 Deutscher Meister,
1956 Deutscher Meister,
1959 Deutscher Meister,
1960 Deutscher Meister,
1964 Deutscher Meister,
1966 Deutscher Meister,
1969 Deutscher Meister,
1971 Deutscher Meister,
1958 Teilnehmer Europameisterschaft,
1966 Teilnehmer Europameisterschaft,
129 Länderkämpfe zwischen 1958 und 1972.

Auszeichnungen:

1960 Silbernes Lorbeerblatt.

HÜNEKE, Hans

Leichtathlet

Persönliche Daten:

geb.: 12.01.1934 in Schmallenberg,
Beruf: Bäcker,
Stand: Ledig,
Maße: 168 m, 50 kg.

Olympische Plazierungen:

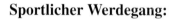

3.000-m-Hindernis: Vorlaufdritter in 8:50,4 min, im Endlauf nach 600 m verletzt aufgegeben (Platz 9), bei 32 Startern.

Sportlicher Werdegang:

Vereine: Bis 1956 OSV Hörde,
          1957-1958 VfL Wolfsburg,
          1959-1962 LC Solingen,
          ab 1963 KSV Hessen Kassel,
1955 Deutscher Juniorenmeister über 5.000 m,
1956 3. Deutscher Waldlaufmeister,
1957 3. Deutscher Waldlaufmeister,
1957 Vizemeister über 3.000-m-Hindernis,
1958 3. Deutscher Meister über 3.000-m-Hindernis,
1958 Deutscher Meister in der 3x1.000-m-Staffel,
1959 Deutscher Meister über 3.000-m-Hindernis,
1958 Deutscher Rekorde über 3.000-m-Hindernis in 8:37,4 min,
1958 Deutscher Rekorde über 3.000 m in 8:03,6 min,
1958 3. Europameister über 3.000-m-Hindernis in 8:43,6 min,
1961 3. Deutscher Meister über 10.000 m,
1962 Deutscher Mannschaftsmeister im Waldlauf (lang),
1963 3. Deutscher Waldlaufmeister,
1964 Deutscher Mannschaftsmeister im Waldlauf (lang),
14 Länderkämpfe zwischen 1956 und 1965.

JANZ, Helmut

Leichtathlet

Persönliche Daten:

geb.: 11.04.1934 in Gladbeck,
Beruf: Maurer, Fußballehrer,
Stand: Verheiratet mit Tilly JANZ,
 Leichtathletin vom TV
 Gladbeck 12, 1 Sohn,
Maße: 1,77 m, 67 kg.

Olympische Plazierungen:

400-m-Hürden: Vorlauf 1. Platz in 51,3 sec, Vorentscheidung 3. Platz in 51,4 sec, im Finale Platz 4 in 49,9 sec, damit erster Europäer unter 50 sec, bei 34 Startern.

Sportlicher Werdegang:

Vereine: 1949-1953 VfL Gladbeck,
 1954-1957 SC Rot-Weiß Oberhausen,
 1957-1963 VfL Gladbeck,
 1964-1965 Wuppertaler SV,
 1965 bis heute TSV Neu-Ulm (Umzug dorthin),
1950 Beginn sportliche Laufbahn als Leichtathlet,
1954 Deutscher Juniorenmeister über 400-m-Hürden,
1955 Deutscher Juniorenmeister über 400-m-Hürden,
1955 3. Deutscher Meister über 400-m-Hürden,
1955 Deutscher Hallenmeister in der 3x1.000-m-Staffel,
1956 3. Deutscher Hallenmeister in der 3x1.000-m-Staffel,
1957 Deutscher Hallenvizemeister über 800 m,
1957 Deutscher Meister über 400-m-Hürden,
1958 Deutscher Meister über 400-m-Hürden,
1958 Deutscher Vizemeister über 200-m-Hürden,
1959 Deutscher Meister über 400-m-Hürden,
1960 Deutscher Meister über 400-m-Hürden,
1961 Deutscher Meister über 400-m-Hürden,
1962 Deutscher Meister über 400-m-Hürden,
1963 Deutscher Meister über 400-m-Hürden,
1958 bei den Europameisterschaften über 400-m-Hürden im Zwischenlauf ausgeschieden,
1962 3. Europameister über 400-m-Hürden in 50,5 sec.
1957 Deutscher Rekord über 400-m-Hürden in 51,5 sec,

1958 Deutscher Rekord über 400-m-Hürden in 51,3 sec,
1958 Deutscher Rekord über 400-m-Hürden in 50,9 sec,
1960 Deutscher Rekord über 400-m-Hürden in 50,6 sec,
1960 Deutscher Rekord über 400-m-Hürden in 50,4 sec,
1963 Deutscher Rekord über 400-m-Hürden in 49,9 sec,
1961 Europa-Rekord über 440-Y-Hürden in 50,7 sec,
1963 Europa-Rekord über 400-m-Hürden in 49,9 sec,
53 Länderkämpfe zwischen 1955 und 1964.
obwohl 1956 mit 51,8 sec (knappe Verfehlung des Deutschen Rekordes) auf Platz 1 der Bestenliste keine Noiminierung für die Olympischen Spiele in Melbourne,
1965 Ende der aktiven Laufbahn.

Auszeichnungen:

1960 Silbernes Lorbeerblatt,
1963 Rudolf-HARBIG-Gedächtnispreis,
1963 Sportplakette des Landes Nordrhein-Westfalen.

KILIAN, Gustav „Gus"

Betreuer

Persönliche Daten:

geb.: 03.11.1907 in Luxemburg als Sohn eines dort stationierten Soldaten, Mutter war Luxemburgerin, kam 1921 nach Dortmund,
Beruf: Autoschlosser, 1930-1954 Radrennfahrer,
Angestellter beim Ordnungsamt in Dortmund,
1960-1978 Trainer,
Stand: Verheiratet, 1 Sohn.

Olympische Tätigkeiten:

Trainer der Bahnfahrer,
siehe Tokio 1964,
siehe Mexiko-City 1968,
siehe München 1972,
siehe Montreal 1976,

Von links: Gustav KILIAN, Prof. Dr. Herbert REINDELL, Dieter GIESELER

Sportlicher Werdegang:

Als Berufsradfahrer einer der bekanntesten und erfolgreichsten Sechstagefahrer der Welt, in insgesamt 129 Sechstagerennen 34 Siege (1951 - „Weltrekord"), davon 30 mit Heinz VOPEL (1908-1959) meist in den USA und Kanada - 1934 vom den Nationalsozialisten in Deutschland verboten - zwischen 1934 und 1941, Beiname „Sechstage-Kaiser", „Eiserner Gustav", bis 1954 aktiv, zuletzt vor allem als Steher, mehr als 1.000 Siege,
1964 Ende der aktiven Rennfahrerlaufbahn, als Trainer bis 1977 tätig,
fuhr bis ins hohe Alter noch täglich 50 bis 60 km.

Sportliche Funktionen:

Ab 1960 Honorartrainer (Autodidakt),
1964-1977 Bundestrainer,
sehr erfolgreich, seine von ihm betreuten Amateurradfahrer gewannen bei 4 Olympischen Spielen und 13 Weltmeisterschaften 36 Medaillen (16 Gold-, 13 Silber-, 7 Bronze-).

Auszeichnungen:

1976 Sportler des Jahres in Luxemburg,
1978 Fairnesspreis der UNESCO.
1977 Goldene Verdienstnadel des BDR mit Brillanten, die höchste Auszeichnung dieses Verbandes.

KINDER, Manfred

Leichtathlet

Persönliche Daten:

geb.: 20.04.1938 in Königsberg/
Ostpreußen,
Beruf: Polizeibeamter bei der
Bereitschaftspolizei,später
Polizei-Offizier, heute Erster
Polizeihauptkommissar in
Wuppertal und dort Sportlicher
Leiter der
Polizeisportbildungsstätte,
Stand: Verheiratet,
Maße: 184 m, 73 kg.

Olympische Plazierungen:

400 m: Vorlauf 1. Platz in 46,7, Zwischenlauf 3. Platz in 46,7, Vorentscheidung 3. Platz in 46,0, Platz 5 im Finale in 45,9 sec (persönliche Bestzeit, bei 54 Startern,

4x400-m-Staffel: Vorlauf Platz 1 in 3:10,4, Zwischenlauf Platz 2 in 3:02,7 (Europarekord), Silbermedaille mit Jochen RESKE, Johannes KAISER und Karl KAUFMANN in 3:02,7 min, bei 19 Staffeln.

siehe Tokio 1964,

siehe Mexiko-City 1968.

Sportlicher Werdegang:

Vereine: 1954-1955 DJK Lüdenscheid,
            1956-1958 TV Friesen Lüdenscheid,
            1959-1961 OSV Hörde,
            1962-1970 Wuppertaler SV,
1954 Beginn sportliche Laufbahn als Leichtathlet (Hochspringer),
1956 Deutscher Jugendmeister über 400 m,
1958 Deutscher Juniorenmeister über 400 ,
1959 Deutscher Vizemeister über 400 m,
1959 Deutscher Meister in der 4x400-m-Staffel,
1959 Deutscher Hallenmeister in der 4x400-m-Staffel,

1960 Deutscher Vizemeister über 400 m,
1960 Deutscher Meister in der 4x400-m-Staffel,
1960 Deutscher Hallenmeister über 400 m,
1960 Deutscher Hallenmeister in der 4x400-m-Staffel,
1961 Deutscher Meister in der 4x4oo-m-Staffel,
1961 Deutscher Vizemeister über 400 m,
1961 Deutscher Hallenmeister über 400 m,
1961 Deutscher Hallenmeister in der 4x400-m-Staffel,
1962 Deutscher Meister in der 4x400-m-Staffel,
1962 Deutscher Vizemeister über 400 m,
1962 Deutscher Hallenmeister über 400 m,
1962 Deutscher Hallenmeister in der 4x400-m-Staffel,
1963 Deutscher Meister über 800 m,
1963 Deutscher Meister in der 4x400-m-Staffel,
1963 Deutscher Hallenmeister in der 4x400-m-Staffel,
1964 Deutscher Meister über 800 m,
1964 Deutscher Meister in der 4x400-m-Staffel,
1966 Deutscher Vizemeister über 400 m,
1966 Deutscher Meister in der 4x400-m-Staffel,
1967 Deutscher Hallenmeister über 400 m,
1968 Deutscher Hallenmeister über 400 m,
1962 Vizeeuropameister über 400 m,
1962 Europameister in der 4x400-m-Staffel,
1966 Vizeeuropameister in der 4x400-m-Staffel,
1960 Europarekord in der 4x400-m-Staffel (National) in 3:05,6 min,
1960 Europarekord in der 4x400-m-Staffel (National) in 3:02,7 min,
1968 Europarekord in der 4x400-m-Staffel (National) in 3:00,5 min,
1966 Weltrekord in der 4x800-m-Staffel in 7:08,6 min,
54 Länderkämpfe mit 88 Einsätzen zwischen 1959 und 1968,
Bestzeiten: 400 - 45,8 sec (1960), 800 m - 1:46,7 min (1966), 200 m - 21,4 sec, 1.000 m - 2:19,0 min,
konnte in seiner Spezialdisziplin, dem 400-m-Lauf, nie Deutscher Meister werden,
1969 Ende der aktiven Laufbahn.

Sportliche Funktionen:

1970-1972 Co-Trainer 400-m-Hürden beim DLV,
1972-1980 Bundestrainer beim DLV (400 m).

Auszeichnungen:

1960 Silbernes Lorbeerblatt,
1965 Rudolf-HARBIG-Gedächtnispreis,
1968 Sportplakette des Landes NRW,
1990 Bundesverdienstkreuz.

KLIMKE, Reiner

Reiter

Persönliche Daten:

geb.: 14.01.1936 in Münster, als Sohn des passionierten Reiters Prof.Dr.med. Wilhelm KLIMKE,
Beruf: Dr. jur., Rechtsanwalt (seit 1964) und Notar (seit1972) in Münster, seit 1990 Landtagsabgeordneter (CDU),
Stand: Verheiratet mit der Dressurreiterin Ruth KLIMKE, 3 Kinder, ein Sohn und eine Tochter sind erfolgreiche Reiter,
Maße: 184 m, 66 kg.

Olympische Plazierungen:

Military-Einzel: Platz 18 (Dressur - 33., Gelände - 33., Springen 20. Platz) auf „Winzerin" mit -173,31 Punkten, bei 73 Teilnehmern. „Winzerin" mußte in letzter Minute einspringen, nachdem sich sein bestes Pferd „Fortunat" kurz zuvor verletzt hatte,

Military-Mannschaft: Ohne Plazierung, da die deutsche Mannschaft nur zwei Reiter ins Ziel brachte. Nur 6 von 24 gestarteten Mannschaften beendeten den Wettbewerb.

siehe Tokio 1964,

siehe Mexiko-City 1968,

siehe München 1972,

siehe Montreal 1976,

siehe Olympiamannschaft von 1980,

siehe Los Angeles 1984,

siehe Seoul 1988.

Sportlicher Werdegang:

Vereine: Westfälischer Reiterverein Münster,
1953 bis heute Reiterverein „Gustav Rau" Westbevern,
seit 1966 Reiterverein St. Georg Münster,
Beginn sportliche Laufbahn als Dressurreiter, dann
Militaryreiter und wieder Dressurreiter,
1959 Deutscher Vizemeister im der Military,
1960 Deutscher Meister im der Military,
1960 3. Deutscher Meister in der Dressur,
1962 Deutscher Meister in der Dressur,
1963 Deutscher Meister in der Dressur,
1964 Deutscher Meister in der Dressur,
1965 Deutscher Meister in der Dressur,
1966 Deutscher Vizemeister in der Dressur,
1967 Deutscher Meister in der Dressur,
1968 Deutscher Meister in der Dressur,
1969 Deutscher Vizemeister in der Dressur,
1971 3.Deutscher Meister in der Dressur,
1973 Deutscher Vizemeister in der Dressur,
1975 Deutscher Meister in der Dressur,
1977 3.Deutscher Meister in der Dressur,
1978 Deutscher Meister in der Dressur,
1979 3.Deutscher Meister in der Dressur,
1980 Deutscher Vizemeister in der Dressur,
1981 Deutscher Meister in der Dressur,
1983 Deutscher Meister in der Dressur,
1984 Deutscher Meister in der Dressur,
1985 Deutscher Meister in der Dressur,
1986 Deutscher Meister in der Dressur,
1988 Deutscher Meister in der Dressur,
1954 2. Deutsches Dressurchampionat,
1955 2. Deutsches Dressurchampionat,
1958 2. Deutsches Militarychampionat,
1959 2. Deutsches Militarychampionat,
1960 Sieger Deutsches Dressurderby,
1987 Sieger Deutsches Dressurderby,
1957 Vizeeuropachampionat (Mannschaft) in der Military,
1959 Vizeeuropameister in der Military,
1959 Europameister in der Military-Mannschaft,
1962 inoffizieller Europameister in der Dressur-Mannschaft,
1962 Europameister in der Dressur,
1965 3. Europameister in der Dressur,
1965 Europameister in der Dressur-Mannschaft,
1967 Europameister in der Dressur,
1967 Europameister in der Dressur-Mannschaft,
1969 Europameister in der Dressur-Mannschaft,
1969 4. der Europameisterschaften in der Dressur,
1971 Europameister in der Dressur-Mannschaft,
1973 Europameister in der Dressur,

1973 Europameister in der Dressur-Mannschaft,
1981 Europameister in der Dressur-Mannschaft,
1983 Vizeeuropameister in der Dressur,
1983 Europameister in der Dressur-Mannschaft,
1985 Europameister in der Dressur-Mannschaft,
1966 Weltmeister in der Dressur-Mannschaft,
1966 3. Weltmeister in der Dressur,
1974 Weltmeister in der Dressur,
1974 Weltmeister in der Dressur-Mannschaft,
1982 Weltmeister in der Dressur,
1982 Weltmeister in der Dressur-Mannschaft,
1986 Weltmeister in der Dressur-Mannschaft.

Sportliche Funktionen:

Mitglied des Sportausschusses des Landtages (Stellvertretender Vorsitzender),
seit 1966 bis heute Mitbegründer und Vorsitzender des Reitervereins St. Georg Münster,
Stellvertretender Vorsitzender des Deutschen Reiter- und Fahrerverbandes,
Aktivensprecher der Reiter im Deutschen Olympiade-Komitee für Reiterei,
Vorstandsmitglied im Deutschen Olympiade-Komitee für Reiterei,
Vorstandsmitglied im Stadtsportbund Münster,
Präsidiumsmitglied in der Deutschen Olympischen Gesellschaft,
Mitglied im Landesleistungsausschuß des Landessportbundes.

Auszeichnungen:

Persönliches Mitglied im NOK,
Ehrenbürger der Stadt Münster,
Ehrenmitglied im Reiterverein „Gustav Rau" Westbevern.

KNUBEL, Bernhard

Ruderer

Persönliche Daten:

geb.: 02.03.1938 in Brotdorf/Saar,
gest.: 23.02.1973,
Beruf: Maschinenschlosser in
   Gelsenkirchen,
Maße: 1,97 m, 90 kg.

Olympische Plazierungen:

Zweier mit Steuermann: Goldmedaille zusammen mit Heinz RENNEBERG und Steuermann Klaus ZERTA in 7:29:14 nach Vorlaufsieg in 7:31,64 min, bei 18 Booten am Start.

Von links: Bernhard KNUBEL, Klaus ZERTA, Heinz RENNEBERG

Sportlicher Werdegang:

Vereine: Ruderverein Gelsenkirchen,
1953 Beginn sportliche Laufbahn als Ruderer in Riemenbooten, auch Leichtathlet (Waldlauf) und Handballspieler,
1960 Deutscher Vizemeister im Zweier ohne,
viele Regattasiege, aber keine deutsche Meisterschaft.

LEWE, Detlef

Kanute

Persönliche Daten:

geb.: 20.06.1939 in Dortmund,
Beruf: Metzgermeister,
Stand: Verheiratet,
Maße: 1,91 m, 90 kg.

Olympische Plazierungen:

Einerkanadier 1.000 m: Platz 5 im Vorlauf in 4:43,06, Platz 1 im Hoffnungslauf in 4:46,09, Platz 3 im Zwischenlauf in 4:47,06 und Platz 6 im Finale in 4:39,72 min, bei 13 Booten am Start,

siehe Tokio 1964,

siehe Mexiko-City 1968,

siehe München 1972.

Sportlicher Werdegang:

Vereine: 1954-1958 Kanu Verein Schwerte,
          1959-1962 WSG Bertasee 48/49 Duisburg,
          1963-1972 Kanuverein Schwerte,
1954 Beginn sportliche Laufbahn als Kanufahrer,
1960 Deutscher Meister Einer-Canadier über 1.000 m,
1961 Deutscher Meister Zweier-Canadier über 500 m,
1962 Deutscher Meister Zweier-Canadier über 500 m,
1962 Deutscher Meister Zweier-Canadier über 1.000 m,
1963 Deutscher Meister Einer-Canadier über 1.000 m,
1964 Deutscher Meister Einer-Canadier über 500 m,
1963 Deutscher Meister Mannschafts-Canadier über 1.000 m,
1964 Deutscher Meister Einer-Canadier über 1.000 m,
1964 Deutscher Meister Mannschafts-Canadier über 1.000 m,
1965 Deutscher Meister Einer-Canadier über 500 m,
1965 Deutscher Meister Einer-Canadier über 1.000 m,
1966 Deutscher Meister Einer-Canadier über 500 m,
1966 Deutscher Meister Einer-Canadier über 1.000 m,
1966 Deutscher Meister Einer-Canadier über 10.000 m,

1966 Deutscher Meister Mannschafts-Canadier über 1.000 m,
1967 Deutscher Meister Einer-Canadier über 500 m,
1967 Deutscher Meister Einer-Canadier über 1.000 m,
1967 Deutscher Meister Einer-Canadier über 10.000 m,
1967 Deutscher Meister Mannschafts-Canadier über 1.000 m,
1968 Deutscher Meister Einer-Canadier über 500 m,
1968 Deutscher Meister Einer-Canadier über 1.000 m,
1968 Deutscher Meister Einer-Canadier über 10.000 m,
1969 Deutscher Meister Einer-Canadier über 500 m,
1969 Deutscher Meister Einer-Canadier über 1.000 m,
1969 Deutscher Meister Einer-Canadier über 10.000 m,
1970 Deutscher Meister Einer-Canadier über 500 m,
1970 Deutscher Meister Einer-Canadier über 1.000 m,
1971 Deutscher Meister Einer-Canadier über 500 m,
1971 Deutscher Meister Einer-Canadier über 1.000 m,
1971 Deutscher Meister Einer-Canadier über 10.000 m,
1965 Europameister Einer-Canadier über 1.000 m,
1967 Europameister Einer-Canadier über 1.000 m,
1966 Weltmeister Einer-Canadier über 1.000 m,
1971 Weltmeister Einer-Canadier über 500 m,
1971 Weltmeister Einer-Canadier über 1.000 m,
1972 Ende der aktiven Laufbahn.

Sportliche Funktionen:

1973-1978 Trainer im KV Schwerte.

Auszeichnungen:

1966 Silbernes Lorbeerblatt,
1972 Fahnenträger der deutschen Mannschaft,
Ehrenplakette der Deutschen Olympischen Gesellschaft.

LORENZ, Siegfried

Leichtathlet

Persönliche Daten:

geb.: 21.06.1933 in Rastenburg/Ostpreußen,
Beruf: Werkzeugmacher in Lüdenscheid,
Maße: 1,92 m, 105 kg.

Olympische Plazierungen:

Hammerwerfen: Scheiterte mit 59,06 m bei 2 ungültigen Versuchen in der Qualifikation, bei der 60 Meter gefordert waren, dabei 24. von 28 Teilnehmern.

Sportlicher Werdegang:

Vereine: Bis 1958 Lüdenscheider TV,
ab 1959 OSV Hörde,
Beginn sportliche Laufbahn als Turner und Leichtathlet,
1953 Deutscher Juniorenmeister im Hammerwerfen,
1954 Deutscher Juniorenmeister im Hammerwerfen,
1957 3. Deutscher Meister im Hammerwerfen,
1959 3. Deutscher Meister im Hammerwerfen,
1960 Deutscher Meister im Hammerwerfen,
1963 3. Deutscher Meister im Hammerwerfen,
zwischen 1950 und 1965 10mal westfälischer Meister im Hammerwerfen,
8 Länderkämpfe zwischen 1954 und 1960,
Bestleistung 62,15 m (1960).

LYHS, Günter

Turner

Persönliche Daten:

geb.: 20.04.1934 in Sulimmen/
   Ostpreußen,
Beruf: Schlosser, später
   kaufmännischer Angestellter,
   Lohnbuchhalter, ab 1969 Turn-
   und Sportgerätefirma Günter
   Lys in Kierspe/Sauerland,
Stand: Verheiratet seit 1958,
   2 Töchter,
Maße: 1,57 m, 65 kg.

Olympische Plazierungen:

Zwölfkampf-Mannschaft (Gesamtdeutsch): Platz 7 mit 553,35 Punkten, bei 10 Mannschaften am Start,

Zwölfkampf-Einzel: Platz 26 mit 110,80 Punkten, bester Deutscher, bei 130 Startern,

Pferdsprung: Platz 26 mit 18,40 Punkten,

Seitpferd: Platz 65 mit 17,90 Punkten,

Boden: Platz 24 mit 18,55 Punkten,

Reck: Platz 33 mit 18,55 Punkten,

Barren: Platz 18 mit 18,85 Punkten,

Ringe: Platz 39 mit 18,55 Punkten,

siehe Tokio 1964.

Sportlicher Werdegang:

Vereine: 1952-1959 TC Gelsenkirchen,
   ab 1969 TV Jahn Kierspe,

1950 Beginn sportliche Laufbahn als Turner, Boxer und Fußballer,
1956 Deutscher Juniorenmeister im Zwölfkampf,
1959 Deutscher Vizemeister im Zwölfkampf,
1959 Deutscher Meister im Bodenturnen,
1959 Deutscher Meister im Barrenturnen,
1960 Deutscher Meister im Zwölfkampf,
1960 Deutscher Meister im Bodenturnen,
1960 Deutscher Meister im Reckturnen,
1960 Deutscher Meister im Barrenturnen (ex aequo),
1960 Deutscher Meister im Ringeturnen,
1960 Deutscher Meister im Pferdsprung,
1961 Deutscher Vizemeister im Zwölfkampf,
1961 Deutscher Meister im Bodenturnen,
1961 Deutscher Meister im Ringeturnen,
1961 Deutscher Meister im Pferdsprung,
1962 Deutscher Vizemeister im Zwölfkampf,
1962 Deutscher Meister im Reckturnen,
1962 Deutscher Meister im Ringeturnen,
1964 Deutscher Meister im Barrenturnen,
1964 Deutscher Meister im Ringeturnen,
1964 Deutscher Vizemeister im Zwölfkampf,
1965 Deutscher Meister im Reckturnen,
1965 Deutscher Meister im Pferdsprung,
1966 Deutscher Meister im Pferdsprung,
1966 Deutscher Meister im Reckturnen,
1967 Deutscher Meister im Zwölfkampf (ex aequo),
1967 Deutscher Meister im Reckturnen,
1959 11. der Europameisterschaften im Zwölfkampf,
1961 14. der Europameisterschaften im Zwölfkampf,
1962 wegen Lendenwirbelverletzung bei der Weltmeisterschaft aufgegeben,
33 Länderkampfe zwischen 1957 und 1967 (damals Rekord),
konnte sich durch einen 9. Platz bei den Ausscheidungen des DTB nicht mehr für die Spiele in Mexiko qualifizieren,
1968 Ende der aktiven Laufbahn.

Sportliche Funktionen:

Seit 1960 Gaukunstturnwart,
1968 Betreuer der Kunstturnriege Westfalens.

Auszeichnungen:

Seit 1965 Riegenführer der Deutschen Nationalriege.

MARITSCHNIGG, Günter

Ringer

Persönliche Daten:

geb.: 07.11.1933 in Bochum,
Beruf: Maschinenschlosser in Witten-Annen, heute Tankstellenbesitzer,
Stand: Verheiratet, 1 Sohn,
Maße: 1,74 m, 73 kg.

Olympische Plazierungen:

Weltergewicht (griechisch-römisch): Silbermedaille, nach 2 Punkt- und 2 Schultersiegen, einem Freilos und 1 Punktniederlage in den ersten 6 Runden unterlag er nach einem weiteren Punktsieg in der Schlußrunde dem späteren Olympiasieger durch Schulterniederlage, bei 27 Startern.

Sportlicher Werdegang:

Vereine: 1951-1954 KSV Brambauer,
           1954-1955 ASV Westerfielde,
           1955-1979 Sportunion Annen,
1951 Beginn sportliche Laufbahn als Ringer,
1959 Deutscher Meister im Weltergewicht (griechisch-römisch),
1961 4. der Weltmeisterschaften im Weltergewicht (griechisch-römisch),
1961 Internationaler Meister von Österreich,
28 Länderkämpfe,
1979 Beendigung der aktiven Laufbahn.

Sportliche Funktionen:

Zeitweise Leitung von Lehrgängen beim Landesverband Bremen,
Training und Betreuung von talentierten Nachwuchsringern in seinem Verein SU Annen.

Auszeichnungen:

1960 Silbernes Lorbeerblatt,
Silberne Länderkampfnadel,
Stadtehrenplakette in Silber und Gold der Stadt Witten,
Silberne und Goldene Ehrennadel der Sport-Union Annen,
IOC-Ehrennadel.

MILTENBERGER, Meinrad

Betreuer

Olympische Tätigkeiten:

Betreuer und Trainer der deutschen Kanuten,

siehe Helsinki 1952,

siehe Melbourne 1956,

siehe Tokio 1964,

siehe Mexiko-City 1968.

NAGY, Lajos („Luz")

Schwimmer

Persönliche Daten:

geb.:	11.03.1936 in Budapest, floh im Herbst 1956 nach Deutschland, erhielt im Frühjahr 1959 die deutsche Staatsangehörigkeit,
Beruf:	Medizinstudent in Münster, später Dr. med. und praktischer Arzt in Hamm,
Stand:	Ledig, später verheiratet, 2 Kinder,
Maße:	1,84 m, 71 kg.

Olympische Plazierungen:

Wasserball: Platz 6, bei 16 Mannschaften, in allen sieben Spielen als Stürmer (Rechtsaußen/Verbinder) eingesetzt, in der Vorrunde zwei Siege (ARG 5:1, BRA 6:3), eine Niederlage (URS 4:5), im Halbfinale ein Remis RUM 3:3), eine Niederlage (ITA 0:3), in der Finalrunde zwei Siege im Kampf um Platz fünf bis acht (USA 4:3, HOL 6:5), schoß 10 Tore,

siehe Mexiko-City 1968.

Sportlicher Werdegang:

Vereine: Seit 1957 Rote Erde Hamm,
Beginn der sportlichen Laufbahn in Ungarn,
1959 Deutscher Meister,
1960 Deutscher Meister,
1964 Deutscher Meister,
1966 Deutscher Meister,
1966 7. Platz Europameisterschaften,
115 Länderkämpfe, 60 für Ungarn, seit 1959 bis 1970 für Deutschland.

Auszeichnungen:

1960 Silbernes Lorbeerblatt.

NIEMACK, Horst

Betreuer

Olympische Tätigkeiten:

Mannschaftsführer der Dressurreiter,

siehe Stockholm 1956,

siehe Tokio 1964,

siehe Mexiko-City 1968.

POLLMANNS, Willi

Betreuer

Olympische Tätigkeiten:

Betreuer und technischer Leiter der deutschen Leichtathleten (Herren),
siehe Helsinki 1952,
siehe Melbourne 1956,
siehe Tokio 1964.

RADZIK, Eberhard

Boxer

Persönliche Daten:

geb.: 26.04.1935 in Gelsenkirchen,
Beruf: Kraftfahrer,
Maße: 1,68 m, 75 kg.

Olympische Plazierungen:

Mittelgewicht: Nach einer Niederlage durch technischen ko in der ersten Runde ausgeschieden, bei 23 Startern.

Sportlicher Werdegang:

Vereine: SV Prag Stuttgart
1957 Deutscher Vizemeister im Mittelgewicht,
1959 Deutscher Vizemeister im Mittelgewicht,
6 Länderkämpfe.

RENNEBERG, Heinz

Ruderer

Olympische Plazierungen:

Zweier mit Steuermann: Goldmedaille zusammen mit Bernhard KNUBEL und Steuermann Klaus ZERTA in 7:29:14 nach Vorlaufsieg in 7:31,64 min, bei 18 Booten,

siehe Helsinki 1952.

RIEKE, August

Radfahrer

Persönliche Daten:

geb.: 26.05.1935 in Oettinghausen bei Bielefeld,
Beruf: Kaufmännischer Angestellter im väterlichen Betrieb,
Stand: Ledig,
Maße: 1,82 m, 79 kg.

Olympische Plazierungen:

1.000-m-Malfahren: Platz 1 im Vorlauf in 11,9 sec, Platz 1 im Achtelfinale in 11,7 sec, im Viertelfinale als 2. ausgeschieden, damit unter den letzten acht Teilnehmern, bei 30 Startern.

Sportlicher Werdegang:

Vereine: RC Zugvogel Bielefeld,
Bahnradsportler, aber auch Straßenfahrer,
1959 Deutscher Meister im Tandemfahren mit BULK,
1960 Deutscher Meister im Tandemfahren mit ROGGENDORF,
weit über 200 Siege.

RIEKEMANN, Klaus

Ruderer

Persönliche Daten:

geb.: 10.05.1940 in Dorsten,
Beruf: Technischer Angestellter in
  Düsseldorf,
Stand: Ledig,
Maße: 1,92 m, 87 kg.

Olympische Plazierungen:

Vierer mit Steuermann: Goldmedaille zusammen mit Gerd CINTL, Horst EFFERTZ, Jürgen LITZ und Steuermann Michael OBST (alle RC Germania Düsseldorf) in 6:39,12 nach Vorlauf- in 7:13,64 und Halbfinalsieg in 7:00,47 min, bei 21 Booten am Start.

Sportlicher Werdegang:

Vereine: RC Germania Düsseldorf,
1959 Deutscher Meister im Zweier mit Steuermann,
1961 Deutscher Meister im Vierer ohne Steuermann,
1958 Europameister im Zweier mit Steuermann,
1959 Europameister im Zweier mit Steuermann,
vielseitiger Ruderer, der im Zweier mit und ohne, im Vierer mit und ohne Steuermann und im Achter eingesetzt wurde.

SCHEPERS, Hans

Schwimmer

Persönliche Daten:

geb.: 26.03.1930 in Hamm,
Beruf: Optikermeister, Filialleiter,
Stand: Verheiratet, 1 Kind,
Maße: 1,80 m, 73 kg.

Olympische Plazierungen:

Wasserball: Platz 6, bei 16 Mannschaften, in allen sieben Spielen als rechter Verteidiger eingesetzt, in der Vorrunde zwei Siege (ARG 5:1, BRA 6:3), eine Niederlage (URS 4:5), im Halbfinale ein Remis (RUM 3:3), eine Niederlage (ITA 0:3), in der Finalrunde zwei Siege im Kampf um Platz fünf bis acht (USA 4:3, HOL 6:5),

siehe München 1972.

Sportlicher Werdegang:

Vereine: Seit 1944 Rote Erde Hamm,
1944 Beginn sportliche Laufbahn als Schwimmer, ab 1944 Wasserballspieler,
1952 Deutscher Mannschaftsmeister als Schwimmer,
1954 Deutscher Meister,
1955 Deutscher Meister,
1956 Deutscher Meister,
1957 Deutscher Vizemeister,
1959 Deutscher Meister,
1960 Deutscher Meister,
1964 Deutscher Meister,
1954 Teilnehmer der Europameisterschaften,
1958 Teilnehmer der Europameisterschaften,
45 Länderspiele.

Sportliche Funktionen:

Trainer und sportlicher Leiter bei Rote Erde Hamm,
1963 Trainer der japanischen Nationalmannschaft,
1968 Trainer beim SV Kamen,
1969-1972 Bundestrainer.

Auszeichnungen:

Kapitän der Nationalmannschaft,
1960 Silbernes Lorbeerblatt,
Goldene Sportplakette der Stadt Hamm.

SCHMIDT, Paul

Leichtathlet

Olympische Plazierungen:

800-m-Lauf: Platz 4 im Finale in 1:47,6 nach Siegen im Vor- und Zwischenlauf in 1:50,8 bzw. 1:52,2 und Rang 3 im Halbfinale in 1:47,4 min, bei 56 Startern,

siehe Melbourne 1956,

siehe München 1972.

SCHULZE-DIECKHOFF, Alfons

Betreuer

Olympische Tätigkeiten:

Delegationsleiter der deutschen Reiter,

siehe Stockholm 1956,

siehe Tokio 1964,

siehe Mexiko-City 1968.

SCHWARTE, Adolf

Leichtathlet

Persönliche Daten:

geb.: 28.01.1935 in Gladbeck,
Beruf: Polsterer,
Stand: Ledig, später verheiratet,
    2 Kinder,
Maße: 1,83 m, 70 kg.

Olympische Plazierungen:

1.500 m: Ausgeschieden als 4. im letzten Vorlauf in 3:45,3 min (zwölftbeste Zeit) da nur die drei Ersten ins Finale kamen, bei 39 Startern.

Sportlicher Werdegang:

Vereine: 1947-1952 TV Gladbeck,
              1953-1956 VfL Gladbeck,
              1957-1959 LAV Menden,
              1960-1962 Rot-Weiß Oberhausen,
              1963-1965 ASV Köln,
              1966-1967 VfL Gladbeck,
1947 Beginn sportliche Laufbahn als Leichtathlet und Handballspieler,
1956 Deutscher Hallenmeister über 1.500 m,
1956 3. Deutscher Juniorenmeister über 1.500 m,
1958 3. Deutscher Hallenmeister über 1.500 m,
1960 Deutscher Hallenmeister über 1.500 m,
1960 Deutscher Meister über 1.500 m,
1961 3. Deutscher Hallenmeister über 1.500 m,
1962 3. Deutscher Hallenmeister über 1.500 m,
1964 3. Deutscher Hallenmeister über 1.500 m,
1964 3. Deutscher Meister in der 3x1.000-m-Staffel,
1959 Deutscher Hallenrekord über 1.500 m in 3:50,7,
11 Länderkämpfe zwischen 1956 und 1961,
persönliche Bestleistungen: 800 m - 1:50,0, 1.000 m - 2:24,0, 1.500 m - 3:44,6, 3.000 m - 8:20,6, 1.500-m-Halle - 3:48,6 min (160-m-Holzbahn),
1967 Ende der aktiven Laufbahn.

Sportliche Funktionen:

1981-1986 Mittel- und Langstreckentrainer FC Schalke 04,
1987 Mittel- und Langstreckentrainer LG Düsseldorf,
ab 1988 Mittel- und Langstreckentrainer TV Gladbeck.

Auszeichnungen:

1960 Goldene Ehrennadel von Rot-Weiß Oberhausen,
1960 Sportmedaille der Stadt Oberhausen.

STRASSER, Bernd („Benno")

Schwimmer

Persönliche Daten:

geb.: 22.01.1936 in Lüdinghausen,
Beruf: Student, Diplom-Ingenieur, Dr. Ing., Geschäftsführer,
Stand: Ledig, verheiratet, 4 Töchter,
Maße: 1,96 m, 74 kg.

Olympische Plazierungen:

Wasserball: Platz 6, bei 16 Mannschaften, in allen sieben Spielen als rechter Verteidiger (Verbinder) eingesetzt, in der Vorrunde zwei Siege (ARG 5:1, BRA 6:3), eine Niederlage (URS 4:5), im Halbfinale ein Remis (RUM 3:3), eine Niederlage (ITA 0:3), in der Finalrunde zwei Siege im Kampf um Platz fünf bis acht (USA 4:3, HOL 6:5).

Sportlicher Werdegang:

Vereine: Seit 1946 Rote Erde Hamm,
1952 Beginn sportliche Laufbahn als Rückenschwimmer,
1954 Deutscher Hallenmeister über 100-m-Rücken,
1954 Deutscher Meister über 100-m-Rücken,
1955 Deutscher Meister über 100-m-Rücken,
Bestzeit 1955 mit 1:08,4 sec (1:07,5 auf der 25-m-Bahn),
1959 Deutscher Meister im Wasserball, 1960 Deutscher Meister im Wasserball,
1964 Deutscher Meister im Wasserball, 1966 Deutscher Meister im Wasserball,
1969 Deutscher Meister im Wasserball,
1966 6. der Europameisterschaften im Wasserball, 49 Länderspiele,
1969 Ende der aktiven Laufbahn.

Sportliche Funktionen:

Seit 1988 Vorsizender des SC Rote Erde Hamm.

Auszeichnungen:

1960 Silbernes Lorbeerblatt.

URBACH, Dietrich („Dieter")

Leichtathlet

Persönliche Daten:

geb.: 02.02.1935 in Hagen,
Beruf: Diplom-Sportlehrer, heute
Diplom-Kaufmann,
Geschäftsführer,
Stand: Verheiratet,
Maße: 1,95 m, 105 kg.

Olympische Plazierungen:

Kugelstoßen: In der Qualifikation erreichte er mit 17,09 m den 8. Platz, schied dann im Vorkampf mit 17,47 m als 7. aus, da nur sechs in den Endkampf kamen, bei 24 Startern.

Sportlicher Werdegang:

Vereine: 1951-1956 VfL 1848 Bochum,
ab 1957 TSV 1860 München,
1951 Beginn sportliche Laufbahn als Schwimmer und Turner,
1954 Deutscher Juniorenmeister im Kugelstoßen,
1954 Deutscher Vizejuniorenmeister im Diskuswerfen,
1955 3. Deutscher Hallenmeister im Kugelstoßen,
1955 Deutscher Vizejuniorenmeister im Kugelstoßen,
1955 Deutscher Vizejuniorenmeister im Diskuswerfen,
1955 3. Deutscher Meister im Kugelstoßen,
1956 Deutscher Juniorenmeister im Kugelstoßen,
1956 Deutscher Juniorenmeister im Diskuswerfen,
1956 Deutscher Vizemeister im Kugelstoßen,
1956 Deutscher Vizemeister im Diskuswerfen,
1957 Deutscher Vizemeister im Kugelstoßen,
1958 Deutscher Vizemeister im Kugelstoßen,
1958 3. Deutscher Meister im Diskuswerfen,
1959 3. Deutscher Meister im Kugelstoßen,
1960 Deutscher Meister im Kugelstoßen,
1961 Deutscher Meister im Kugelstoßen,
1961 Deutscher Vizemeister im Diskuswerfen,

1962 Deutscher Hallenmeister im Kugelstoßen,
1962 Deutscher Meister im Kugelstoßen,
1963 Deutscher Hallenmeister im Kugelstoßen,
1963 Deutscher Meister im Kugelstoßen,
1963 Deutscher Vizemeister im Diskuswerfen,
1964 Deutscher Hallenmeister im Kugelstoßen,
1964 Deutscher Meister im Kugelstoßen,
1958 9. der Europameisterschaften mit 16,65 m,
1962 7. der Europameisterschaften mit 17,58 m,
1961 Studentenvizeweltmeister im Kugelstoßen und Diskuswerfen,
1963 Studentenvizeweltmeister im Kugelstoßen und Diskuswerfen,
1963 Deutscher Turnfestsieger im Steinstoßen, Schleuderballwerfen und im volkstümlichen Sechskampf
47 Länderkämpfe zwischen 1954 und 1964.
Deutsche Rekorde: Verbesserte 1955 den fast 20 Jahre alten Rekord von Hans WÖLLKE aus den Jahre 1936 von 16,60 m auf 16,65 m, später
1961 - 17,68 m, 17,83 m, 18,06 m, 18,08 m, 18,28 m,
1964 - 18,71 m und 19,09 m.
persönliche Bestleistung im Diskuswerfen: 55,20 m,
Stand dabei in den 50er Jahren immer in Konkurrenz zu seinem westfälischen Landsmann Karl-Heinz WEGMANN,
auch guter Zehnkämpfer,
1964 Ende der aktiven Laufbahn.

Sportliche Funktionen:

1963-1965 Cheftrainer des Bayerischen Landessportverbandes,
Leiter der Sportschule München-Grünwald.

Auszeichnungen:

Ehrenmedaille der Stadt Bochum,
Ehrenbrief der Stadt München,
Ehrenpreis der Westdeutschen Sportpresse,
Goldene Länderkampfnadel des DLV.

Veröffentlichungen:

Zur Methodik und Technik des Kugelstoßens, Diplom-Arbeit Köln 1957/58.

VIEBIG, Wilhelm
Betreuer
Olympische Tätigkeiten:

Equipechef der deutschen Militarymannschaft,
siehe Helsinki 1952,
siehe Stockholm 1956.

WENTZKE, Friedhelm

Kanute

In der Mitte von links: Paul LANGE, Dieter KRAUSE, Günther PERLEBERG, Friedhelm WENTZKE

Persönliche Daten:

geb.: 13.09.1935 in Castrop-Rauxel,
Beruf: Elektroschlosser, -Schweißer, Schwimmeister,
Stand: Verheiratet,
Maße: 1,79 m, 82 kg.

Olympische Plazierungen:

Goldmedaille mit der 4x500-m-Kajakstaffel mit der gesamtdeutschen Mannschaft Dieter KRAUSE, Günter PERLEBERG und PAUL LANGE nach Vorlauf- in 7:54,38, Zwischenlaufsieg in 7:43,93 und 7:39:43 min im Finale, bei 18 Booten am Start,

siehe Tokio 1964.

Sportlicher Werdegang:

Vereine: FS Dortmund 98,
Eintracht 48 Duisburg,

1953 Beginn sportliche Laufbahn als Kanute,
Ausgleichssportarten: Leichtathletik, Schwimmen, Gewichtheben, Turnen und Skilaufen,
1961 Deutscher Meister im Einerkajak (1.000 m),
1962 Deutscher Meister im Einerkajak (1.000 m),
1962 Deutscher Meister in der 4x500-m-Kajakstaffel,
1963 Deutscher Meister im Einerkajak (1.000 m),
1963 Deutscher Meister im Viererkajak (1.000 m),
1963 Deutscher Meister im Viererkajak (1.0000 m),
1964 Deutscher Meister im Zweierkajak (1.000 m),
1964 Deutscher Meister im Zweierkajak (1.0000 m),
1964 Deutscher Meister in der 4x500-m-Kajakstaffel,
1966 Deutscher Meister im Viererkajak (1.0000 m),
1961 Europameister in der 4x500-m-Kajakstaffel.

Auszeichnungen:

1960 Silbernes Lorbeerblatt.

WINKLER, Hans Günther

Reiter

Olympische Plazierungen:

Jagdspringen (Einzel): Platz 5 auf „Halla" mit 25 (17+8) Fehlerpunkten, bei 60 Reitern am Start,

Jagdspringen (Mannschaft): Goldmedaille auf „Halla" (9 $^1/_4$ und 4) zusammen mit Fritz THIEDEMANN auf „Meteor" (8 und 8) und Alwin SCHOCKEMÖHLE auf „Ferdl" (8 $^1/_2$ und 8 $^3/_4$) mit zusammen 46 $^1/_2$ Fehlerpunkten, bei 18 Mannschaften am Start,

siehe Stockholm 1956,
siehe Tokio 1964,
siehe Mexiko-City 1968,
siehe München 1972,
siehe Montreal 1976,
siehe Seoul 1988.

WISCHMEYER, Jörg

Leichtathlet

Persönliche Daten:

geb.: 16.08.1935 in Dortmund,
Beruf: Schriftsetzer,
Stand: Ledig,
Maße: 1,83 m, 64 kg.

Olympische Plazierungen:

Dreisprung: Schied in der Qualifikation mit 15,23 m (gefordert 15,50 m) aus.

Sportlicher Werdegang:

Vereine: Bis 1958 Polizei SV Mönchengladbach,
seit 1959 Rheydter Turnverein 1847,
1958 Deutscher Vizemeister im Dreisprung,
1959 Deutscher Meister im Dreisprung,
1960 Deutscher Vizemeister im Dreisprung,
1961 Deutscher Halenvizemeister im Dreisprung,
1961 Deutscher Meister im Dreisprung,
persönliche Bestleistung: 15,73 m (1961),
15 Länderkämpfe zwischen 1958 und 1961.

ZERTA, Klaus

Ruderer

Persönliche Daten:

geb.: 25.11.1946 in Gelsenkirchen,
Beruf: Schüler, heute Techniker,
Stand: Ledig,
Maße: 1,73 m, 47 kg, heute 1,80 m, 80 kg.

Olympische Plazierungen:

Goldmedaille als Steuermann im Zweier mit Steuermann mit Heinz RENNEBERG (Schlag) und Bernhard KNUBEL, bei 18 Booten am Start. Mit 13 Jahren und neun Monaten ist ZERTA der bisher jüngste deutsche Goldmedaillengewinner.

Sportlicher Werdegang:

Vereine: 1959-1974 RV Gelsenkirchen,
1959 Beginn sportliche Laufbahn als Ruderer,
1960 Deutscher Vizemeister im Zweier mit.

Sportliche Funktionen:

Fachübungsleiter Tennis.

Auszeichnungen:

1960 Silbernes Lorbeerblatt,
1960 Sportmedaille der Stadt Gelsenkirchen.

2. 11. Innsbruck und Tokio 1964

Innsbruck 1964

Zur Statistik:

Dauer:	29.01.-09.02.1964,
Deutsche Teilnehmer:	143 (29), davon 122 (23) Starter,
aus der Bundesrepublik:	093 (13), davon 082 (09) Starter,
aus der DDR	050 (16), davon 040 (14) Starter,
aus Westfalen:	Keiner,
Begleiter:	Ungefähr 70 (4),
aus Westfalen:	1,
gewonnene Medaillen:	3 Gold-, 3 Silber-, 3 Bronzemedaillen.

Betreuer:

DAUME, Willi (Betreuer).

Biographien:

DAUME, Willi

Betreuer

Olympische Tätigkeiten:

Präsident des NOK,

IOC-Mitglied,

siehe 1936-1992.

Tokio 1964

Zur Statistik:

Dauer:	10.-24.10.1964,
Deutsche Teilnehmer:	374 (72), davon 338 (63) Starter,
aus der Bundesrepublik:	182 (32), davon 168 (27) Starter,
aus der DDR	192 (40), davon 170 (36) Starter,
aus Westfalen:	27+1 (3+1[Härtefall]),
Begleiter:	Ungefähr 70 (5) aus der Bunderepublik,
	Ungefähr 65 (3) aus der DDR,
aus Westfalen:	9,
gewonnene Medaillen:	10 Gold-, 22 Silber-, 18 Bronzemedaillen,
von Westfalen:	
Goldmedaillen:	BOLDT, Harry mit der Dressur-Mannschaft,
	HENRICHS, Karl Heinz mit der 4.000-m-Verfolgungs-Mannschaft,
	KLIMKE, Reiner mit der Dressur-Mannschaft,
	WINKLER, Hans Günter mit der Springreiter-Mannschaft,
Silbermedaillen:	BOLDT, Harry im Dressurreiten,
	NORPOTH, Harald im 5.000-m-Lauf,
	ROST, Klaus im Ringen Leichtgewicht (Freistil),
	SCHULZE, Berni mit der Vierer-Kajakmannschaft,
	WENTZKE, Friedhelm mit der Vierer-Kajakmannschaft,
Bronzemedaillen:	KOBUSCH, Klaus mit der Tandem-Mannschaft,
	LIGGES, Fritz in der Military,
	LIGGES, Fritz mit der Military-Mannschaft,
	LYHS, Günther mit der Turn-Mannschaft,
	SEEHAUS, Klaus-Dieter mit der Fußball-Mannschaft.

Teilnehmer/Betreuer:

ADERHOLT, Hans (Betreuer),
BACHMANN, Kurt (Betreuer)
BECKER, Ingrid (Leichtathletin),
BIRLENBACH, Heinfried (Leichathlet),
BÖHLE, Klaus (Kanute),
BOLDT, Harry (Reiter),
BUSCHER, Margret (Leichtathletin),
DAUME, Willi (Betreuer),
DICKHUT, Adalbert (Betreuer),
GIESELER, Horst (Leichtathlet),
HENRICHS, Karl Heinz (Radfahrer),
KALFELDER, Jürgen (Leichtathlet),
KAUPMANNSENNECKE, Hans (Schütze),
KILIAN, Gustav (Betreuer),
KINDER, Manfred (Leichtathlet),
KLIMKE, Reiner (Reiter),
KOBUSCH, Klaus (Radfahrer),
KONZORR, Klaus (Schwimmer),
LEWE, Detlef (Kanute),
LIGGES, Fritz (Reiter),
LYHS, Günter (Turner),
MESSNER, Willi (Schwimmer),
MILTENBERGER, Meinrad (Betreuer),
NIEMACK, Horst (Betreuer),
NORPOTH, Harald (Leichtathlet),
OBERSIEBRASSE, Fritz (Leichtathlet),
POLLMANN, Erika (Leichtathletin),
POLLMANNS, Willi (Betreuer),
RODERFELD, Friedrich (Leichtathlet),
ROST, Klaus-Jürgen (Ringer),
RÜTTEN, Monika (Schwimmerin),
SCHULZE, Berni (Kanute),
SCHULZE-DIECKHOFF, Alfons (Betreuer),
SEEHAUS, Klaus-Dieter (Fußballer),
TRZMIEL, Werner (Leichtathlet),
WENTZKE, Friedhelm (Kanute),
WINKLER, Hans Günther (Reiter).

Biographien:

ADERHOLT, Hanns

Betreuer

Olympische Tätigkeiten:
Betreuer der Schwimmer (Springer),
siehe Helsinki 1952.

BACHMANN, Kurt

Betreuer

Persönliche Daten:

geb.:   in Unna,

Olympische Tätigkeiten:

Stellvertretender Mannschaftsführer der Schwimmer.
Sportliche Funktionen:
Vorstandsmitglied des Deutschen Schwimmverbandes.

BECKER, Ingrid

Leichtathletin

Olympische Plazierungen:

Weitsprung: Qualifikation (6,00 m) mit 6,37 m leicht geschafft, im Vorkampf 4. mit 6,34 m, auch im Finale mit 6,40 m Platz 4 im letzten Sprung, bei 31 Starterinnen,

Fünfkampf: Platz 8 mit 4.717 Punkten (11,6 sec, 11,62 m, 1,60 m, 6,17 m, 24,6 sec, bei 20 Starterinnen,

siehe Rom 1960,
siehe Mexiko-City 1968,
siehe München 1972.

BIRLENBACH, Heinfried

Leichathlet

Persönliche Daten:

geb.: 07.12.1940 in Birlenbach bei Siegen
Beruf: Technischer Zeichner, Tankwart, Tankstellenpächter, Besitzer eines Saunabetriebs, heute Versicherungskaufmann,
Stand: Ledig, verheiratet seit 1968 mit Rita SCHÖLER,
Maße: 2,02 m, 125 kg.

Olympische Plazierungen:

Kugelstoßen: In der Qualifikation (17,80 m) mit 17,77 m ausgeschieden, bei 22 Startern,

siehe Mexiko-City 1968,

siehe München 1972.

Sportlicher Werdegang:

Vereine: 1960-1969 Sportfreunde Siegen,
1970-1972 LG Siegen,
ab 1973 LG Kindelsbach/Kreuztal,
1963 Deutscher Vizemeister im Kugelstoßen,
1964 Deutscher Vizemeister im Kugelstoßen,
1965 Deutscher Hallenmeister im Kugelstoßen,
1965 Deutscher Vizemeister im Kugelstoßen,
1966 Deutscher Hallenmeister im Kugelstoßen,
1966 Deutscher Meister im Kugelstoßen,
1967 Deutscher Hallenmeister im Kugelstoßen,
1967 Deutscher Meister im Kugelstoßen,
1968 Deutscher Hallenmeister im Kugelstoßen,
1968 Deutscher Meister im Kugelstoßen,
1969 Deutscher Hallenmeister im Kugelstoßen,

1969 Deutscher Meister im Kugelstoßen,
1970 Deutscher Hallenmeister im Kugelstoßen,
1970 Deutscher Meister im Kugelstoßen,
1971 Deutscher Hallenmeister im Kugelstoßen,
1971 Deutscher Meister im Kugelstoßen,
1972 Deutscher Vizemeister im Kugelstoßen,
Platz 5 bei den Europameisterschaften 1966 mit 18,37 m, in der Qualifikation 18,59 m,
inoffizieller Europameister 1968 bei den 3. Hallenspielen,
bei den Europameisterschaften 1971 nach 18,89 m in der Qualifikation wegen Verletzung zum Finale nicht angetreten,
verbesserte den Deutschen Rekord zwischen 1967 und 1970 achtmal von 19,20 auf 20,35 m,
davon 1968 mit 20,18 m auch Europarekord,
46 Länderkämpfe zwischen 1963 und 1972,
persönliche Bestleistungen 20,37 m im Kugelstoßen und 50,64 m im Diskuswerfen, auch Hammerwerfer,
10mal Westfälischer Meister im Kugelstoßen,
auch Gewichtheber, darin Westfalenmeister im Zweikampf mit 405 kg.

BÖHLE, Klaus

Kanute

Persönliche Daten:

geb.: 14.01.1936 in Herne,
Beruf: Maschinenbauer, Kaufmännischer Angestellter,
Stand: Ledig,
Maße: 1,80 m, 85 kg.

Olympische Plazierungen:

Zweier-Kanadier: Platz 6 mit Detlef LEWE in 4:13:18 nach Vorlaufsieg in 4:12:37 min, bei 12 Booten am Start.

Sportlicher Werdegang:

Vereine: Eintracht 48 Duisburg,
1961 Deutscher Meister im Zweier-Kanadier über 500 m,
1962 Deutscher Meister im Zweier-Kanadier über 500 m,
1962 Deutscher Meister im Zweier-Kanadier über 1.000 m,
1963 Deutscher Meister im Zweier-Kanadier über 500 m,
1963 Deutscher Meister im Zweier-Kanadier über 1.000 m,
1964 Deutscher Meister im Zweier-Kanadier über 500 m.

BOLDT, Harry

Reiter

Persönliche Daten:

geb.: 23.02.1930 in Insterburg/
Ostpreußen.
als Sohn des bekannten
Reitlehrers Heinrich BOLDT,

Beruf: Kaufmann (Reisebüro),

Stand: Verheiratet, 1 Sohn,
II. 1990 mit Christine
MARGO, geb. LIPA, eine
aktive Reiterin aus AUS,

Maße: 1,82 m, 74 kg.

Olympische Plazierungen:

Silbermedaille in der Dressur auf „Remus" mit 889,0 + 614,0 = 1.503,0 Punkten, bei 22 Startern,

Goldmedaille zusammen mit Josef NECKERMANN auf „Antoinette" mit 832,0 und Reiner KLIMKE auf „Dux" mit 837,0 zusammen 2.558 Punkten in der Mannschaft, bei 6 Mannschaften,

siehe Mexiko-City 1968,

siehe Montreal 1976,

siehe Seoul 1988,

siehe Barcelona 1992.

Sportlicher Werdegang:

Vereine: Seit 1957 Reiterverein Iserlohn,
1948 Beginn sportliche Laufbahn als Reiter unter Anleitung seines Vaters und später unter Käthe FRANKE, der wohl besten deutschen Allroundreiterin mit 46 Deutschen Meistertiteln zwischen 1922 und 1957,

1959 3. Deutscher Meister in der Dressur,
1966 Deutscher Meister in der Dressur,
1967 Deutscher Vizemeister,
1973 Deutscher Meister,
1974 Deutscher Vizemeister,
1975 3. Deutscher Meister,
1977 Deutscher Meister,
1963 Vizeeuropameister,
1965 Vizeeuropameister,
1965 Europameister (Mannschaft),
1967 Europameister (Mannschaft),
1975 Vizeeuropameister,
1975 Europameister (Mannschaft),
1977 Vizeeuropameister,
1977 Europameister (Mannschaft),
1979 Europameister (Mannschaft),
1979 3. Europameister,
1966 Vizeweltmeister,
1966 Weltmeister (Mannschaft),
1970 Vizeweltmeister (Mannschaft),
1974 Weltmeister (Mannschaft),
1978 Weltmeister (Mannschaft),
1980 Ende der aktiven Laufbahn.

Sportliche Funktionen:

Seit 1981 Bundestrainer der deutschen Dressur-Reiter.

Auszeichnungen:

1974 Ehrenzeichen in Gold mit Lorbeer und Olympischen Ringen der Deutschen Reiterlichen Vereinigung,
Silbernes Lorbeerblatt,
Ehrenring der Stadt Iserlohn,
Ehrenmitglied Reiterverein Iserlohn,
Reitmeister.

BUSCHER, Margret

Leichtathletin

Persönliche Daten:

geb.: 08.02.1938 in Nordhorn,
Beruf: Kaufmännische Angestellte,
Stand: Ledig,
Maße: 1,68 m, 71 kg.

Olympische Plazierungen:

400 m: Nach einem zweiten Platz im Vorlauf in 55,3 im Zwischenlauf als 7. in 55,2 sec ausgeschieden, bei 23 Starterinnen.

Sportlicher Werdegang:

Vereine: Bis 1963 LC Nordhorn,
ab 1964 SC Preußen 06 Münster,
1960 nach verschleppter Grippe leichter Herzschaden, aber 1961 wieder zum Leistungssport zurück,
1957 Deutscher Vizemeisterin über 800 m,
1958 Deutscher Vizemeisterin über 800 m,
1961 Deutscher Vizemeisterin über 400 m,
1963 Deutscher Vizemeisterin über 400 m,
1964 Deutscher Hallenmeisterin über 400 m,
1964 Deutscher Vizemeisterin über 400 m,
Europameisterschaften 1958 über 800 m als Vorlaufvierte in 2:11,3 min ausgeschieden,
10 Länderkämpfe zwischen 1957 und 1964,
1970 Ende der aktiven Laufbahn.

DAUME, Willi

Betreuer

Olympische Tätigkeiten:

Präsident des NOK,

IOC-Mitglied,

siehe 1936 bis 1992.

DICKHUT, Adalbert

Betreuer

Olympische Tätigkeiten:

Trainer der gesamtdeutschen Kunstturnriege, die die Bronzemedaille gewann,

siehe Helsinki 1952,

siehe Melbourne 1956.

GIESELER, Horst

Leichtathlet

Persönliche Daten:

geb.: 29.04.1942 in Herne,
Beruf: Kaufmännischer Angestellter, heute Betriebswirt, Prokurist,
Stand: Ledig, später verheiratet, 2 Kinder,
Maße: 1,81 m, 70 kg.

Olympische Plazierungen:

400-m-Hürden: Im Vorlauf an der vorletzten Hürde in führender Position durch Sturz ausgeschieden.

Sportlicher Werdegang:

Vereine: 1955-1958 TV Gerthe,
1959-1967 VfL Bochum 1848,
1968-1972 LC Dortmund/OSC Thier Dortmund,
1954 Beginn sportliche Laufbahn als Fußballspieler und Leichtathlet,
1961 Deutscher Juniorenmeister über 200-m-Hürden,
1962 Deutscher Juniorenmeister über 200-m-Hürden,
1962 Deutscher Juniorenmeister über 400-m-Hürden,
1963 Deutscher Juniorenmeister über 200-m-Hürden,
1963 Deutscher Juniorenmeister über 400-m-Hürden,
1964 Deutscher Meister über 400-m-Hürden,
1966 Deutscher Vizemeister über 400-m-Hürden,
1966 bei den Europameisterschaften Platz 6 in 51,2 nach Vor- in 51,1 und Zwischenlauf in 50,5 sec,
persönliche Bestleistungen 400-m-Hürden - 50,3, 200-m-Hürden - 23,4, 400 m - 47,9 (Deutscher Rekord Halle), 20 m - 21,5, 100 m - 10,7 sec,
10 Länderkämpfe zwischen 1964 und 1967, dazu 2 in der Junioren-Nationalmannschaft.

HENRICHS, Karl Heinz („Bär")

Radfahrer

Von links: Karl LINK, Lothar CLAESGES, Ernst STRENG, Karl-Heinz HENRICHS

Persönliche Daten:

geb.: 01.07.1942 in Schermbeck bei Wesel,
Beruf: Schmelzschweißer,
  Verwaltungsangestellter,
Stand: Ledig,
Maße: 1,84 m, 82 kg.

Olympische Plazierungen:

Goldmedaille im 4.000-m-Mannschafts-Verfolgungsfahren mit Karl LINK, Lothar CLAESGES und Ernst STRENG 4:35,67 im Finale nach 4:42, 28 im Vorlauf, 4:36,98 in Viertel- und 4:38,19 min im Halbfinale, bei 16 Mannschaften am Start,
siehe Mexiko-City 1968.

Sportlicher Werdegang:

Vereine: RV Radlerfreunde Bocholt 1904,
1964 Deutscher Meister im Zweier-Mannschaftsfahren,
1964 Deutscher Meister im Vierer-Mannschafts-Verfolgungsfahren,
1966 Deutscher Meister im Vierer-Mannschafts-Verfolgungsfahren,
1966 Deutscher Vizemeister im Zweier-Mannschaftsfahren,
1966 3. Deutscher Meister im 1.000-m-Zeitfahren,
1967 Deutscher Meister im Vierer-Mannschafts-Verfolgungsfahren,
1967 Deutscher Vizemeister im Zweier-Mannschaftsfahren,
1967 Deutscher Vizemeister im 1.000-m-Zeitfahren,
1967 3. Deutscher Meister im Tandemfahren,
1963 Vizeweltmeister im 4.000-m-Mannschafts-Verfolgungsfahren,
1964 Weltmeister im 4.000-m-Mannschafts-Verfolgungsfahren,
1966 Vizeweltmeister im 4.000-m-Mannschafts-Verfolgungsfahren,
1967 3. Weltmeister im 4.000-m-Mannschafts-Verfolgungsfahren,
seit 1963 Mitglied der Nationalmannschaft, galt als einer der besten und erfahrensten Mannschaftsfahrer der Welt, leidenschaftlicher Angler.

Auszeichnungen:

1964 Silbernes Lorbeerblatt,

1968 Silbernes Lorbeerblatt.

KALFELDER, Jürgen

Leichtathlet

Persönliche Daten:

geb.: 27.09.1940 in Bochum,
Beruf: Kaufmännischer Angestellter,
ab 1964 Vertreter der Firma Adidas in Herzogenaurach,
Stand: Ledig,
Maße: 1,86 m, 90 kg.

Olympische Plazierungen:

400 m: Im Vorlauf als 6. in 47,7 sec ausgeschieden, bei 50 Teilnehmer,

als Ersatzmann für die 4x400-m-Staffel ohne Einsatz.

Sportlicher Werdegang:

Vereine: 1961 ASV Köln,
1962 St. Georg Hamburg,
1963-1964 Wuppertaler SV,
ab 1965 1.FC Nürnberg,
1963 Deutscher Meister über 400 m,
1963 Deutscher Meister in der 4x400-m-Staffel,
1964 Deutscher Meister über 400 m,
1964 Deutscher Meister in der 4x400-m-Staffel,
1965 Deutscher Vizemeister über 400 m,
1963 Deutscher Vereinsrekord über 4x400 m in 3:06,3 min mit Johannes KAISER, Klaus WENGOBORSKI und Manfred KINDER,
17 Länderkämpfe zwischen 1962 und 1965.

Auszeichnungen:

Seit 1972 Kreistagsabgeordneter (CDU) im Landkreis Erlangen.

KAUPMANNSENNECKE, Hans

Schütze

Persönliche Daten:

geb.: 23.04.1937 in Hamm,
Beruf: Offizier (Oberleutnant) bei der Bundeswehr Luftwaffe), heute Oberstleutnant bei SHAPE,
Stand: Verheiratet,
Maße: 1,84 m, 79 kg.

Olympische Plazierungen:

Freie Pistole: Platz 30 mit 530 Ringen, bei 52 Startern.

Sportlicher Werdegang:

Vereine: Gewehr- und Pistolenschützen Detmold,
1962 Beginn sportliche Laufbahn als Schütze bei der Bundeswehr,
1963 Deutscher Meister Freie Pistole,
1963 Deutscher Meister Luftpistole,
1963 Platz 12 bei den Europameisterschaften,
1963 3. Europameister in der Mannschaft.

KILIAN, Gustav

Betreuer

Olympische Tätigkeiten:

Trainer der Bahnfahrer,

siehe Rom 1960,

siehe Mexiko-City 1968,

siehe München 1972,

siehe Montreal 1976.

KINDER, Manfred

Leichtathlet

Olympische Plazierungen:

800 m: Nach Vorlaufsieg in 1:49,5 als Dritter in der Vorentscheidung in 1:47,9 min ausgeschieden, bei 47 Startern,

4x400-m-Staffel: Platz 5 zusammen mit Jörg JÜTTNER, Hans Ulrich SCHULZ und Johannes SCHMITT in 3:04,3 nach zweitem Platz im Vorlauf in 3:04,9 min, bei 17 Staffeln,

siehe Rom 1960,

siehe Mexiko-City 1968.

KLIMKE, Reiner

Reiter

Olympische Plazierungen:

Goldmedaille in der Mannschaftsdressur auf „Dux" mit 837 zusammen mit Harry BOLDT auf „Remus" mit 889 und Josef NECKERMANN auf „Antoinette" mit 832 und insgesamt 2.558 Punkten, bei 6 Mannschaften,

5. Platz in der Einzelwertung mit 1.404 (Hauptaufgabe 837, Stechaufgabe 567) Punkten,
bei 22 Startern,

siehe Rom 1960,
siehe Mexiko-City 1968,
siehe München 1972,
siehe Montreal 1976,
siehe Olympiamannschaft von 1980,
siehe Los Angeles 1984,
siehe Seoul 1988,
siehe Barcelona 1992.

KOBUSCH, Klaus

Radrennfahrer

Persönliche Daten:

geb.: 15.03.1941 in
Bielefeld-Bethel,

Beruf: Klischeeätzer, heute Versicherungskaufmann,

Stand: Ledig, später verheiratet, 2 Kinder,
Maße: 1,80 m, 74,5 kg.

Olympische Plazierungen:

Bronzemedaille zusammen mit Willi FUGGERER im Tandemfahren nach Siegen im Vorlauf in 11,18 und im Viertelfinale in 10,84, einem zweiten Platz in 10,70 in der Vorentscheidung gegen den späteren Ersten Italien durch den Sieg im kleinen Finale in 10,98 und 11,04 sec, bei 13 Mannschaften.

Sportlicher Werdegang:

Vereine: 1964-1969 RV Radlerfreunde Bocholt,
1955 Beginn sportliche Laufbahn als Radsportler,
1962 3. Deutscher Meister im 1.000-m-Sprint,
1963 Deutscher Meister im Omnium,
1963 Deutscher Vizemeister im Tandemfahren,
1964 Deutscher Meister im Tandemfahren,
1964 Deutscher Vizemeister im Sprint,
1966 3. Deutscher Meister im Zweier-Mannschaftsfahren (Winterbahn),
1966 Deutscher Meister im Tandemfahren,
1966 Deutscher Meister im 1.000-m-Sprint,
1966 Deutscher Meister im 4.000-m-Mannschafts-Verfolgungsfahren,
1966 Deutscher Vizemeister im Zweier-Mannschaftsfahren (Sommerbahn),

1966 3. Deutscher Meister im Zweier-Mannschaftsfahren (Winterbahn),
1967 Deutscher Meister im 1.000-m-Sprint,
1967 Deutscher Meister im Tandemfahren,
1967 Deutscher Meister in der 4.000-m-Mannschaftsverfolgung,
1968 Deutscher Meister im Tandemfahren,
1968 3. Deutscher Meister im 1.000-m-Sprint,
1969 Deutscher Vizemeister im Tandemfahren,
1963 Teilnehmer an den Weltmeisterschaften (Bahn),
1964 Teilnehmer an den Weltmeisterschaften (Bahn),
1966 Vizeweltmeister im Tandemfahren,
seit 1960 Mitglied der Nationalmannschaft.

Sportliche Funktionen:

Ab 1969 Trainer RC Sprintax Bielefeld,
später bis 1985 dort Vorsitzender.

Auszeichnungen:

1964 Silbernes Lorbeerblatt.

KONZORR, Klaus

Schwimmer

Persönliche Daten:

geb.: 22.09.1940 in Danzig,
gest.: 20.03.1993,
Beruf: Fernmeldemonteur,
Verwaltungsangestellter,
zuletzt in Sürth bei Köln,
Stand: Verheiratet, 1 Kind,
Maße: 1,69 m, 67 kg.

Olympische Plazierungen:

Im Turmspringen als 15. im Vorkampf mit 90,08 Punkten ausgeschieden, bei 30 Teilnehmern,

siehe Mexiko-City 1968,

siehe München 1972.

Sportlicher Werdegang:

Vereine: Bis 1960 Hansa Rostock,
1961-1963 Neptun Kiel,
1964-1967 SSV Rheydt,
1968-1971 TuS 04 Leverkusen,
ab 1972 Iserlohner Schwimmverein 1891,
seit 1960 deutsche Spitzenklasse, konnte sich aber in der innerdeutschen Ausscheidung - damals noch DDR-Vertreter - nicht für die Olympischen Spiele in Rom qualifizieren,
1962 Deutscher Hallenmeister im Turmspringen,
1962 Deutscher Meister im Turmspringen,
1963 Deutscher Hallenmeister im Turmspringen,
1963 Deutscher Meister im Turmspringen,
1964 Deutscher Hallenmeister im Turmspringen,
1964 Deutscher Hallenmeister im Brettspringen,
1964 Deutscher Meister im Kunstspringen,
1964 Deutscher Meister im Turmspringen,

1965 Deutscher Hallenmeister im Turmspringen,
1965 Deutscher Hallenmeister im Brettspringen,
1966 Deutscher Hallenmeister im Turmspringen,
1966 Deutscher Meister im Turmspringen,
1967 Deutscher Hallenmeister im Turmspringen,
1967 Deutscher Hallenmeister im Brettspringen,
1967 Deutscher Hallenmeister in der Kombination,
1967 Deutscher Meister im Brettspringen,
1967 Deutscher Meister im Turmspringen,
1967 Deutscher Meister im Brettspringen,
1968 Deutscher Hallenmeister im Turmspringen,
1971 Deutscher Hallenmeister im Turmspringen,
1971 Deutscher Meister im Turmspringen,
1974 Deutscher Hallenmeister im Turmspringen,
1966 4. der Europameisterschaften, nach verpatztem letzten Sprung eine Medaille verloren.

LEWE, Detlef

Kanute

Olympische Plazierungen:

Zweier-Kanadier 1.000 m: Zusammen mit Klaus BÖHLE nach Vorlaufsieg in 4:12,37 Platz 6 im Finale in 4:13,18 min, bei 12 Booten am Start.

siehe Rom 1960,

siehe Mexiko-City 1968,

siehe München 1972.

LIGGES, Fritz

Reiter

Persönliche Daten:

geb.: 29.07.1938 in Unna,
Beruf: Landwirt und Pferdezüchter in Dortmund-Asseln,
Stand: Verheiratet seit 1967 mit der Tierärztin und Turnierreiterin Ulrike LAUFERJUNG, 2 Söhne,
Maße: 1,74 m, 64 kg.

Olympische Plazierungen:

Bronzemedaille in der Military (Einzel) auf „Donkosak" mit 49,20 Punkten, bei 48 Startern,
Bronzemedaille in der Military Mannschaft zusammen mit Horst KARSTEN auf Kondor mit 36,60, Gerhard SCHULZ auf „Balca" mit -29,07 und Karl Heinz FUHRMANN auf „Mohamet" mit -50.00 und insgesamt mit 56,73 Punkten, bei 12 Mannschaften am Start,

siehe München 1972,
siehe Los Angeles 1984.
Sportlicher Werdegang:

Sportlicher Werdegang:

Vereine: Reit- und Fahrverein Wickede-Asseln-Sölde,
1947 Beginn sportliche Laufbahn als Reiter auf Großpferden,
Ausbildung in den 60er Jahren durch die Generale a.D. Wilhelm VIEBIG und Horst NIEMACK in Warendorf,
bis 1964 Military-, dann Springreiter,
1960 erster Auslandsstart,
1961 Deutscher Meister in der Military auf „Donkosak",
1962 Deutscher Meister in der Military auf „Donkosak",
1967 Deutscher Vizemeister im Jagdspringen,
im März 1986 Abschied in der Westfalenhalle vom großen Reitsport.

Sportliche Funktionen:

Seit 1986 Bundestrainer der jungen Reiter.

Auszeichnungen:

Silbernes Lorbeerblatt,
Goldene Ehrennadel des Westfälischen Pferdestammbuches,
Goldene Ehrennadel der Deutschen Reiterlichen Vereinigung,
Verleihung des Titels „Reitmeister".

LYHS, Günter

Turner

Olympische Plazierungen:

Bronzemedaille mit der gesamtdeutschen Mannschaft im Olympischen Zwölfkampf mit 565,10 Punkten, bei 18 Mannschaften am Start,

Platz 29 im Zwölfkampf (Einzel) mit 111,70 Punkten, bei 130 Startern,
Platz 23 am Boden mit 18,75 Punkten,
Platz 50 am Reck mit 18,45 Punkten,
Platz 30 am Barren mit 18,80 Punkten,
Platz 31 an den Ringen mit 18,55 Punkten,
Platz 75 am Seitpferd mit 18,00 Punkten,
Platz 16 im Pferdsprung mit 19,15 Punkten,

siehe Rom 1960.

MESSNER, Willi

Schwimmer

Persönliche Daten:

geb.: 14.03.1940 in Gelsenkirchen,
Beruf: Polizist in Berlin (Volkspolizei),
Stand: Ledig,
Maße: 1,78 m, 78 kg.

Olympische Plazierungen:

200-m-Brust: Platz 12, nach einem 3. Platz im Vorlauf in 2:36,0 ausgeschieden als 6. in der Vorentscheidung in 2:35,5 min, bei 33 Startern.

Sportlicher Werdegang:

Vereine: SC Dynamo Berlin,
1964 Meister der DDR über 200-m-Brust in 2:37,2 min,
langsamer Starter mit starkem Endspurt.

MILTENBERGER, Meinrad

Betreuer

Olympische Tätigkeiten:

Betreuer und Trainer der deutschen Kanuten,
siehe Helsinki 1952,
siehe Melbourne 1956,
siehe Rom 1960,
siehe Mexiko-City 1968.

NIEMACK, Horst

Betreuer

Olympische Tätigkeiten:

Equipechef der deutschen Dressurreiter,
siehe Helsinki 1952,
siehe Stockholm 1956,
siehe Rom 1960,
siehe Mexiko-City 1968.

NORPOTH, Harald

Leichtathlet

Persönliche Daten:

geb.: 22.08.1942 in Münster,
Beruf: Student der Betriebswirtschaft, Versicherungskaufman, Sportstudent, Diplom-Sportlehrer, Fußball-Lehrer,
Stand: Verheiratet 1969 mit Marlies BROCKMANN, Kinder,
Maße: 1,84 m, 60 kg.

Olympische Plazierungen:

Silbermedaille über 5.000 m in 13:49,6 nach 3. Platz im Vorlauf in 14:11,6 min, bei 48 Startern,

siehe Mexiko-City 1968,

siehe München 1972.

Bob SCHUL (USA, Gold) und Harald NORPOTH

Sportlicher Werdegang:

Vereine: Bis 1963 DJK SG Telgte,
1964-1969 SC Preußen 06 Münster,
1970-1973 LG Ratio Münster,
1960 Deutscher Jugendmeister über 3.000 m,
1961 3. Deutscher Meister über 1.500 m,
1961 Deutscher Juniorenvizemeister über 1.500 m,
1962 Deutscher Hallenmeister über 1.500 m,
1962 Deutscher Meister über 1.500 m,
1963 Deutscher Hallenmeister über 1.500 m,
1963 Deutscher Meister über 1.500 m,
1964 Deutscher Waldlaufmeister,
1964 Deutscher Meister über 1.500 m,
1965 Deutscher Vizemeister über 1.500 m,
1966 Deutscher Hallenmeister in der 3x1.000-m-Staffel,
1966 Deutscher Waldlaufmeister,
1966 Deutscher Waldlaufmeister (Mannschaft),
1966 Deutscher Meister über 5.000 m,
1966 Deutscher Meister in der 3x1.000-m-Staffel,

1967 Deutscher Hallenmeister in der 3x1.000-m-Staffel,
1967 Deutscher Waldlaufmeister,
1967 Deutscher Meister über 5.000 m,
1967 Deutscher Meister in der 3x1.000-m-Staffel,
1968 Deutscher Hallenmeister in der 3x1.000-m-Staffel,
1968 Deutscher Waldlaufmeister,
1968 Deutscher Waldlaufmeister (Mannschaft),
1968 Deutscher Meister über 5.000 m,
1968 Deutscher Meister in der 3x1.000-m-Staffel,
1969 Deutscher Vizewaldlaufmeister,
1969 Deutscher Vizewaldlaufmeister (Mannschaft),
1969 Deutscher Meister über 5.000 m,
1970 Deutscher Hallenmeister über 1.500 m,
1970 Deutscher Waldlaufmeister,
1970 Deutscher Waldlaufmeister (Mannschaft),
1970 Deutscher Meister über 5.000 m,
1970 Deutscher Meister in der 4x1.500-m-Staffel,
1971 Deutscher Hallenmeister über 1.500 m,
1971 Deutscher Hallenmeister in der 3x1.000-m-Staffel,
1971 Deutscher Waldlaufmeister,
1971 Deutscher Vizewaldlaufmeister (Mannschaft),
1971 Deutscher Meister über 5.000 m,
1972 Deutscher Hallenmeister in der 3x1.000-m-Staffel,
1972 Deutscher Waldlaufmeister,
1972 Deutscher Vizewaldlaufmeister (Mannschaft),
1972 Deutscher Meister über 5.000 m,
1972 Deutscher Meister in der 4x1.500-m-Staffel,
1973 Deutscher Hallenmeister in der 3x1.000-m-Staffel,
1973 Deutscher Meister über 5.000 m,
1973 Deutscher Meister in der 4x1.500-m-Staffel,
1962 bei den Europameisterschaften durch Sturz im Endlauf ausgeschieden nach 2. Platz im Vorlauf in 3:48,0 min,
1966 Vizeeuropameister über 5.000 m in 13:44,0 min,
1966 3. Europameister über 1.500 m in 3:42,4 min,
1970 Vizehalleneuropameister über 3.000 m in 7:49,6 min,
1971 3. Europameister über 5.000 m in 13:33,8 min,
1972 Halleneuropameister in der 4x4-Runden-Staffel,
Deutsche Rekorde:
1962 über 1.500 m in 3:41,2 min,
1966 über 2.000 m in 4:47,8 min, auch Weltrekord,
1965 über 3.000 m in 7:55,2 min,
1967 über 3.000 m in 7:45,1 min,
1964 über 5.000 m in 13:48,4 min,
1965 über 5.000 m in 13:42,8 min,
1966 über 5.000 m in 13:24,8 min, auch Europarekord,
1973 über 1.500 m in 13:20,49 min,
1966 in der 3x1.000-m-Staffel in 7:01,2 min,
1969 in der 4x1-Meile-Staffel in 16:09,6 min,
1968 in der 4x.880-y-Staffel in 7:14,6 min, auch Weltrekord,
50 Länderkämpfe.

Sportliche Funktionen:

Aktivensprecher des DLV,
Mannschaftskapitän der deutschen Nationalmannschaft,
Fußballtrainer DJK Telgte,
Sportlehrer an der Bundeswehr-Sportschule in Warendorf.

Auszeichnungen:

1964 Silbernes Lorbeerblatt,
1968 Ehrenring der Stadt Telgte und Eintragung ins Goldene Buch der Stadt,
1970 Rudolf-HARBIG-Gedächtnispreis,
1972 Sportplakette des Landes Nordrhein-Westfalen.

Veröffentlichungen:

Vergleichende Untersuchungen über das Verhalten von Herzfrequenz und Blutlaktat bei stufenförmigen Laufbelastungen, Diplom-Arbeit Köln 1980.

OBERSIEBRASSE, Fritz

Leichtathlet

Persönliche Daten:

geb.: 30.11.1940 in <u>Bielefeld</u>,
Beruf: Student der Volkswirtschaft,
Stand: Verheiratet 1967 mit der Gymnastiklehrerin Brigitte SCHULZ,
Maße: 1,83 m, 83 kg.

Olympische Plazierungen:

100 m: Nach Vorlaufsieg in 10,4, einem 3. Platz im Zwischenlauf in 10,4 als 8. in der Vorentscheidung in 10,6 sec ausgeschieden, bei 73 Startern.

Sportlicher Werdegang:

Vereine: Bis 1961 TV Gadderbaum, 1962-1964 ASV Köln, ab 1965 Bayer 04 Leverkusen,
1958 3. Deutscher Jugendmeister über 100 m,
1963 3. Deutscher Meister über 100 m,
1963 Deutscher Meister in der 4x100-m-Staffel,
1964 3. Deutscher Meister über 200 m
1964 Deutscher Meister in der 4x100-m-Staffel,
1965 Deutscher Vizemeister über 100 m,
1965 Deutscher Vizemeister in der 4x100-m-Staffel,
1966 Deutscher Mannschaftsmeister mit Bayer 04 Leverkusen,
11 Länderkämpfe zwischen 1963 und 1965,
persönliche Bestzeit über 100 m in 10,3, bei zu starkem Rückenwind in 10,1, sonst 10,44 sec,
persönliche Bestzeit über 200 m in 21,1 sec.

POLLMANN, Erika

Leichtathletin

Persönliche Daten:

geb.: 15.02.1944 in Werries bei Hamm,
Beruf: Kaufmännische Angestellte,
Stand: Ledig, seit 1965 verheiratet mit Günter ROST,
Maße: 1,68 m, 55 kg.

Olympische Plazierungen:

100 m: Nach zwei Fehlstarts disqualifiziert,
200 m Als Vierte ihres Vorlaufs in 24,4 sec ausgeschieden, bei 36 Starterinnen,
4x100-m-Staffel: Im Endlauf zusammen mit Karin FRISCH, Magda PENSBERGER und Jutta HEINE nach einem 2. Platz im Vorlauf in 45,0 Fünfte in 44,7 sec, bei 15 Staffeln.

Sportlicher Werdegang:

Vereine: Seit 1959 FC Schalke 04,
1959 Beginn sportliche Laufbahn als Leichtathletin, schon 12,4 sec über 100 m,
1961 Deutsche Jugendmeisterin über 100 m,
1962 Deutsche Jugendmeisterin über 100 m,
1963 Deutsche Juniorenvizemeisterin über 100 m,
1963 Deutsche Juniorenmeisterin über 200 m,
1964 Deutsche Vizemeisterin über 100 m,
1964 Deutsche Meisterin über 200 m,
1965 Deutsche Meisterin über 100 m,
1965 Deutsche Meisterin über 200 m,
1967 Deutsche Hallenmeisterin über 60 m,
1968 Deutsche Hallenvizemeisterin über 60 m,
persönliche Bestleistungen: 100 - 11,5, 200 m - 23,9 sec,
18 Länderkämpfe zwischen 1961 und 1968,
1968 Ende der aktiven Laufbahn,
1976 Neuanfang in den Altersklassen, bis 1986, dabei 1979 Deutsche Bestleistung über 100 m in 11,6 sec in W 35.

Auszeichnungen:

1961-1968, 1979, 1980 Sportplaketten der Stadt Gelsenkirchen,
1964 Rekordplakette DLV 4x100 m in 44,5 sec,
1980 Sportlerin des Jahres der Stadt Gelsenkirchen.

POLLMANNS, Willi

Betreuer

Olympische Tätigkeiten:

Technischer Leiter der Männer-Mannschaft des Deutschen Leichtathletik-Verbandes,

siehe Helsinki 1952,

siehe Melbourne 1956,

siehe Rom 1960.

RODERFELD, Friedrich (Fritz)

Leichtathlet

Friedrich Roderfeld

Persönliche Daten:

geb.: 31.07.1943 in Lippstadt,
Beruf: Kaufmännischer Angestellter, heute Personalleiter,
Stand: Ledig, heute verheiratet, 1 Tochter,
Maße: 1,84 m, 73 kg.

Olympische Plazierungen:

200 m: Im Viertelfinale als 8. in 22,2 verletzt ausgeschieden nach einem 3. Platz im Vorlauf in 21,5 sec, bei 57 Startern.

Sportlicher Werdegang:

Vereine: 1957-1960 Fußball SV Gelsenkirchen-Rotthausen,
1960-1969 SC Rot-Weiß Oberhausen,
1970-1980 FC Schalke 04,

1957 Beginn sportliche Laufbahn als Fußballspieler, ab 1960 als Sprinter bei Trainer Hans RAFF, dem Olympiateilnehmer von 1936,
1962 Deutscher Juniorenmeister über 100 m,
1962 Deutscher Juniorenvizemeister über 200 m,
1962 3. Deutscher Meister über 100 m,
1963 Deutscher Juniorenmeister über 200 m,
1963 Deutscher Juniorenvizemeister über 100 m,
1963 Deutscher Vizemeister über 200 m,
1966 Deutscher Vizemeister über 200 m,
1967 Deutscher Meister über 400 m,
1962 Teilnehmer an der Europameisterschaft als Staffelersatzmann,
1966 6. der Europameisterschaften über 200 m,
1966 Vizeeuropameister in der 4x400-m-Staffel in 3:07,1 min Jens ULBRICHT, Rolf KRÜSMANN und Manfred KINDER,
1967 2. über 400 m und in der 4x400-m-Staffel beim Europacup-Finale,
21 Länderkämpfe zwischen 1963 und 1969,
4 Juniorenländerkämpfe 1962,
persönliche Bestleistungen: 100 - 10,2 (1965), 200 - 20,8 (1966), 400 m - 46,3 sec (1967),
1868-1971 Wettkampfpause zur Ausheilung schwerer Verletzungen und wegen Krankheit,
1972 nach erneuter Verletzung (Kreuzbandriß) Ende der aktiven Laufbahn.

Sportliche Funktionen:

1970-1980 Sprinttrainer FC Schalke 04.

Auszeichnungen:

Bronzene und Silberne Länderkampfnadel des DLV, verschiedene Ehrenmedaillen der Stadt Oberhausen.

ROST, Klaus-Jürgen

Ringer

Persönliche Daten:

geb.: 02.03.1940 in Witten,
Beruf: Arbeiter, Technischer Angestellter,
Stand: Verheiratet,
Maße: 1,68 m, 70 kg.

Olympische Plazierungen:

Silbermedaille im Freistilringen (Leichtgewicht) nach 2 Punkt, einem Schultersieg, einem Freilos und 2 Punktniederlagen, bei 22 Startern,

links: K.-J. ROST

siehe Mexiko-City 1968,

siehe München 1972.

Sportlicher Werdegang:

Vereine: 1952-1960 KSV Witten,
1960-1964 Sport-Union Witten-Annen,
1965-1966 Wiesenthal,
seit 1967 KSV Witten,
1958 Deutscher Jugendmeister (62-kg-Klasse),
1959 Deutscher Meister im Leichtgewicht (Freistil),
1961 Deutscher Meister im Leichtgewicht (Freistil),
1963 Deutscher Meister im Leichtgewicht (Freistil),
1963 Deutscher Meister im Leichtgewicht (griechisch/römisch),
1964 Deutscher Meister im Leichtgewicht (Freistil),
1964 Deutscher Vizemeister im Leichtgewicht (griechisch/römisch),
1965 Deutscher Vizemeister im Leichtgewicht (griechisch/römisch),
1966 Deutscher Meister im Leichtgewicht (Freistil),
1966 Deutscher Meister im Leichtgewicht (griechisch/römisch),
1967 Deutscher Meister im Leichtgewicht (griechisch/römisch),
1968 Deutscher Meister im Leichtgewicht (Freistil),
1968 Deutscher Vizemeister im Leichtgewicht (griechisch/römisch),
1969 Deutscher Meister im Leichtgewicht (Freistil),
1969 Deutscher Meister im Leichtgewicht (griechisch/römisch),
1970 Deutscher Meister im Leichtgewicht (Freistil),
1970 Deutscher Vizemeister im Leichtgewicht (griechisch/römisch),

1970 Deutscher Mannschaftsmeister
1971 Deutscher Meister Im Leichtgewicht (Freistil),
1972 Deutscher Meister Im Leichtgewicht (Freistil),
1973 Deutscher Meister Im Leichtgewicht (Freistil),
1974 Deutscher Mannschaftsmeister
1966-1972 5mal Teilnehmer an Europameisterschaften,
1963-1972 7mal Teilnehmer an Weltmeisterschaften,
1963 3. Weltmeister im Leichtgewicht (griechisch/römisch),
1969 4. der Weltmeisterschaften im Leichtgewicht (griechisch/römisch),
scheiterte 1960 in der Oympiaqualifikation an dem Lichtenfelser Horst BERGMANN,
30 Länderkämpfe,
großer Techniker, aber kein Kraftringer,
zog sich 1974 wegen einer Knieverletzung vom aktiven Sport zurück.

Sportliche Funktionen:

1983-1989 Landestrainer NRW.

Auszeichnungen:

1983 Sportplakette des Landes NRW.

RÜTTEN, Monika

Schwimmerin

Persönliche Daten:

geb.: 24.07.1948 in Dortmund,
Beruf: Schülerin,
Stand: Ledig.

Olympische Plazierungen:

Nahm auf Einladung und Kosten des NOK für Deutschland mit 14 anderen westdeutschen Sportlern inoffiziell an den Spielen teil, sog. „Pechvögel", die bei den Ost-West-Ausscheidungen knapp gescheitert waren.

Sportlicher Werdegang:

Vereine: SV Westfalen Dortmund,
1964 Deutsche Vizehallenmeisterin über 200-m-Schmettern,
1964 Deutsche Vizehallenmeisterin über 200-m-Freistil,
1964 Deutsche Vizemeisterin über 100-m-Schmettern,
1964 Deutsche Vizemeisterin über 400-m-Lagen,
1964 3. Deutsche Meisterin über 400-m-Freistil,
1967 Deutscher Meister über 100-m-Delphin,
Allroundschwimmerin.

SCHULZE, Berni

Kanute

Persönliche Daten:

geb.: 30.05.1938 in Recklinghausen,
Beruf: Stukkateur, Kaufmännischer Angestellter,
Stand: Verheiratet, 1 Kind,
Maße: 1,82 m, 87 kg.

Olympische Plazierungen:

Silbermedaille zusammen mit Holger ZANDER, Friedhelm WENTZKE und Günther PERLEBERG im Vierer-Kajak über 1.000 m in 3:15,59 nach Siegen im Vorlauf in 3:17,13 und im Halbfinale in 3:21,01 min, bei 14 Booten am Start.

Sportlicher Werdegang:

Vereine: Eintracht 48 Duisburg,
1959 Deutscher Meister Einer-Kajak über 500 m,
1961 Deutscher Meister Zweier-Kajak über 1.000 m,
1961 Deutscher Meister Zweier-Kajak über 2.000 m,
1961 Deutscher Meister Vierer-Kajak über 1.000 m,
1962 Deutscher Meister Zweier-Kajak über 1.000 m,
1963 Deutscher Meister Zweier-Kajak über 1.000 m,
1963 Deutscher Meister Zweier-Kajak über 2.000 m,
1963 Deutscher Meister Vierer-Kajak über 1.000 m,
1964 Deutscher Meister Zweier-Kajak über 500 m,
1964 Deutscher Meister Zweier-Kajak über 1.000 m,
1964 Deutscher Meister in der 4x500-m-Kajak-Staffel,
1965 Deutscher Meister Zweier-Kajak über 2.000 m,
1965 Deutscher Meister in der 4x500-m-Kajak-Staffel,
1966 Deutscher Meister Vierer-Kajak über 1.000 m,
1959 Europameister in der 4x500-m-Kajak-Staffel,
1963 4. Europameister in der 4x500-m-Kajak-Staffel,
1963 4. Weltmeister in der 4x500-m-Kajak-Staffel,
1962 zweifacher Sieger bei der Internationalen Regatta in Essen (WM-Ersatz),
17 Länderkämpfe.

Auszeichnungen:

1959 Silbernes Lorbeerblatt.

SCHULZE-DIECKHOFF, Alfons

Betreuer

Olympische Tätigkeiten:

Delegationsleiter der deutschen Reiter,

siehe Stockholm 1956,

siehe Rom 1960,

siehe Mexiko-City 1968.

SEEHAUS, Klaus-Dieter

Fußballer

Persönliche Daten:

geb.: 06.10.1942 in Hagen,
Beruf: Dreher,
Stand: Ledig,
Maße: 1,76 m, 74 kg.

Olympische Plazierungen:

Die deutsche Mannschaft, die im Rahmen der gesamtdeutschen Mannschaft von der damaligen DDR gestellt wurde, spielte in der Vorrunde gegen IRN (4:0), RUM (1:1), MEX (2:0), in der Zwischenrunde gegen YUG (1:0), verlor im Halbfinale gegen CSR (1:2) und siegte im kleinen Finale gegen VAR (3:1), Bronzemedaille, bei 12 Mannschaften, SEEHAUS wurde nur im Spiel gegen MEX als rechter Läufer eingesetzt.

Sportlicher Werdegang:

Vereine: SC Empor Rostock,
10 A-Länderspiele (DDR),
6 Amateur(Olympia)-Spiele (DDR).

Auszeichnungen:

DDR-Auszeichnungen.

TRZMIEL, Werner

Leichtathlet

Werner TRZMIEL

Persönliche Daten:
geb.: 16.03.1942 in Castrop-Rauxel,
Beruf: Maschinenbautechniker, Berufsschullehrer,
Stand: Ledig,
Maße: 1,83 m, 74 kg.

Olympische Plazierungen:

110-m-Hürden: im Vorlauf als Fünfter in 14,3 sec ausgeschieden, bei 37 Startern, siehe Mexiko-City 1968.

Sportlicher Werdegang:

Vereine: Recklinghausen,
Vereine: bis 1961 TB Rauxel,
           1962-1967 VfL 1948 Bochum,
           ab 1968 ASC Darmstadt,
1960 3. Deutscher Jugendmeister über 110-m-Hürden,
1962 Deutscher Juniorenmeister über 110-m-Hürden,
1962 Deutscher Vizejuniorenmiester in der 4x100-m-Staffel,
1963 Deutscher Juniorenmeister über 110-m-Hürden,
1963 Deutscher Vizejuniorenmeister in der 4x100-m-Staffel,
1964 Deutscher Vizemeister über 110-m-Hürden,
1965 Deutscher Hallenmeister über 60-m-Hürden,
1965 Deutscher Vizemeister über 110-m-Hürden,
1966 Deutscher Vizemeister über 110-m-Hürden,
1967 Deutscher Vizemeister über 110-m-Hürden,
1968 Deutscher Vizemeister über 110-m-Hürden,
1969 Deutscher Vizemeister über 110-m-Hürden,
1970 Deutscher Vizemeister über 110-m-Hürden,
1971 3. Deutscher Meister über 110-m-Hürden,
also 7mal Zweiter, entweder hinter Hinrich JOHN (1964-1968) oder Günter NICKEL (1969-1970),
1966 bei den Europameisterschaften als 7. im Zwischenlauf in 14,5 sec ausgeschieden, persönliche Bestleistungen: 110- -13,60, 60-m-Hürden - 7,7 sec (1968, Hallenbestzeit),
34 Länderkämpfe zwischen 1962 und 1972.

WENTZKE, Friedhelm

Kanute

Olympische Plazierungen:

Silbermedaille zusammen mit Holger ZANDER, Berni SCHULZE und Günther PERLEBERG im Vierer-Kajak über 1.000 m in 3:15,59 nach Siegen im Vorlauf in 3:17,13 und im Halbfinale in 3:21,01 min, bei 14 Booten am Start,

siehe Rom 1960.

WINKLER, Hans Günther

Reiter

Olympische Plazierungen:

Im Jagdspringen auf „Fidelitas" Platz 16 mit 32 $^1/_2$ Fehlerpunkten, bei 46 Teilnehmern,

Goldmedaille in der Mannschaft zusammen mit Hermann SCHRIDDE auf „Dozent" mit 13 $^3/_4$ und Kurt JARASINSKI auf „Torro" mit 22 $^1/_4$ und insgesamt mit 68 $^1/_2$ Fehlerpunkten, bei 14 Mannschaften am Start,

siehe Stockholm 1956,

siehe Rom 1960,

siehe Mexiko-City 1968,

siehe München 1972,

siehe Montreal 1976,

siehe Olympiamannschaft 1980,

siehe Seoul 1988.

2. 13. Grenoble und Mexiko-City 1968

Grenoble 1968

Zur Statistik:

Dauer:	06.-18.02.1968,
Deutsche Teilnehmer:	164 (35), davon 146 (33) Starter,
aus der Bundesrepublik	103 (22), davon 089 (21) Starter,
aus der DDR:	061 (13), davon 057 (12) Starter,
aus Westfalen:	003 (02),
Begleiter:	?
aus Westfalen:	2.

Teilnehmer/Betreuer:

DAUME, Willi (Betreuer),
MAIENSCHEIN, Walter Georg (Betreuer),
MRKLAS, Monik (Skiläuferin),
RUHRMANN, Petra (Eiskunstläuferin),
WINKLER, Alfred (Skiläufer).

Biographien:

DAUME, Willi

Betreuer

Olympische Tätigkeiten:

Präsident des NOK,
IOC-Mitglied,
siehe 1936-1992.

MAIENSCHEIN, Walter Georg

Betreuer

Persönliche Daten:

geb.:   19.05. in Hamm
Beruf: Diplom-Ingenieur, heute Architekt,
Stand: Verheiratet, 2 Kinder

Olympische Tätigkeiten:

Mannschaftsleiter Eiskunstlauf,
siehe Calgary 1988

Sportliche Funktionen:

Vereine: 1958-1964 Eintracht Dortmund
           1964 bis heute ERC Westfalen Dortmund,
1964-1992 Stellvertretender Vorsitzender der Deutschen Eislaufunion.
1962 bis heute Eislaufobmann in Nordrhein-Westfalen

Auszeichnungen:

Ehrenmitglied ERC Westfalen Dortmund,
Ehrenpräsident ERC Westfalen Dortmund,
Sportplakette Nordrhein-Westfalen,
Ehrenbrief Stadtsportbund Dortmund,
Ehrenbrief Stadt Dortmund,
Goldener Ehrenbrief der Deutschen Eislauf-Union

MRKLAS, Monika geb. FRIEDRICH

Skiläuferin

Persönliche Daten:

geb.: 26.05.1942 in Coswig/ Sachsen,
Beruf: Hausfrau, Goldschmiedin,
Stand: Verheiratet, 2 Kinder,
Maße: 1,68 m, 68 kg.

Olympische Plazierungen:

5-km-Lauf: Platz 17 in 17:32,5 min,

10-km-Lauf: Platz 20 in 39:58,2 min,

3x5-km-Staffel: Platz 7 als Schlußläuferin (20:23,7) zusammen mit Michaela ENDLER (20:11,4) und Barbara BARTHEL (21:14,2 min) in 1:01:49,3 std, bei 8 Staffeln,

siehe Sapporo 1972.

Sportlicher Werdegang:

Vereine: 1956-1965 Skiklub Siedlinghausen,
seit 1965 Wintersportverein Meinerzhagen,
1953 Beginn sportliche Laufbahn als alpine und nordische Skiläuferin,
1953-1955 Teilnahme an DDR-Meisterschaften, nordischer und alpiner Skilauf (Junge Pioniere),
1956 Übersiedlung in die Bunderepublik,
1961 Deutsche Jugendmeisterin üner 5 km,
1961 Deutsche Vizemeisterin über 5 km,
1963 3. Deutscher Meisterin über 5 km,
1963 3. Deutscher Meisterin in der 3x5-km-Staffel (Vereine),
1964 Deutscher Meisterin in der 3x5-km-Staffel (Vereine),
1964 3. Deutscher Meisterin über 5 km,
1967 3. Deutscher Meisterin über 5 km,
1968 3. Deutsche Meisterin in der 3x5-km-Staffel (Vereine),
1970 3. Deutsche Meisterin über 5 km,
1971 Deutsche Vizemeisterin über 5 km,

1971 Deutsche Vizemeisterin in der 3x5-km-Staffel (Vereine),
1971 3. Deutsche Meisterin über 10 km,
1972 Deutsche Vizemeisterin über 5 km,
1972 3. Deutsche Meisterin über 10 km,
1972 Deutsche Vizemeisterin in der 3x5-km-Staffel (Vereine),
1970 Teilnehmerin an der Weltmeisterschaft,
1971 2. in der 3x4 km-Staffel am Holmenkollen,
auch Langläuferin, gute Radfahrerin, Mitglied der Radrenn-Nationalmannschaft,
1968 Teilnehmerin an der Radweltmeisterschaft,
1972 Ende der aktiven Laufbahn.

Auszeichnungen:

Eintragung in das Goldene Buch der Stadt Meinerzhagen,
1971 Grüne Ehrennadel des WSV.

RUHRMANN, Petra

Eiskunstläuferin

Persönliche Daten:

geb.: 02.08.1950 in Düsseldorf,
Beruf: Schülerin,
Stand: Ledig,
Maße: 1,65 m, 51 kg.

Olympische Plazierungen:

Einzel: Platz zehn mit der Platziffer 99 und 1.687,1 Punkten, bei 31 Starterinnen.

Sportlicher Werdegang:

Vereine: Eis- und Rollsportclub Westfalen Dortmund,
Trainer war der ehemalige Europameister Helmut SEIBT aus Wien, der aber in Mailand angestellt war, so daß Petra RUHRMANN vor den Spielen in Grenoble fast ausschließlich dort trainierte,
1965 7. bei den Deutschen Meisterschaften,
1966 4. bei den Deutschen Meisterschaften,
1967 Deutsche Vizemeisterin,
1968 Deutsche Vizemeisterin.

WINKLER, Alfred

Skiläufer

Persönliche Daten:

geb.: 04.05.1943 in Zottwitz,
Beruf: Maler, Sportstudium, heute Sportlehrer,
Stand: Ledig, heute verheiratet, 2 Kinder,
Maße: 1,80 m, 75 kg.

Olympische Plazierungen:

Nordische Kombination: Platz 25 mit 381,59 Punkten (Springen 71,0 und 71,5 m = 192,8 Punkte, Rang 25, 15-km-Langlauf 52:26,0 min, Position 24), siehe Sapporo 1972.

Sportlicher Werdegang:

Vereine: 1957-1974 Ski-Klub Winterberg, heute VfR Winterberg,
1957 Beginn sportliche Laufbahn als Skiläufer, Langläufer, Springer, Nordische Kombination,
1969 3. Deutscher Meister in der Nordischen Kombination,
1971 4. Deutscher Meister in der Nordischen Kombination,
1971 3. beim Deutschlandschild, 1969 3. in Lahti,
1969 1. beim Coupe BERAUER, 1969 6. bei den Holmenkollen Spielen.
1969 2. der Weltrangliste, 1971 3. beim Coupe BERAUER,
1972 Ende der aktiven Laufbahn.

Sportliche Funktionen:

1972-1976 Trainer beim Westdeutschen Skiverband,
ab 1977 Trainer beim VfR Winterberg (Fußball),
ab 1989 Vorsitzender des VfR Winterberg.

Auszeichnungen:

Ehrungen des Westdeutschen Skiverbandes,
Ehrungen des Landes NRW.

Mexiko-City 1968

Zur Statistik:

Dauer:	12.-27.10.1968,
Deutsche Teilnehmer:	549 (89), davon 502 (83) Starter,
aus der Bundesrepublik:	301 (48), davon 276 (43) Starter,
aus der DDR:	248 (41), davon 226 (40) Starter,
aus Westfalen:	044 (07),
Begleiter:	?
aus Westfalen:	6.
gewonnene Medaillen:	10 Gold-, 22 Silber-, 18 Bronzemedaillen,
von Westfalen:	
Goldmedaillen:	BECKER, Ingrid im Fünfkampf, KLIMKE, Reiner im Mannschaftsdressurreiten,
Silbermedaillen:	HENRICHS, Karl-Heinz im 4.000-m-Mannschaftsverfolgungsfahren, LEWE, Detlef im Einer-Canadier über 1.000 m, SCHIPROWSKI, Klaus im Stabhochsprung,
Bronzemedaillen:	HOLTHAUS, Michael im 400-m-Lagenschwimmen, KINDERMANN, Manfred in der 4x400-m-Staffel, KLIMKE, Reiner im Einzeldressurreiten, WINKLER, Hans Günther im Mannschaftsjagdspringen.

Teilnehmer/Betreuer:

BECKER, Ingrid (Leichtathletin),
BIRLENBACH, Heinfried (Leichtathlet),
BOLDT, Harry (Reiter),
CASPERS, Lutz (Leichtathlet),
DAUME, Willi (Betreuer),
GÖSSING, Ludwig (Reiter),
HENNIG, Klaus Peter (Leichtathlet),
HENRICHS, Karl Heinz (Radfahrer),
HOFFMEISTER, Hans (Schwimmer),
HOLTHAUS, Michael (Schwimmer),
HUDA, Norbert (Schwimmer),
JEBRAM, Petra (Turnerin),
MILTENBERGER, Meinrad (Betreuer),
MOCK, Bernd (Schwimmer),
NAGY, Dr. Lajos (Schwimmer),
NETTEKOVEN, Peter (Ringer),
NIEMACK, Horst (Betreuer),
NORPOTH, Harald (Leichtathlet),
PUZICHA, Gert (Boxer),
RENZ, Heinz Dieter (Boxer),
RODERFELD, Friedrich (Leichtathlet),
ROST, Klaus-Jürgen (Ringer),
SAUER, Michael (Leichtathlet),
SCHÄFER, Gertrud (Leichtathletin),

KEMPER, Franz Josef (Leichtathlet),
KILIAN, Gustav (Betreuer),
KINDER, Manfred (Leichtathlet),
KLEIMEIER, Heinrich (Schwimmer),
KLIMKE, Reiner (Reiter),
KOBUSCH, Klaus (Radfahrer),
KONZORR, Klaus (Schwimmer),
KRAUSE, Regina (Schwimmerin),
LEWE, Detlef (Kanute),
LÜTKE WESTHUES, Alfons (Betreuer),
MATZDORF, Heli Daniela (Schwimmerin),
MERKEL, Reinhard (Schwimmer),
MEYER zu HÖLSEN, Karl (Schütze),
SCHIPROWSKI, Klaus (Leichtathlet),
SCHULZ, Wolf-Rüdiger (Schwimmer),
SCHULZE, Berni (Kanute),
SCHULZE-DIECKHOFF, Alfons (Betreuer),
SLOMA, Ulrich (Hockeyspieler),
STEGEMANN, Annegret (Turnerin),
STEGEMANN, Marie-Luise (Turnerin),
SUCHOTZKI, Hans Georg (Kanute),
THADE, Heiner (Moderner Fünfkämpfer),
TRZMIEL, Werner (Leichtathlet),
WAGNER, Willi (Leichtathlet),
WEEKE, Ludger (Schwimmer),
WINKLER, Hans Günther (Reiter),

Biographien:

BECKER, Ingrid

Leichtathletin
Olympische Plazierungen:

Fünfkampf: Goldmedaille mit 5.098 Punkten (10,9 sec, 11,48 sec, 1,71 m, 6,43 m, 23,5 sec), bei 33 Starterinnen,
Weitsprung: Qualifikation (6,35) mit 6,40 geschafft, im Vorkampf 7. mit 6,32 und 6. mit 6,43 m im Endkampf, bei 27 Teilnehmerinnen,
4x100-m-Staffel: Nach Platz 3 im Vorlauf in 44,1 im Endlauf 6. in 43,6 sec zusammen mit Renate MEYER, Jutta STÖCK und Rita JAHN,

siehe Rom 1960,
siehe Tokio 1964,
siehe München 1972.

BIRLENBACH, Heinfried

Leichtathlet
Olympische Plazierungen:

Kugelstoßen: Nach 19,43 in Qualifikation (18,90) im Vor- und Endkampf mit 18,80 m Achter, bei 19 Teilnehmern,

siehe Tokio 1964.

BOLDT, Harry

Reiter
Olympische Plazierungen:

Dressur: Als Ersatzreiter mit „Remus" kein Einsatz, da dieses Pferd sich in den Jahren nach 1964 nicht mehr hatte steigern können und den drei anderen deutschen Pferden „Mariano", „Dux" und „Piaff" der Vorzug gegeben wurde,

siehe Tokio 1964,
siehe Montreal 1976,
siehe Seoul 1988.

CASPERS, Lutz

Leichtathlet

Lutz CASPERS

Persönliche Daten:

geb.: 10.07.1943 in Winterberg,
Beruf: Industriekaufmann,
Stand: Verheiratet, 2 Kinder,
Maße: 1,90 , 100 kg.

Olympische Plazierungen:

Hammerwerfen: In der Qualifikation (66 m) mit 65,64 m als 15. bei 22 Startern ausgeschieden.

Sportlicher Werdegang:

Vereine: 1960-1968 Meidericher SV,
1969-1972 Rot-Weiß Oberhausen,
1973-1976 TV Wattenscheid,
seit 1977 TV Alzey,

1960 Beginn sportliche Laufbahn als Sprinter und Kugelstoßer,
Bei den Deutschen Meisterschaften zwischen 1967 und 1972 war er stets unter den ersten Sechs,
1968 3. Deutscher Meister im Hammerwerfen,
1969 3. Deutscher Meister im Hammerwerfen,
1971 3. Deutscher Meister im Hammerwerfen,
1968 für die Europameisterschaften nominiert, aber wegen Boykott kein Start, 1971 bei den Europameisterschaften nach 67,02 m in der Qualifikation im Vorkampf ausgeschieden mit drei ungültigen Versuchen, persönliche Bestleistung: 73,08 m (1972), damals viertbeste Leistung in Deutschland, 6 Länderkämpfe zwischen 1967 und 1972, mehrfacher Deutscher Meister im Steinstoßen (Bestleistung 11,80m), 1971 Deutscher Rekord im Rasenkraftsport mit 3.080 Punkten, 1983 Deutsche Seniorenbestleistung M 40 im Hammerwerfen mit 65,54 m.

Sportliche Funktionen:

Trainer beim TV Alzey.

Auszeichnungen:

Goldene Ehrennadel: Meidericher SV, Rot-Weiß Oberhausen, TV Alzey, Auszeichnungen der Städte Duisburg, Oberhausen, Worms.

DAUME, Willi

Betreuer

Olympische Tätigkeiten:

Präsident des NOK,

IOC-Mitglied,

siehe 1936-1992.

GÖSSING, Ludwig („Lutz")

Reiter

Persönliche Daten:
geb.: 13.05.1938 in Dortmund,
Beruf: Landwirt in Brockhagen,
Stand: Verheiratet mit Christa geb. SCHÜNEMANN, gesch. RABBES, eine bekannte Springreiterin (u.a. Deutsche Vizemeisterin 1966, 1968, 3. 1969), Dolmetscherin,
Maße: 1,76 m, 73 kg.

Olympische Plazierungen:
In der Military disqualifiziert, weil er nach dem Geländeritt sein Pferd „Arwed" nicht zur Waage ritt, sondern führte es nach Sturz am Hindernis 31 kurz vor dem Ziel, bei 25 Reitern am Start,
siehe München 1972.

Sportlicher Werdegang:
Vereine: 1962-1968 Deutsches Olympiade Komitee für Reiterei Warendorf,
seit 1969 Reiterverein Brockhagen-Völkebeck, Steinhagen
1948 begann er im elterlichen Betrieb in Dortmund-Brakel zu reiten, dann Ausbildung bei Hermann HILDEBRANDT und ab 1963 bei Hans Günther WINKLER,
1951 erster Turnierstart in Dortmund,
1962 Gewinner der Military in Lohmühlen,
1963 erster internationaler Start in München,
1966 Deutscher Meister in der Military,
1967 Deutscher Meister in der Military,
auch ein guter Springreiter, Sieger in Nationalen und Internationalen Großen Preisen, 15mal im Preis der Nationen eingesetzt.

Sportliche Funktionen:
Sprecher der Springreiter im Springausschuß des Deutschen Olympiade Komitees für Reiterei, Landestrainer für Westfalen.

Auszeichnungen:
Silbernes Lorbeerblatt.

HENNIG, Klaus Peter

Leichtathlet

Persönliche Daten:

geb.: 02.05.1947 in Bremen,
Beruf: Student, später Maschinenbauingenieur,
Stand: Ledig, später verheiratet,
Maße: 1,96 m, 120 kg.

Olympische Plazierungen:

Diskuswerfen: In der Qualifikation (58,00) mit 53,80 m ausgeschieden, nur ein gültiger Versuch, Platz 21, bei 27 Teilnehmern,

siehe München 1972.

Sportlicher Werdegang:

Vereine: Bis 1966 TuS Real Münster,
1967 Hannover 96,
1968-1969 SC Preußen Münster,
ab 1970 Bayer 04 Leverkusen,
1965 Deutscher Jugendmeister im Diskuswerfen,
1966 4. Deutscher Meister im Diskuswerfen,
1967 4. Deutscher Meister im Diskuswerfen,
1968 3. Deutscher Meister im Diskuswerfen,
1969 Deutscher Vizemeister im Diskuswerfen,
1970 3. Deutscher Meister im Diskuswerfen,
1971 Deutscher Meister im Diskuswerfen,
1972 4. Deutscher Meister im Diskuswerfen,
1973 Deutscher Meister im Diskuswerfen,
1974 Deutscher Vizemeister im Diskuswerfen,
1975 Deutscher Meister im Diskuswerfen,
1976 Deutscher Meister im Diskuswerfen,
1966-1976 ununterbrochen im Finale der Deutschen Meisterschaften, stand aber immer im Schatten von Hein-Dierck NEU und Dirk WIPPERMANN,
1967 Vizeeuropameister der Junioren im Diskuswerfen,
1971 11. der Europameisterschaften mit 56,36 m,
1971 CISM-Meister im Diskuswerfen,
persönliche Bestleistungen: Diskus - 64,80 (1962), Kugel 17,78 m (1975),
21 Länderkämpfe zwischen 1968 und 1976.

HENRICHS, Karl Heinz

Radfahrer

Olympische Plazierungen:

Silbermedaille in der 4.000-m-Mannschaftsverfolgung zusammen mit Karl LINK, Udo HEMPEL und Jürgen KISSNER, bei 21 Mannschaften am Start. Nach ersten Plätzen im Vorlauf in 4:19,90 (Weltrekord), im Viertel- in 4:27,14, im Halb- in 4:15:78 (Weltrekord) und im Finale in 4:18,94 min wurde die Mannschaft wegen eines Regelverstoßes vom Kampfgericht disqualifiziert und auf Platz zwei gesetzt,

siehe Tokio 1964.

HOFFMEISTER, Hans

Schwimmer

Olympische Plazierungen:

Wasserball: Torwart, in der Vorrunde nach zwei Siegen und vier Niederlagen Platz 5 in der Gruppe B, nach zwei weiteren Plazierungsspielen insgesamt Platz 10, bei 15 Mannschaften. HOFFMEISTER wurde siebenmal eingesetzt, nur im letzten Spiel nicht,

siehe Tokio 1960,

siehe München 1972.

HOLTHAUS, Michael („Mike")

Schwimmer

Persönliche Daten:

geb.:   13.07.1950 in Wuppertal,
Beruf: Student, seit 1971
          Sportlehrer,
          später Diplom-Sportlehrer,
          seit 1974 Inhaber einer
          privaten Schwimmschule
          („Mike`s Schwimmschule")
          in Wuppertal, heute
          Diplom-Sportlehrer an
          einem Gymnasium in
          Bochum,
Stand: Ledig, heute verheiratet,
          3 Kinder,
Maße: 1,83 m, 73 kg.

Olympische Plazierungen:

400-m-Lagenschwimmen: Bronzemedaille in 4:51,4 nach 5:00,8 min als Sieger im Vorlauf, bei 35 Startern,
200-m-Lagenschwimmen: Platz sieben in 2:16,8 nach 2:17,5 min im Vorlauf, bei 41 Startern,

siehe München 1972.

Sportlicher Werdegang:

Vereine: 1960-1966 Wasserfreunde Wuppertal,
          1966-1967 Essener Schwimmverein 06,
          1967-1969 Blau-Weiß Bochum,
          1969-1972 Wasserfreunde Wuppertal.
1963 Beginn sportliche Laufbahn als Schwimmer, nach ersten Erfolgen bei Bezirksmeisterschaften 1964 Mitglied der Jugendnationalmannschaft als Rückenschwimmer, wurde Lagenspezialist, beendet nach vielen Auf und Abs nach den Olympischen Spielen 1972 wegen einer Armverletzung, die ihn zum Sportinvaliden machte, seine aktive Laufbahn, die von eigenwilligen Methoden, Training 1965/66 in den USA an der Santa Clara High-School (Trainer George HAINES), 1969/70 am Long Beach State-College (Trainer Don GAMBRIL) gekennzeichnet war,
1967 Deutscher Meister im 400-m-Lagenschwimmen (Halle),

1967 Deutscher Meister im 400-m-Lagenschwimmen,
1967 Deutscher Meister 4x100-m-Rücken,
1967 Deutscher Mannschaftsmeister,
1968 Deutscher Meister im 200-m-Lagenschwimmen,
1968 Deutscher Meister im 400-m-Lagenschwimmen,
1968 Deutscher Meister 4x100-m-Rücken,
1969 Deutscher Meister im 400-m-Lagenschwimmen (Halle),
1969 Deutscher Meister im 200-m-Lagenschwimmen,
1969 Deutscher Meister im 400-m-Lagenschwimmen,
1970 Deutscher Meister im 400-m-Lagenschwimmen (Halle),
1970 Deutscher Meister im 200-m-Lagenschwimmen (Halle),
1970 Deutscher Meister im 400-m-Lagenschwimmen,
1970 Deutscher Meister 4x100-m-Schmettern,
1970 Deutscher Mannschaftsmeister,
1971 Deutscher Mannschaftsmeister,
1972 Deutscher Meister im 400-m-Lagenschwimmen,
1970 4. der Europameisterschaften über 400-m-Lagen,
1970 5. der Europameisterschaften über 200-m-Lagen,
54 Deutsche Rekorde, davon 23 in Staffeln,
1968 Weltrekord über 440-y-Lagen in 4:46,8 min,
1968 Europarekord über 400-m-Lagen in 4:44,0 min,
diverse Länderkämpfe.

Auszeichnungen:

1968 Silbernes Lorbeerblatt.

HUDA, Norbert

Schwimmer

Persönliche Daten:

geb.: 05.03.1950 in Gelsenkirchen-Buer,
Beruf: Maschinenbaulehrling, Werkzeugmacher, Fachoberschüler, heute Diplom-Ingenieur (Maschinenbau),
Stand: Ledig, heute verheiratet, 2 Kinder,
Maße: 1,67 m, 62 kg.

Olympische Plazierungen:

Kunstspringen: Als 16. mit 88,43 Punkten im Vorkampf ausgeschieden,

siehe München 1972,

siehe Montreal 1976.

Sportlicher Werdegang:

Vereine: Seit 1961 Schwimmverein 91 Münster,
1962 Beginn sportliche Laufbahn als Wasserspringer,
sein Trainer war Werner HESSE, Assistent an der Universität Münster, von dem er sich 1971 trennte, wurde danach betreut von seiner fast gleichaltrigen Vereinskameradin Regina KRAUSE, die vorher ebenfalls Schützling von HESSE gewesen war, ihre Laufbahn aber 1971 beendet hatte, trainierte im Winter 1967/68 in den USA,
1968 Deutscher Meister im Kunstspringen (Halle),
1969 Deutscher Meister im Kunstspringen,
1970 Deutscher Meister im Kunstspringen,
1971 Deutscher Meister im Kunstspringen (Halle),
1971 Deutscher Meister im Kunstspringen,
1972 Deutscher Meister im Kunstspringen (Halle),
1972 Deutscher Meister im Kunstspringen,
1973 Deutscher Meister im Kunstspringen (Halle),
1974 Deutscher Meister im Kunstspringen,
1975 Deutscher Meister im Kunstspringen (Halle),
1975 Deutscher Meister im Kunstspringen,

1976 Deutscher Meister im Kunstspringen,
1977 Deutscher Meister im Kunstspringen,
1970 4. der Europameisterschaften im Kunstspringen,
1974 6. der Europameisterschaften im Kunstspringen,
1976 6. der Europameisterschaften im Kunstspringen,
1972 Militärweltmeister im Kunstspringen,
1976 Militärvizeweltmeister im Kunstspringen,
1977 Ende der aktiven Laufbahn,
1981 und 1983 Deutscher Meister der Senioren im Kunstspringen.

Sportliche Funktionen:

Seit 1978 Kampfrichter beim DSV.

Auszeichnungen:

1968 Ehrenmedaille der Stadt Münster Stufe I in Silber,
1977 Sportplakette des Landes NRW,
1981 Ehrenplakette in Gold des DSV.

JEBRAM, Petra

Turnerin

Persönliche Daten:

geb.: 23.03.1954 in Wattenscheid,
Beruf: Schülerin, heute Sportlehrerin,
Stand: Ledig, heute Frau BERCHTOLD, 1 Kind,
Maße: 1,63 m, 54 kg.

Olympische Plazierungen:

Olympischer Achtkampf (Mannschaft): Platz 9 mit 354,65 Punkten, bei 14 Mannschaften am Start,
Olympischer Achtkampf (Einzel): Platz 55 mit 70,30 Punkten, bei 101 Starterinnen,
Boden: Platz 54 mit 17,80 Punkten,
Stufenbarren: Platz 34,
Schwebebalken: Platz 80,
Pferdsprung: Platz 51,

mit 14 Jahren jüngste deutsche Olympiateilnehmerin in Mexiko-City,

für die Olympischen Spiele 1972 qualifiziert, wegen Verletzung keine Teilnahme.

Sportlicher Werdegang:

Vereine: 1966-1969 VfL Bochum,
1969-1972 TuS 1860 München,
viele Plazierungen bei Deutschen Meisterschaften, aber kein Titel,
1970 Teilnehmerin an der Weltmeisterschaft,
7 Länderkämpfe.

Sportliche Funktionen:

1979-1981 Bundestrainerin Kunstturnen,
1981-1988 Landestrainerin im Bayrischen Turnverband.

KEMPER, Franz Josef

Leichtathlet

Persönliche Daten:

geb.: 30.09.1945 in Hopsten,
Beruf: Student (Sport, Germanistik, Jura), Dr. phil., Assistent an der TH Darmstadt, ab 1980 Referent im hessischen Sozialministerium, heute im hessischen Innenministerium,
Stand: Ledig, heute verheiratet in 2. Ehe, 3 Kinder,
Maße: 1,79 m, 63 kg.

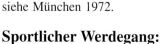

Olympische Plazierungen:

800 m: Als 7. im Zwischenlauf in 1.47,3 nach 1:47,0 min als 2. im Vorlauf ausgeschieden wegen Erkrankung (Nierenproblemen), bei 41 Startern,

siehe München 1972.

Sportlicher Werdegang:

Vereine: 1963-1964 DJK Arminia Ibbenbüren,
1965-1968 SC Preußen 06 Münster,
1969 DJK/SSG Telgte,
1970-1973 LG Ratio Münster,
seit Ende 1973 ASC Darmstadt,
1963 Beginn sportliche Laufbahn als Leichtathlet, vorher Tischtennisspieler,
1964 Deutscher Vizemeister über 800 m,
1965 Deutscher Meister über 800 m,
1966 Deutscher Hallenmeister in der 3x1.000-m-Staffel,
1966 Deutscher Meister über 800 m,
1966 Deutscher Meister in der 3x1.000-m-Staffel,
1967 Deutscher Meister über 800 m,
1967 Deutscher Meister in der 3x1.000-m-Staffel,
1968 Deutscher Hallenmeister über 800 m,
1968 Deutscher Vizemeister über 800 m,
1968 Deutscher Meister in der 3x1.000-m-Staffel,
1969 Deutscher Vizemeister über 800 m,

1970 Deutscher Hallenmeister über 800 m,
1970 Deutscher Meister über 800 m,
1970 Deutscher Meister in der 4x1.500-m-Staffel,
1971 Deutscher Hallenmeister in der 3x1.000-m-Staffel,
1971 Deutscher Meister über 800 m,
1972 Deutscher Hallenmeister in der 3x1.000-m-Staffel,
1972 Deutscher Vizemeister über 800 m,
1972 Deutscher Meister in der 4x1.500-m-Staffel,
1973 Deutscher Vizemeister über 800 m,
1973 Deutscher Meister in der 4x1.500-m-Staffel,
1966 Vizeeuropameister über 800 m in 1:46,0 min,
1966 Weltrekord in der 4x800-m-Staffel mit Manfred KINDER, Walter ADAMS und Dieter BOGATZKI mit 7:08,6 min,
1968 Weltrekord in der 4x880-y-Staffel mit Bodo TÜMMLER, Walter ADAMS und Harald NORPOTH in 7:14,6 min,
persönliche Bestleistungen: 800 m - 1:44,9 min (1966, Europarekord), 1.000 m - 2:16,2 min (1966, Weltrekord), 1.500 m - 3:41,7 (1970),
27 Länderkämpfe,
1973 Ende der aktiven Laufbahn.

Sportliche Funktionen:

Seit 1989 Breitensportwart des Deutschen Leichtathletik-Verbandes.

Auszeichnungen:

1967 Silbernes Lorbeerblatt,
1974 Sportplakette des Landes NRW.

Veröffentlichungen:

Motorik und Sozialisation, Dissertation, Bad Homburg 1982.

KILIAN, Gustav

Betreuer

Olympische Tätigkeiten:

Trainer der Bahnfahrer,

siehe Rom 1960,

siehe Tokio 1964,

siehe München 1972,

siehe Montreal 1976.

KINDER, Manfred

Leichtathlet

Olympische Plazierungen:

400-m-Lauf: Als 5. in 46,9 min im Vorlauf ausgeschieden, bei 54 Startern,

4x400-m-Staffel: Bronzemedaille in 3:00,5 (Europarekord) nach Vorlaufsieg in 3:03,8 min zusammen mit Helmar MÜLLER, Gerhard HENNIGE und Martin JELLINGHAUS, bei 16 Mannschaften am Start,

siehe Rom 1960,

siehe Tokio 1964.

KLEIMEIER, Heinrich

Schwimmer

Persönliche Daten:

geb.: 01.10.1941 in Hamm,
Beruf: Student,
Stand: Verheiratet,
Maße: 1,86 m, 87 kg.

Olympische Plazierungen:

Wasserball: In der Vorrunde nach zwei Siegen und vier Niederlagen Platz 5 in der Gruppe B, nach zwei weiteren Plazierungsspielen insgesamt Platz 10, bei 15 Mannschaften. KLEIMEIER wurde in allen acht Spielen als Stürmer eingesetzt.

Sportlicher Werdegang:

Vereine: Rote Erde Hamm,
1960 Deutscher Meister im Wasserball,
1964 Deutscher Meister im Wasserball,
1966 Deutscher Meister im Wasserball,
1969 Deutscher Meister im Wasserball.

KLIMKE, Reiner

Reiter

Olympische Plazierungen:

Goldmedaille auf „Dux" (896) in der Mannschaftsdressur zusammen mit Josef NECKERMANN auf „Mariano" (948) und Liselotte LINSENHOFF auf „Piaff" (855) mit 2.699 Punkten, bei 8 Mannschaften am Start,
Bronzemedaille auf „Dux" in der Einzelwertung mit 1.537 Punkten, Grand Prix (1.896) und Stechaufgabe (641), bei 26 Startern,

siehe Rom 1960,
siehe Tokio 1964,
siehe München 1972,
siehe Montreal 1976,
siehe Olympiamannschaft 1980,
siehe Los Angeles 1984,
siehe Seoul 1988,
siehe Barcelona 1992.

KOBUSCH, Klaus

Radfahrer
Olympische Plazierungen:
2.000-m-Tandemfahren: Zusammen mit Martin STENZEL (Köln) nach Vorlaufsieg in 10,27 sec im Viertelfinale ausgeschieden gegen die späteren Olympiasieger MORELON/TRENTIN (FRA) in zwei Läufen, insgesamt Platz 5 ex aequo bei 14 Paaren am Start,

siehe Tokio 1964.

KONZORR, Klaus

Schwimmer
Olympische Plazierungen:
Im Turmspringen als 18. im Vorkampf mit 86,69 Punkten ausgeschieden, bei 35 Startern,

siehe Tokio 1964,

siehe München 1972.

KRAUSE, Regina

Schwimmerin
Persönliche Daten:
geb.: 22.03.1949 in Celle,
Beruf: Sportstudentin, Trainerin,
Stand: Ledig,
Maße: 1,70 m, 54 kg.

Olympische Plazierungen:
Im Turmspringen Platz sechs im Endkampf mit 93,08 Punkten, bei 24 Starterinnen.

Sportlicher Werdegang:
Vereine: Schwimmverein 91 Münster,
1967 Deutsche Meisterin vom 3-m-Brett,
1969 Deutsche Meisterin vom 1-m-Brett,
1969 Deutsche Meisterin vom 3-m-Brett,
1969 Deutsche Meisterin in der Kombination,
1970 Deutsche Meisterin vom 1-m-Brett,
1970 Deutsche Meisterin im Turmspringen,
1970 Mitglied der Europa-Mannschaft beim Erdteilkampf gegen die USA.

LEWE, Detlef

Kanute

Olympische Plazierungen:

Silbermedaille im Einer-Canadier (1.000 m) in 4:38,31 nach Vorlaufsieg in 4:24,5 min, bei 12 Startern,

siehe Rom 1960,

siehe Tokio 1964,

siehe München 1972.

LÜTKE WESTHUES, Alfons

Betreuer

Olympische Funktionen:

Reittrainer und Betreuer Reiten der Modernen Fünfkämpfer,

siehe Stockholm 1956,

siehe München 1972.

MATZDORF, Heli Daniela

Schwimmerin

Persönliche Daten:

geb.: 16.10.1951 in Bochum,
Beruf: Schülerin, heute Lehrerin an einer Grundschule,
Stand: Ledig, heute Frau HOUBEN,
Maße: 1,68 m, 64 kg.

Olympische Plazierungen:

200-m-Lagenschwimmen: Als Vierte ihres Vorlaufs in 2:42,1 min ausgeschieden damit 22 zeitschnellste von 39 Starterinnen,

400-m-Lagenschwimmen: Als Vorlaufdritte in 5:50,5 min ausgeschieden, bei 28 Starterinnen.

Sportlicher Werdegang:

Vereine: 1961-1968 Blau-Weiß Bochum,
1969 SSF Bonn,
1970-1972 SV Blau-Weiß Bochum,
begann mit zehn Jahren zu schwimmen, doch erst spät Leistungsschwimmerin und Teilnahme an Wettkämpfen, dann aber rasante Leistungsentwicklung bei Trainer Gerhard HETZ,
1967 Deutscher Meisterin über 200-m-Lagen,
1968 Deutscher Meisterin über 200-m-Lagen in 2:33,7 min (Deutscher Rekord),
1968 Deutscher Meisterin über 400-m-Lagen in 5:31,1 min (persönliche Bestzeit),
1968 Deutscher Meisterin über 4x100-m-Schmettern,
1968 Deutscher Meisterin über 4x100-m-Lagen,
1969 Deutscher Meisterin über 4x100-m-Rücken,
1969 Deutscher Mannschaftsmeister,
1970 Internationale Deutsche Vizemeisterim über 200-m-Lagen,
1970 Deutsche Vizemeisterim über 200-m-Lagen,
1970 3. Deutsche Meisterin über 400-m-Lagen,
1971 3. Internationale Deutsche Meisterim über 200-m-Lagen,
1971 3. Internationale Deutsche Meisterim über 100-m-Delphin,
1970 9. der Europameisterschaften über 200-m-Lagen,

Deutsche Rekorde über 200-m-Lagen - 2:33,2 (1968, 25-m-Bahn), 2:37,8 (1968, 50-m-Bahn), 2:36,7 (1968), 2:35,3 (1968), 2:33,7 (1969), 2:31,4 min (1971, 50-m-Bahn),
über 400-m-Lagen - 5:35,9 (1968), 5:29,6 (1968), 5:25,2 min (1968, 25-m-Bahn),
über 4x100-m-Lagen - 4:49,4 (1968, 25-m-Bahn), 4:58,2 min (1968),
über 4x100-m-Delphin - 5:01,7 (1968), 4:56,5 (1968, 25-m-Bahn), 4:51,0 min (1969, 25-m-Bahn),
über 4x100-m-Rücken - 5:03,4 (1969), 4:55,5 min (1969, 25-m-Bahn),
über 4x200-m-Brust - 12:01,6 min (1971),
über 4x200-m-Freistil - 9:55,0 min (1969).

Auszeichnungen:
1968 Ehrenauszeichnung der Stadt Bochum.

MERKEL, Reinhard

Schwimmer
Persönliche Daten:

geb.: 16.04.1950 in Hof,
Beruf: Schüler, Student (Jura),
Stand: Ledig,
Maße: 1,79 m, 72 kg.

Olympische Plazierungen:

200-m-Lagen: Als Vorlaufzweite in 2:17,8 min nicht für das Finale der acht Zeitschnellsten qualifiziert, bei 46 Startern,
400-m-Lagen: Platz 6 im Finale in 4:59,8 nach Rang 2 im Vorlauf in 5:00,6 min, bei 35 Startern.

Sportlicher Werdegang:

Vereine: 1960-1967 SV Hof,
1967-1968 Blau-Weiß Bochum,
seit 1969 SSF Bonn,
später Wasserfreunde Wuppertal,
1957 Beginn sportliche Laufbahn als Schwimmer mit 7 Jahren,
trainierte bei Peter DALAND un Los Angeles, dann bei Gerhard HETZ und 1970/71 bei Don GAMBRIL in Long Beach,
1967 3. Deutscher Hallenmeister über 400-m-Lagen,
1969 Deutscher Meister über 4x100-m-Lagen,
1970 Deutscher Meister über 4x100-m-Rücken,
Deutsche Rekorde über 20-m-Lagen - 2:16,1 (1968), 2:11,3 min (1968, 25-m-Bahn),
persönliche Bestleistung über 400-m-Lagen - 4:50,8 min,
1971 Knieoperation.

MEYER zu HÖLSEN, Karl

Schütze

Persönliche Daten:

geb.: 28.08.1927 in Stemmen/ Hannover,
Beruf: Landwirt und Pferdezüchter in Hölsen/Lippe,
Stand: Verheiratet, 3 Kinder,
Maße: 1,77 m, 70 kg.

Olympische Plazierungen:

Skeetschießen: Platz 21 mit 189 Treffern, bei 52 Teilnehmern.

Sportlicher Werdegang:

Vereine: Schützengilde Lage/Lippe,
als passionierter Jäger kam er erst Mitte der 50er Jahre zum sportlichen Schießen, auch guter Reiter, nahm an ländlichen Turnieren in der Dressur und im Springen teil, auch Fahren vom Bock
1960 3. Deutscher Meister im Skeetschießen (nach Stechen),
1967 Deutscher Vizemeister im Skeetschießen hinter Weltmeister WIERNHIER,
1968 Vizeeuropameister (Einzel) im Skeetschießen,
1968 Mannschaftseuropameister im Skeetschießen,
1970 Mannschaftseuropameister im Skeetschießen,
1967 4. der Mannschaftsweltmeisterschaft im Skeetschießen,
1969 27. der Weltmeisterschaften im Skeetschießen,
1970 Teilnehmer an den Weltmeisterschaften im Skeetschießen,
zwischen 1970 und 1980 mit seiner Clubmannschaft 2 Gold-, 2 Silber- und 2 Bronzemedaillen bei Deutschen Skatmeisterschaften.

Sportliche Funktionen:

Seiut 1970 Vorsitzender des Kreisreiterverbandes Lippe,
1974 Begründer des Wurftaubenclub Lippe in Bad Salzuflen.

MILTENBERGER, Meinrad
Betreuer

Olympische Tätigkeiten:

Betreuer und Trainer der deutschen Kanuten,
siehe Helsinki 1952,
siehe Melbourne 1956,
siehe Rom 1964,
siehe Tokio 1964,

MOCK, Bernd
Schwimmer

Persönliche Daten:

geb.:	30.01.1945 in Königshofen/Bayern,
Beruf:	Dreher,
Stand:	Ledig,
Maße:	1,74 m, 84 kg.

Olympische Plazierungen:

400-m-Lagen: Im Vorlauf als Dritter in 5:07,1 min ausgeschieden, bei 35 Startern.

Sportlicher Werdegang:

Vereine: SV St. Ingbert/Saar,
Blau-Weiß Bochum,
kam durch Trainer Gerhard HETZ, der in Bochum ein großes Schwimmzentrum aufbaute, zum Leistungssport, 3 Vereinsstaffelrekorde.

NAGY, Dr. Lajos
Schwimmer

Olympische Plazierungen:

Wasserball: In der Vorrunde nach zwei Siegen und vier Niederlagen Platz 5 in der Gruppe B, nach zwei weiteren Plazierungsspielen insgesamt Platz 10, bei 15 Mannschaften. NAGY wurde siebenmal als Stürmer eingesetzt,
siehe Rom 1960.

NETTEKOVEN, Peter

Ringer

Persönliche Daten:

geb.: 21.01.1940 in Bonn,
Beruf: Metzgermeister,
Stand: Verheiratet, 2 Söhne,
Maße: 1,70 m, 78 kg.

Olympische Plazierungen:

Weltergewicht (griechisch/römisch):
Platz 10 ex aequo nach 1 Punktniederlage, 1 Punktsieg und 1 Aufgabe (6:07,0 min) ausgeschieden mit 8 Minuspunkten, bei 21 Startern.

Sportlicher Werdegang:

Vereine: 1946-1961 TKSV Duisdorf,
1962-1972 Heros Dortmund,
1972-heute TKSV Duisdorf,
1946 Beginn sportliche Laufbahn als Turner,
1958 Deutscher Jugendmeister (Freistil),
1961 Deutscher Juniorenmeister (griechisch/römisch),
1961 Deutscher Meister im Mittelgewicht (Freistil),
1962 Deutscher Meister im Weltergewicht (Freistil),
1963 Deutscher Meister im Weltergewicht (Freistil),
1963 Deutscher Vizemeister im Weltergewicht (griechisch/römisch),
1964 Deutscher Meister im Weltergewicht (Freistil),
1965 Deutscher Meister im Weltergewicht (Freistil),
1965 Deutscher Meister im Weltergewicht (griechisch/römisch),
1966 Deutscher Meister im Weltergewicht (Freistil),
1966 Deutscher Meister im Weltergewicht (griechisch/römisch),
1967 Deutscher Vizemeister im Weltergewicht (griechisch/römisch),
1968 Deutscher Meister im Weltergewicht (Freistil),
1968 Deutscher Vizemeister im Weltergewicht (griechisch/römisch),
1969 Deutscher Vizemeister im Mittelgewicht (griechisch/römisch),
1970 Deutscher Vizemeister im Mittelgewicht (griechisch/römisch),
1971 3. Deutscher Meister im Mittelgewicht (griechisch/römisch),
1972 Deutscher Vizemeister im Mittelgewicht (griechisch/römisch),
1965 5. der Europameisterschaften in Minsk (griechisch/römisch),

1966 5. der Europameisterschaften in Essen (griechisch/römisch),
1966 3. Weltmeister im Weltergewicht (griechisch/römisch),
1967 5. der Weltmeisterschaften in Bukarest (griechisch/römisch),
1969 5. der Weltmeisterschaften in Argentinien (griechisch/römisch),
bei den Weltmeisterschaften 1966 in Toledo (USA) war er wegen finanzieller Mängel des Verbandes nicht in die Mannschaft berufen worden, reiste auf eigene Kosten und Unterstützung des Vereins in die USA und gewann eine Bronzemedaille.
23 Länderkämpfe zwischen 1962 und 1971,
1976 Ende der aktiven Laufbahn.

Sportliche Funktionen:
Bis 1991 Trainer beim TKSV Duisdorf,
seit 1992 Trainer beim KSV Neuß,
Landes- und Stützpunkttrainer beim Olympiastützpunkt Köln-Bonn-Leverkusen.

Auszeichnungen:
Goldene Ehrennadel des Deutschen und des Westdeutschen Ringerbundes.

NIEMACK, Horst

Betreuer
Olympische Funktionen:
Equipechef der deutschen Dressurreiter und Olympiabevollmächtigter für die Dressur,
siehe Melbourne 1956,
siehe Rom 1960,
siehe Tokio 1964.

NORPOTH, Harald

Leichtathlet
Olympische Plazierungen:

1.500-m-Lauf: Nach Platz 3 im Vor- in 3:46,9 und 5 im Zwischen- in 3:54,3 Vierter im Endlauf in 3:42,5 min, bei 54 Teilnehmern,

5.000-m-Lauf: Nach Platz 3 im Vor- in 14:20,6 min im Endlauf nach 2.200 m aufgegeben, bei 37 Teilnehmern,

siehe Tokio 1964,

siehe München 1972.

PUZICHA, Gert

Boxer

links: Gert PUZICHA

Persönliche Daten:

geb.: 25.01.1944 in Coesfeld,
Beruf: Feuerwehrmann in Essen,
Maße: 1,69 m, 65 kg.

Olympische Plazierungen:

Im Halbweltergewicht nach einem Sieg im 2. Kampf im Achtelfinale mit 3:2 Richterstimmen knapp ausgeschieden, bei 36 Startern.

Sportlicher Werdegang:

Vereine: Box-Club Essen-Steele,
1958 Beginn sportliche Laufbahn als Boxer,
hartschlagender Boxer mit Nehmerqualitäten,
auch Fußballspieler bei Rot-Weiß Essen-Schonnebeck,
1966 Deutscher Meister im Halbweltergewicht,
1968 Deutscher Meister im Halbweltergewicht,
1970 Deutscher Meister im Halbweltergewicht,
1971 Deutscher Meister im Halbweltergewicht.

RENZ, Heinz Dieter

Boxer

Persönliche Daten:

geb.:	03.03.1943 in Bottrop,
gest.:	10.08.1969, tödlich abgestürzt beim Bergsteigen in den Alpen bei St. Moritz,
Beruf:	Kraftfahrzeugmechaniker,
Stand:	Ledig,
Maße:	1,81 m, 85 kg.

Olympische Plazierungen:

Schwergewicht: Bei 16 Teilnehmern in der ersten Runde nach Punkten verloren und als 8. ex aequo ausgeschieden.

Sportlicher Werdegang:

Vereine: Boxfreunde 26 Bottrop,
1965 Deutscher Meister im Schwergewicht,
1967 Deutscher Meister im Schwergewicht,
1968 Deutscher Meister im Schwergewicht,
1969 Deutscher Vizemeister im Schwergewicht,
1967 Vizeeuropameister im Schwergewicht,
seit 1959 Mitglied der Nationalstaffel,
bestritt in seiner Laufbahn 170 Kämpfe, von denen er 150 gewann.

Auszeichnungen:

Amateurboxer des Jahres 1967.

RODERFELD, Friedrich

Leichtathlet

Olympische Plazierungen:

Als Ersatzmann der 4x400-m-Staffel ohne Einsatz, da beim Einlaufen verletzt, siehe Tokio 1964.

ROST, Klaus-Jürgen

Ringer

Olympische Plazierungen:

Leichtgewicht (Freistil): Nach einem Schultersieg, zwei Punktgewinnen und zwei Punktniederlagen Platz acht, bei 26 Teilnehmern,

Leichtgewicht (griechisch-römisch): Platz 4 nach drei Punktsiegen, einem Unentschieden, einem Abbruchsieg und einer Punktniederlage, bei 26 Teilnehmern,

siehe Tokio 1964.

SAUER, Michael („Mike")

Leichtathlet

Persönliche Daten:

geb.: 27.08.1941 in Recklinghausen,
Beruf: Student, Journalist, heute Sendeleiter beim ZDF,
Stand: Geschieden,
Maße: 1,83 m, 77 kg.

Olympische Plazierungen:
Dreisprung: In der Qualifikation (16,20) mit 16,02 m ausgeschieden und Platz 15, bei 34 Teilnehmern.

Sportlicher Werdegang:
Vereine: 1955-1959 Fuldaer Turnerschaft,
1960-1962 TSV 1860 München,
1963-1978 USC Mainz,
1956 Beginn sportliche Laufbahn als Fußballer, dann Leichtathlet,
1959 3. Deutscher Jugendmeister im Dreisprung,
1960 3. Deutscher Juniorenmeister im Dreisprung,
1961 3. Deutscher Meister im Dreisprung,

1963 Deutscher Hallenmeister im Dreisprung,
1963 Deutscher Meister im Dreisprung,
1963 3. Deutscher Meister im Weitsprung,
1964 Deutscher Hallenmeister im Dreisprung,
1964 Deutscher Meister im Dreisprung,
1965 Deutscher Hallenmeister im Dreisprung,
1965 Deutscher Meister im Dreisprung,
1966 Deutscher Hallenmeister im Dreisprung,
1967 Deutscher Hallenmeister im Dreisprung,
1967 Deutscher Meister im Dreisprung,
1968 Deutscher Hallenmeister im Weitsprung,
1968 Deutscher Hallenmeister im Dreisprung,
1968 Deutscher Meister im Dreisprung,
1969 Deutscher Hallenmeister im Dreisprung,
1969 Deutscher Meister im Dreisprung,
1970 Deutscher Hallenmeister im Dreisprung,
1970 Deutscher Meister im Dreisprung,
1971 Deutscher Hallenmeister im Dreisprung,
1971 Deutscher Meister im Dreisprung,
1972 Deutscher Hallenmeister im Dreisprung,
danach noch Plazierungen vom 4. bis 8. Rang,
1979 Deutscher Hallenmeister im Dreisprung,
stand zwischen 1961 und 1979 31mal in einem Endkampf bei Deutschen Meisterschaften um Weit- und Dreisprung, in der Halle und im Freien, dazu noch einmal mit der 4x10-m-Staffel,
1966 Hallenvizeeuropameister im Dreisprung,
1966 5. der Europameisterschaften im Dreisprung mit 16,39 m,
1970 4. der Europameisterschaften im Dreisprung,
1971 4. der Europameisterschaften im Dreisprung mit 16,58 m,
1965 3. Studentenweltmeister im Dreisprung,
1967 Studentenweltmeister im Dreisprung,
Deutsche Rekorde: 15,89 (1964), 16,35 (1965), 16,46 (1966), 16,65 m (1967),
inoffizielle Hallenweltrekorde: 16,16 (1965), 17,77 m (1967),
persönliche Bestleistungen: Weitsprung - 7,69, 7,70 m Halle),
Dreisprung - 16,65, 16,77 m (Halle),
54 Länderkämpfe zwischen 1961 und 1974,
ab 1976 mehrere Titel bei Deutschen Europäischen und Welt-Seniorenmeisterschaften,
Deutsche Seniorenbestleistungen: M 35 - 15,70 (1968), M 40 - 15,30 (1981, auch europäische Bestleistung), M 45 - 14,31 (1986).

Sportliche Funktionen:

A-Trainer-Lizenz Leichtathletik,
25 Jahre im Vorstand des USC Mainz als Aktivensprecher, Beisitzer, 2. Vorsitzender, Sportwart, Pressewart, u.a.m.,
stellvertretender Vorsitzender des Bundesfachausschusses Sport der CDU,
Vorsitzender der Arbeitsgruppe Leistungssport der CDU,
Lehrauftrag für Sportpublizistik am Fachbereich Sport der Universität Mainz.

Auszeichnungen:

1975 Rudolf-HARBIG-Gedächtnispreis.

SCHÄFER, Gertrud

Leichtathletin

Persönliche Daten:

geb.: 26.10.1944 in Marl,
Beruf: Diplom-Sportlehrerin,
Trainerin,
Stand: Ledig,
Maße: 1,68 m, 80 kg, die damals wohl kleinste Kugelstoßerin der Weltklasse.

Olympische Plazierungen:

Kugelstoßen: Platz 10 im Vorkampf mit 15,26 m, bei 14 Teilnehmerinnen, keine Qualifikation.

Sportlicher Werdegang:

Vereine: 1956-1958 VfL Hüls,
1959-1961 Viktoria Recklinghausen,
1962-1962 FC Schalke 04,
1965-1968 SV Bayer 04 Leverkusen,
1969-1972 FC Schalke 04,
1954 Beginn sportliche Laufbahn als Rollkunstläuferin,
1962 Deutscher Jugendmeisterin im Kugelstoßen,
1964 3. Deutsche Meisterin im Kugelstoßen,
1964 3. Deutsche Meisterin im Diskuswerfen,
1965 Deutsche Juniorenmeisterin im Kugelstoßen,
1965 Deutsche Juniorenmeisterin im Diskuswerfen,
1965 Deutsche Vizemeisterin im Kugelstoßen,
1965 3. Deutsche Meisterin im Diskuswerfen,
1966 Deutsche Meisterin im Kugelstoßen,
1966 3. Deutsche Meisterin im Diskuswerfen,
1967 Deutsche Vizemeisterin im Kugelstoßen,
1968 Deutsche Vizemeisterin im Kugelstoßen,
1969 3. Deutsche Meisterin im Kugelstoßen,
1965 3. beim Europacup im Kugelstoßen,
1966 6. der Europameisterschaften mit 15,95 m,
17 Länderkämpfe zwischen 1964 und 1971.

persönliche Bestleistungen: Kugel - 16,44 m (1968), Diskus - 51,21 m (1965), 1972 Ende der aktiven Laufbahn.

Sportliche Funktionen:

1983-1990 DLV-Trainerin weibliche Jugen und Frauen im Kugelstoßen, Trainerin von Spitzenathleten, u.a. der Siebenkampf-Weltmeisterin Sabine BRAUN (1991) für die Wurfdisziplinen, Hürdenlauf, Krafttraining und Gesamtkoordination, Beate PETERS (Speer), Stepanie STORP (Kugel), Marianne HARTMANN (Kugel).

Veröffentlichungen:

Modernes Krafttraining als Vorbereitung für Wurf- und Stoßübungen in der Frauenleichtathletik, Diplom-Arbeit Köln 1965.

SCHIPROWSKI, Klaus

Leichtathlet

Persönliche Daten:

geb.: 27.12.1942 in Gelsenkirchen-Buer,
Beruf: Sportstudent, heute Kreissport-Rat,
Stand: Ledig, heute verheiratet, 2 Kinder,
Maße: 1,77 m, 69 kg.

Olympische Plazierungen:

Silbermedaille im Stabhochsprung mit 5,40 m (Europarekord), bei 23 Teilnehmern.

Sportlicher Werdegang:

Vereine: Seit 1958 Recklinghäuser Leichtathletik-Club, später SV Bayer 04 Leverkusen,
1958 Beginn sportliche Laufbahn als Leichtathlet,
1960 Deutscher Jugendmeister im Stabhochsprung mit 4,01 m (Deutscher Jugendrekord),
1960 Deutscher Jugendmeister über 110-m-Hürden in 14,2 sec (Deutscher Jugendrekord),
1962 Deutscher Juniorenmeister im Stabhochsprung,
1962 Deutscher Vizejuniorenmeister über 110-m-Hürden,
1963 Deutscher Juniorenmeister im Zehnkampf,
1963 Deutscher Mannschaftsmeister,
1964 3. Deutscher Meister im Stabhochsprung,
1966 Deutscher Vizemeister im Stabhochsprung,
1666 Deutscher Mannschaftsmeister,
1667 Deutscher Mannschaftsmeister,
1968 3. Deutscher Meister im Stabhochsprung,
1969 Deutscher Vizemeister im Stabhochsprung,
1966 8. der Europameisterschaften mit 4,70 m,

Deutsche Rekorde: 5,13, 5,18, 5,20, 5,25, 5,30, 5,35, 5,40 m (alle 1968)
9 Länderkämpfe zwischen 1966 und 1969, 2 Juniorenländerkämpfe 1963,
1969 Ende der aktiven Laufbahn (Luxation des linken Handgelenks).

Sportliche Funktionen:

1973-1988 Sport- und Lehrwart im Kreissportbund Hildesheim,
seit 1992 Vorstandsmitglied in der AG Deutscher Sportämter.

Auszeichnungen:

1968 Silbernes Lorbeerblatt.

SCHULZ, Wolf-Rüdiger

Schwimmer

Persönliche Daten:

geb.:   04.02.1940 in Berlin,
Beruf: Student,
Maße: 1,84 m, 86 kg.

Olympische Plazierungen:

Wasserball: In der Vorrunde nach zwei Siegen und vier Niederlagen Platz 5 in der Gruppe B, nach zwei weiteren Plazierungsspielen insgesamt Platz 10, bei 15 Mannschaften. SCHULZ wurde achtmal als Verteidiger eingesetzt.

Sportlicher Werdegang:

Vereine: Spandauer SV,
           Amateur SC Duisburg,
           seit 1967 Rote Erde Hamm,
1963 Deutscher Meister mit Amateur SC Duisburg,
1965 Deutscher Meister mit Amateur SC Duisburg,
1969 Deutscher Meister mit Rote Erde Hamm,
1971 Deutscher Meister mit Rote Erde Hamm,
1966 Teilnehmer an der Europameisterschaft (7. Platz),
seit 1960 Mitglied der Nationalmannschaft.

SCHULZE, Berni

Kanute

Olympische Plazierungen:

1.000-m-Kajak (Zweier): Platz neun im Finale in 4:02,98 zusammen mit Holger ZANDER nach Rang vier im Vor- in 3:50,08, Sieg im Hoffnungslauf in 3:50,08 und Position drei im Halbfinale in 3:49,19 min, bei 23 Booten am Start, siehe Tokio 1964.

SCHULZE-DIECKHOFF, Alfons

Betreuer

Olympische Tätigkeiten:

Mannschaftsleiter Reiten,

siehe Stockholm 1956,

siehe Rom 1960,

siehe Tokio 1964.

SLOMA, Ulrich

Hockeyspieler

Persönliche Daten:

geb.: 07.11.1942 in Münster,
Beruf: Kaufmännischer Angestellter,
Maße: 1,82 m, 75 kg.

Olympische Plazierungen:

Platz vier, in neun Spielen gab es fünf Siege, ein unentschieden und drei Niederlagen, 16:8 Tore, wurde in fünf Spielen als Linksaußen eingesetzt, bei 16 Mannschaften am Start.

Sportlicher Werdegang:

Vereine: HTC Uhlenhorst Mülheim,
1960 Deutscher Meister,
1961 Deutscher Hallenvizemeister,
1964 Deutscher Meister,
23 Länderspiele.

STEGEMANN, Annegret

Turnerin

Persönliche Daten:

geb.: 16.10.1952 in Wattenscheid,
Schwester von Marlies
STEGEMANN, siehe dort
(1968),
Beruf: Lehrling, Industriekauffrau,
jetzt Sportlehrerin,
Stand: Ledig, später verheiratete
Frau HEIMEROTH,
Maße: 1,66 m, 56 kg.

Olympische Plazierungen:

Ersatzturnerin ohne Einsatz.

Sportlicher Werdegang:

Vereine: 1955-1962 Kinder
ballett Wattenscheid,
1962 TV Eppendorf (Wattenscheid),
1963-1966 VfL Bochum,
1967-1971 TV Wattenscheid 01,
1963 Beginn sportliche Laufbahn als Kunstturnerin,
1966 3. Deutsche Jugendmeisterin,
1967 Deutsche Jugendvizemeisterin,
1968 4. Deutsche Jugendmeisterin im Achtkampf,
1968 5. Deutsche Meisterin im Achtkampf,
1968 Deutsche Jugendmannschaftsmeisterin,
1968 Deutsche Mannschaftsmeisterin,
1969 Deutsche Jugendmannschaftsmeisterin,
5 Länderkämpfe,
1971 Ende der aktiven Laufbahn.

Sportliche Funktionen:

Seit 1971 Trainerin für Kunstturnen beim VfL Bochum,
seit 1971 Lehrtätigkeit im Westfälischen Turnerbund,
seit 1982 Trainertätigkeit in TV Neheim für Turnen und modernen Tanz.

STEGEMANN, Marie-Luise („Marlies")

Turnerin

Persönliche Daten:

geb.: 12.01.1951 in Wattenscheid,
Schwester von Annegret
STEGEMANN siehe dort
(1968),
Beruf: Lehrling, Industriekauffrau,
Sportstudium an der
Universität Münster, Studium
der Betriebswirtschaft, heute
Diplom-Betriebswirtin,
Stand: Ledig, 1976-1982 verheiratet
(Frau BURKHARDT),
Maße: 1,59 m, 54 kg.

Olympische Plazierungen:

Achtkampf (Mannschaft): Platz 9, bei
14 Mannschaften,
Achtkampf (Einzel) Platz 48 mit 70,55
Punkten, bei 104 Starterinnen,
Boden: Platz 40 mit 18,10 Punkten,
Stufenbarren: Platz 61,
Schwebebalken: Platz 76,
Pferdsprung: Platz 31.

Sportlicher Werdegang:

Vereine: 1963-1967 VfL Bochum 1848,
1967-1971 TV Wattenscheid 01,
1963 Beginn sportliche Laufbahn als Turnerin,
1965 5. der Deutschen Jugendmeisterschaft,
1966 3. der Deutschen Jugendmeisterschaft,
1967 Deutsche Jugendmeisterin,
1967 Deutsche Meisterin im Achtkampf,
1968 Deutsche Jugendmeisterin,
1968 Deutsche Meisterin im Achtkampf,
1968 Deutsche Meisterin im Bodenturnen,
1968 Deutscher Mannschaftsmeister,
1970 Deutsche Meisterin im Bodenturnen,
insgesamt 10 Meistertitel, 3mal Vizemeisterin, 4mal Platz 3, mehrere westfälische Meisterschaften,

1969 14. der Europameisterschaften,
1970 Teilnehmerin der Weltmeisterschaften,
14 Länderkämpfe,
beendete 1972 ihre Laufbahn.

Sportliche Funktionen:

Kampfrichterin,
Landeskunstturnwartin.

Auszeichnungen:

1970 Ehrennadel des Stadtsportbundes Wattenscheid.

SUCHOTZKI, Hans Georg

Kanute

Persönliche Daten:

geb.: 01.10.1948 in Hilchenbach
bei Siegen,
Beruf: Student, heute Diplom-Sportlehrer,
Stand: Ledig, heute verheiratet,
Maße: 1,82 m, 79 kg.

Olympische Plazierungen:

Als Ersatzfahrer, Canadier, nicht eingesetzt.

Sportlicher Werdegang:

Vereine: 1961-1968 Eintracht
Bertasee Duisburg,
1969-1973 Rheintreue Düsseldorf,
heute Wuppertaler Kanu Club,
1961 Beginn sportliche Laufbahn als Kanute,
1967 Deutscher Jugendmeister im Einer-Canadier,
1968 Deutscher Vizemeister im Einer-Canadier (500 m),
1968 Deutscher Vizemeister im Einer-Canadier (1.000 m),
1968 Deutscher Vizemeister im Einer-Canadier (10.000 m),
1970 Deutscher Vizemeister im Einer-Canadier (10.000 m),
1970 Deutscher Vizemeister im Zweier-Canadier (1.000 m),
1967 Teilnehmer an der Kanu-Jugendeuropameisterschaft,
1969 Teilnehmer an den Europameisterschaften,
1970 Ersatzmann bei den Weltmeisterschaften,
1973 Ende der aktiven Laufbahn.

Sportliche Funktionen:

Seit 1974 Bundestrainer für Canadier-Rennsport im Deutschen Kanu-Verband,
seit 1979 Ausbildungsreferent im Deutschen Kanu-Verband,
seit 1986 Vorsitzender des Wuppertaler Kanu Clubs.

Veröffentlichungen:

Methodik des Grundlagentrainings im Kanurennsport, Diplom-Arbeit Köln 1968.
mit OBSTOJ, Horst, KNAP, Karel, *Kajak und Kanadier*, Reinbek 1978, mehrere überarbeitete Auflagen.

THADE, Heiner

Moderner Fünfkämpfer
Persönliche Daten:

geb.: 15.09.1942 in Lüdinghausen,
Beruf: Student (Sport und Philologie), Studienrat
(Sport und Englisch) in München,
Stand: Ledig,
Maße: 1,80 m, 75 kg.

Olympische Plazierungen:
Einzel: Platz 33 mit 4.264 Punkten, bei 48 Teilnehmer,
Mannschaft: Platz 14 mit 11.834 Punkten, bei 15 Mannschaften,
siehe München 1972,
siehe Montreal 1976,
wollte 1980 in Moskau zum vierten Mal an Olympischen Spielen teilnahmen, brach nach Ausbruch der Afghanistankrise abrupt sein Training ab und hörte mit dem Leistungssport auf, wurde am 29.04.1980 offiziell aus der Fünfkampf-Nationalmannschaft verabschiedet.

Sportlicher Werdegang:
Vereine: TV Neheim,
kam über das Fechten und den turnerischen Friesenkampf zum Modernen Fünfkampf, 1962 Beginn mit dem Leistungssport,
1967 Deutscher Vizemeister im Modernene Fünfkampf,
1968 3. Deutscher Meister im Modernene Fünfkampf,
1970 Deutscher Vizemeister im Modernene Fünfkampf,
1971 3. Deutscher Meister im Modernene Fünfkampf,
1972 Deutscher Meister im Modernene Fünfkampf,
insgesamt 5mal Deutscher Vizemeister im Modernene Fünfkampf,
1971 6. der Weltmeisterschaften (Einzel) und 4. mit der Mannschaft im Modernene Fünfkampf,
1973 7. der Weltmeisterschaften (Einzel) und Vizeweltmeister (Mannschaft) im Modernene Fünfkampf,
1976 5. der Deutschen Meisterschaft im Degenfechten,
Mitglied der Studenten-Fechtnationalmannschaft (Degen),
1980 Ende der aktiven Laufbahn.

TRZMIEL, Werner

Leichtathlet
Olympische Plazierungen:
110-m-Hürden: Platz fünf im Finale in 13,6 nach zweitem Platz in 13,8 im Vor- und Rang drei in 13,5 sec im Zwischenlauf, bei 33 Startern,
siehe Tokio 1964.

WAGNER, Willi

Leichtathlet

Persönliche Daten:

geb.: 03.10.1941 in Neustadt a.d.Weinstraße,
Beruf: Winzer in Bad Dürkheim,
Stand: Verheiratet, ein Kind,
Maße: 1,78 m, 65 kg.

Olympische Plazierungen:

3.000-m-Hindernislauf: Als 5. in seinem Vorlauf in 9:16,0 min ausgeschieden, bei 37 Teilnehmern,

siehe München 1972.

Sportlicher Werdegang:

Vereine: 1961-1970 TV Bad Dürkheim,
1971-1973 TV Wattenscheid,
1961 Beginn sportliche Laufbahn als Mehrkämpfer,
1967 3. Deutscher Meister im 3.000-m-Hindernislauf,
1969 Deutscher Meister im 3.000-m-Hindernislauf,
1968 Deutscher Vizemeister im 3.000-m-Hindernislauf,
1970 3. Deutscher Meister im 3.000-m-Hindernislauf,
1971 Deutscher Vizemeister im 3.000-m-Hindernislauf,
1972 Deutscher Meister im 3.000-m-Hindernislauf,
1973 3. Deutscher Meister im 3.000-m-Hindernislauf,
1974 3. Deutscher Meister im 3.000-m-Hindernislauf,
1971 9. der Europameisterschaften in 8:44,6,
24 Länderkämpfe zwischen 1966 und 1974,
Deutsche Rekorde: 8:26,6 1972), 8:26,2 min (1973),
weitere Bestzeiten: 1.500 - 3:45,0, 3.00 - 7:56,2, 5.000 - 13:46,8, 10.000 m - 29:05,0 min.

Sportliche Funktionen:

Heute Sportwart des LC Bad Dürkheim.

WEEKE, Ludger

Schwimmer

Persönliche Daten:

geb.: 25.04.1949 in Hamm,
Beruf: Student, Maschinen-
bauingenieur,
Berufsschullehrer
(Studienrat),
Stand: Ledig,
Maße: 1,80 m, 75 kg.

Olympische Plazierungen:

Wasserball: In der Vorrunde nach zwei Siegen (BRA 10:5, MEX 6:3) und vier Niederlagen (ESP 3:5, HUN 4:6, URS 3:6) Platz 5 in der Gruppe B, nach einem Plazierungsspiel (ESP 5:7) insgesamt Platz 10, bei 15 Mannschaften, wurde als Stürmer in allen Spielen eingesetzt,

siehe München 1972,

siehe Montreal 1976.

Sportlicher Werdegang:

Vereine: seit 1961 Rote Erde Hamm,
1964 Beginn sportliche Laufbahn als Brustschwimmer,
seit 1967 Wasserballnationalspieler,
1964 Deutscher Jahrgangsmeister über 200-m-Brust,
1965 Deutscher Jahrgangsmeister über 200-m-Brust,
1969 Deutscher Meister im Wasserball,
1971 Deutscher Meister im Wasserball,
1973 Deutscher Meister im Wasserball,
1974 Deutscher Pokalmeister im Wasserball,
1975 Deutscher Meister im Wasserball,
1975 Deutscher Pokalmeister im Wasserball,
1976 Deutscher Pokalmeister im Wasserball,
1977 Deutscher Pokalmeister im Wasserball,

1970 Teilnehmer an der Europameisterschaft im Wasserball,
1974 Teilnehmer an der Europameisterschaft im Wasserball,
1975 Teilnehmer an der Weltmeisterschaft im Wasserball(Platz 6),
180 Länderspiele zwischen 1967 und 1976,
1985 Ende der aktiven Laufbahn.

Sportliche Funktionen:

1978-1985 Trainer der 2. Mannschaft von Rote Erde Hamm,
1986-1991 Trainer im Jugend- und Juniorenbereich,
ab 1991 Trainer der 1. Mannschaft von Rote Erde Hamm.

Auszeichnungen:

Goldene Sportplakette der Stadt Hamm,
Silberne Ehrennadel des Westdeutschen Schwimmverbandes,
Bezirksehrennadel des Südwestfälischen Schwimmverbandes.

WINKLER, Hans Günther

Reiter

Olympische Plazierungen:

Bronzemedaille im Jagdspringen (Mannschaft) auf „Enigk" (16,77+11,50=28,25) zusammen mit Alwin SCHÖCKEMÖHLE auf „Donald Rex" (13+5,75=18,75) und Hermann SCHRIDDE auf „Dozent II" (33,75+36,5=70,25) mit insgesamt 117 1/4 Fehlerpunkten, bei 15 gestarteten Mannschaften,

Platz fünf in der Einzelwertung auf „Enigk" mit 12 (8+4) Fehlerpunkten, unterlag dabei im Stechen um die Bronzemedaille mit 0 Fehlerpunkten und 35,5 sec dem Briten David BROOME (35,3) und dem US-Amerikaner Frank CHAPOT (36,8),

siehe Stockholm 1956,

siehe Rom 1960,

siehe Tokio 1964,

siehe München 1972,

siehe Montreal 1976,

siehe Seoul 1988.

2. 14. Sapporo und München 1972

Sapporo 1972

Zur Statistik:

Dauer:	03.-13.02.1972,
Deutsche Teilnehmer:	(88) (17), davon 78 (16) Starter,
Deutsche Teilnehmer aus der DDR:	42 (13), davon 42 (13) Starter,
aus Westfalen:	5 (2),
Begleiter:	Ungefähr 50 (2) aus der Bunderepublik, ungefähr 25 (5) aus der DDR,
aus Westfalen:	1,
Gewonnene Medaillen:	
Bunderepublik:	3 Gold-, 1 Silber-, 1 Bronzemedaille(n),
DDR:	4 Gold-, 3 Silber-, 7 Bronzemedaillen,
von Westfalen:	Keine Medaillen.

Teilnehmer/Betreuer:

DAUME, Willi (Betreuer),
DÖPP, Hartmut (Skiläufer),
GROSCHE, Alfred (Skispringer),
HALKE, Corinna (Eiskunstläuferin),
MRKLAS, Monika (Skiläuferin),
WINKLER, Alfred (Skiläufer).

Biographien:

DAUME, Willi

Betreuer

Olympische Tätigkeiten:

Präsident des NOK,

IOC-Mitglied,

siehe 1936 bis 1992.

DÖPP, Hartmut

Skiläufer

Persönliche Daten:

geb.:   11.05.1947 in Winterberg,
Beruf: Autoschlosser,
Maße: 1,88 m, 83 kg.

Olympische Plazierungen:

15-km-Langlauf: Platz 32 in 48:46,08 min,
30-km-Langlauf: Platz 35 in 1:44:51,05 std,
4x10-km-Staffel: Platz 7 mit Franz BETZ, Urban HETTICH und Walter DEMEL in 2:10:42,85 std, DÖPP lief mit 32:22,0 min nach DEMEL die zweitschnellste Zeit der deutschen Staffel.

Sportlicher Werdegang:

Vereine: Skiklub Winterberg,
1971 3. Deutscher Meister im 30-km-Lauf,
1971 4. Deutscher Meister im 15-km-Lauf,
1972 Deutscher Meister im 50-km-Lauf.

GROSCHE, Alfred

Skispringer

Persönliche Daten:

geb.: 20.01.1950 in Winterberg,
Beruf: Maurer, Stukkateur, Möbelverkäufer, 1973-1979 Zeitsoldat,
Stand: Verheiratet, 1 Kind,
Maße: 1,84 m, 81 kg.

Olympische Plazierungen:

Sprunglauf Normalschanze: Platz 47 mit 182,8 Punkten und Weiten von 70 und 60 m,

Sprunglauf Großschanze: Platz 52 (letzter)mit 119,6 Punkten und Weiten von 84 und 77,5 m,

siehe Innsbruck 1976.

Sportlicher Werdegang:

Vereine: Skiklub Winterbeg,
1968 Deutscher Jugendmeister in der Nordischen Kombination,
1973 Deutscher Meister auf der Großschanze,
1974 Deutscher Meister auf der Großschanze,
1975 Deutscher Meister auf der Großschanze,
1977 Deutscher Meister auf der Großschanze,
1969 Deutscher Meister auf der Normalschanze,
1975 Deutscher Meister auf der Normalschanze,
1977 Deutscher Meister auf der Normalschanze,
1975 2. in der Weltrangliste,
1971 plaziert am Holmenkollen,
10 Jahre Teilnehmer an der Vierschanzentournee,
beendete als „Preuße" die bayerische Hegemonie im Skispringen,
einer der wenigen deutschen Weltklassespringer,
trat 1978 vom aktiven Sport zurück.

Sportliche Funktionen:

Trainer des Springernachwuchses im Westdeutschen Skiverband.

HALKE, Corinna

Eiskunstläuferin

Persönliche Daten:

geb.: 04.07.1957 in Dortmund,
Beruf: Schülerin, heute
Sportredakteurin bei der
ARD in München,
Stand: Ledig,
Maße: 1,58 m, 45 kg.

Olympische Plazierungen:

Paarlauf: Platz 10 mit Eberhard RAUSCH mit 381,1 Punkten und Platzziffer 87,

siehe Innsbruck 1976.

Sportlicher Werdegang:

Vereine: ERC Eintracht Dortmund,
SC Rießersee,
1970 Deutsche Jugendmeisterin im Einskunstlauf,
ab Sommer 1971 Paarläuferin mit Eberhard RAUSCH (Mannheimer ERC), nachdem sich dieser 1971 von seiner Partnerin Brunhilde BAßLER getrennt hatte,
1972 Deutsche Vizemeisterin im Paarlauf,
1974 Deutsche Meisterin im Paarlauf,
1975 Deutsche Meisterin im Paarlauf,
1976 Deutsche Meisterin im Paarlauf,
1974 9. der Weltmeisterschaften,
1974 7. der Europameisterschaften,
1975 9. der Weltmeisterschaften,
mußte wegen einer Hüftverletzung 1976 ihre Laufbahn beenden.

MRKLAS, Monika

Skiläuferin

Olympische Plazierungen:

5-km-Langlauf: Platz 24 in 17:57,40 min,

10-km-Langlauf: Aufgegeben,

3x5-km-Langlaufstaffel: Platz 4 in 50:26,61 min mit Ingrid ROTHFUß und Michaela ENDLER,

siehe Grenoble 1968.

WINKLER, Alfred

Skiläufer

Olympische Plazierungen:

Nordische Kombination: Platz 25 mit 357,110 Punkten (Platz 20 beim Springen mit 71,5 und 72,5 m und Platz 32 im 15-km-Langlauf in 52:41,5 min,

siehe Grenoble 1968.

München 1972

Zur Statistik:

Dauer:	26.08.-11.09.1972,
Deutsche Teilnehmer:	788 (163), davon Starter 729 (152),
aus der Bunderepublik:	459 (90), davon 432 (86) Starter,
aus der DDR:	329 (73), davon 297 (66) Starter,
aus Westfalen:	74 (16)
Begleiter:	Ungefähr 110 (10) aus der Bundesrepublik,
aus Westfalen:	9,
gewonnene Medaillen:	
Bundesrepublik:	13 Gold-, 11 Silber-, 16 Bronzemedaillen,
DDR:	20 Gold-, 23 Silber-, 23 Bronzemedaillen,
von Westfalen:	
Goldmedaillen:	KAESSMANN, Werner mit der Hockey-Mannschaft, LIGGES, Fritz mit der Springreiter-Mannschaft, MICKLER-BECKER, Ingrid mit der 4x100-m-Staffel, RICHTER, Anegret mit der 4x100-m-Staffel, WINKLER, Hans-Günther mit der Springreiter-Mannschaft,
Silbermedaillen:	Keine,
Bronzemedaillen:	EHL, Klaus in der 4x100-m-Staffel, FUNNEKÖTTER, Peter mit dem Vierer ohne, GÖSSING, Ludwig mit der Military-Mannschaft, HUSSING, Peter im Boxen (Schwergewicht), KLUGMANN, Harry mit der Military-Mannschaft, LEWE, Detlef im Canadier-Einer (1.000 m), PLOTTKE, Wolfgang mit dem Vierer ohne, WEBER, Jutta mit der 4x100-m-Freistilstaffel,

Teilnehmer/Betreuer:

BECKER, Leopold (Betreuer),
BIRLENBACH, Heinfried (Leichtathlet),
BLECHER, Peter, (Schütze),
BLEIDICK, Hartwig (Fußballspieler),
BODE, Hans-Jürgen (Handballspieler),
BRADLER, Hans Jürgen (Fußballspieler),
BUTHE-PIEPER, Franz (Betreuer),
DAUME, Willi (Betreuer),
DEPPE, Ulrike (Kanutin),
EHL, Klaus (Leichtathlet),
ELLERBRAKE, Annette (Volleyballspielerin),
FUNNEKÖTTER, Peter (Ruderer),
GEESMANN, Theo (Kanute),
GÖSSING, Ludwig (Reiter),
GRAßHOFF, Hans Ulrich (Volleyballspieler),
HAMMES, Ewald (Fußballspieler),
HENCKEL, Frithjof (Ruderer),
HENNIG, Klaus Peter (Leichtathlet),
HILD, Rüdiger (Volleyballspieler),
HOFFMANN, Peter (Kanute),
HOFFMEISTER, Hans (Schwimmer),
HUDA, Norbert (Schwimmer),
HUSSING, Peter (Boxer),
NOLPA, Carla (Schützin),
NOLTE, Hatto (Volleyballspieler),
NORPOTH, Harald (Leichtathlet),
NOSSEK, Ingulf (Schwimmer),
NOWS, Petra (Schwimmerin),
OBERSTE, Walter (Betreuer),
OHE, Hans Georg von der (Volleyballspieler),
PETERS, Ulrich (Kanute),
PETERS, Wolfgang (Kanute),
PETERSMANN, Günter (Ruderer),
PLOTTKE, Wolfgang (Ruderer),
REMMEL, Peter (Ruderer),
RICHTER, Annedora (Volleyballspielerin),
RICHTER, Annegret (Leichathletin),
RIESINGER, Wolfgang (Leichtathlet),
ROST, Klaus (Ringer),
SAPP, Ursula (Schwimmerin),
SCHEPERS, Hans (Betreuer),
KAESSMANN, Werner (Hockeyspieler),
KEMPER, Franz Josef (Leichtathlet),
KILIAN, Gustav (Betreuer),
KLEES, Ulrike (Schwimmerin),
KLIMKE, Reiner (Reiter),
KLUGMANN, Harry (Reiter),
KOBER, Annegret (Schwimmerin),
KOCH, Edeltraut (Schwimmerin),
KÖHLER, Hermann (Leichtathlet),
KONZORR, Klaus (Schwimmer),
KOWALEWSKI, Günter (Ringer),
KRONIGER, Annegret (Leichtathletin),
KUPRELLA, Dieter (Basketballspieler),
LEWE, Detlef (Kanute),
LIGGES, Fritz (Reiter),
LÜBKING, Herbert (Handballspieler),
LÜTCKE WESTHUES, Alfons (Betreuer),
MEIERKORD, Werner (Betreuer),
MICKLER-BECKER, Ingrid (Leichtathletin),
MIETZ, Dietmar (Fußballspieler),
MÖLLER, Heiner (Handballspieler),
NEUHAUS, Hans-Peter (Handballspieler),
NIEDERHEIDE, Andrea (Turnerin),
SCHMIDT, Paul (Betreuer),
SCHULTEN, Hans-Dieter (Leichtathlet),
SIMON, Hans-Georg (Schwimmer),
STECKEN, Albert (Betreuer),
STEDEN, Brigitte (Badmintonspielerin),
STENDER, Margret (Volleyballspielerin),
THADE, Heiner (Moderner Fünfkämpfer),
THIMM, Norbert (Basketballspieler),
TRUSCHINSKI, Bernd (Ruderer),
VOSSELER, Hans-Günther (Schwimmer),
WAGNER, Willi (Leichtathlet),
WEBER, Jutta (Schwimmerin),
WEEKE, Ludger (Schwimmer),
WENDEMUTH, Reinhard (Ruderer),
WESSINGHAGE, Thomas (Leichtathlet),
WINKLER, Hans-Günther (Reiter),
ZEISNER, Christoph-Michael (Schütze),
ZITRANSKI, Uwe (Volleyballspieler).

Biographien:

BECKER, Leopold („Leo")

Betreuer

Olympische Tätigkeiten:

Mannschaftsleiter Moderner Fünfkampf.

BIRLENBACH, Heinfried

Leichtathlet

Olympische Plazierungen:

Kugelstoßen; Platz 7 im Finale mit 20,37, nach 20.10 (20.) in der Qualifikation und 7. im Vorkampf (20,3 m),

siehe Tokio 1964,

siehe Mexiko-City 1968.

BLECHER, Peter

Schütze

Persönliche Daten:

geb.: 03.02.1934 in Hagen,
Beruf: Kaufmann, Fabrikant,
Stand: Verheiratet, zwei Kinder,
Maße: 1,92 m, 96 kg.

Olympische Plazierungen:

Trap-Schießen: Platz 26 mit 185 Treffern,

siehe Los Angeles 1984.

Sportlicher Werdegang:

Vereine: „Grobe Sau" Hagen,
seit 1984 WC Münster,
Beginn sportliche Laufbahn als Kleinkaliberschütze, erst ab 1969 Wurftaubenschütze,
auch erfolgreicher Motocrossfahrer,
1980 Deutscher Meister im Trapschießen,
1971 Mitglied der Weltmeistermannschaft im Trapschießen,
Bestleistung: 198 von 200 möglichen Treffern.

BLEIDICK, Hartwig

Fußballspieler

Persönliche Daten:

geb.: 26.12.1944 in Körbecke Kreis Soest,
Beruf: Diplom-Sportlehrer, Fußballehrer, ab 1973 Sportlehrer an einem Gymnasium,
Stand: Verheiratet, 2 Kinder,
Maße: 1,77 m, 68 kg.

Olympische Plazierungen:

Platz 5/6 ex aequo nach 6 Spielen (3 Siegen, 1 Unentschieden und zwei Niederlagen), in den Spielen gegen Marokko (3:0), USA (7:0) und Mexiko (1:1) eingesetzt, war stellvertretender Mannschaftskapitän.

Sportlicher Werdegang:

Vereine: 1958-1968 Soester SV,
1968-1973 VfL Borussia Mönchengladbach,
1973-1975 Borussia Lippstadt,
1977-1982 Soester SV,
1958 Beginn sportliche Laufbahn als Fußballspieler,
1970 Deutscher Meister,
1971 Deutscher Meister,
1973 Deutscher Pokalsieger,
zwischen 1968 und 1972 32 Amateurländerspiele (2 Tore), damit Platz 8 der aktuellen Rangliste,
1971 2 A-Länderspiele (Albanien und Norwegen).

Sportliche Funktionen:

Seit 1970 siebenmal Kapitän der Amateurnationalmannschaft.

Auszeichnungen:

DFB Länderspielnadel im Silberkranz.

BODE, Hans-Jürgen („Opa")

Handballspieler

Persönliche Daten:

geb.: 27.06.1941 in Herne,
Beruf: Betriebswirt, Prokurist, leitender Kaufmännischer Angestellter als Leiter des Rechnungswesens einer Feinkostfirma in Hamburg,
Stand: Verheiratet, 2 Kinder,
Maße: 1,76 m, 80 kg.

Olympische Plazierungen:

Platz 6 nach zwei Siegen (ESP 13:10, HUN 17:14), einem Unentschieden (NOR 15:15) und drei Niederlagen (ROM 11:13, YUG 15:25, URS 16:17), wurde in xy Spielen als Torwart eingesetzt, bei 16 Mannschaften.

Sportlicher Werdegang:

Vereine: FC St. Pauli Hamburg (als Fußballspieler),
Bis 1962 SV St. Georg Hamburg,
ab 1963 Hamburger Sportverein,

Beginn sportliche Laufbahn als als Mittelläufer in einer Amateurfußballmannschaft,
1967 Teilnehmer an der Weltmeisterschaft, Platz 6,
1970 Teilnehmer an der Weltmeisterschaft, Platz 5,
zwischen 1965 und 1972 68 Länderspiele, 67 als Torwart, einmal als Feldspieler am 15.11.1966 gegen die Schweiz,

Sportliche Funktionen:

Kapitän der Handballmannschaft des Hamburger SV,
Sprecher der Handballnationalmannschaft.

BRADLER, Hans Jürgen

Fußballspieler

Persönliche Daten:

geb.: 12.08.1948 in Bochum,
Beruf: Maschinenbau-Ingenieur,
Maße: 1,86 m, 75 kg.

Olympische Plazierungen:

Platz 5/6 ex aequo nach 6 Spielen (3 Siegen, 1 Unentschieden und zwei Niederlagen), als Ersatztorwart hinter Günter WIENHOLD (Eintracht Frankfurt) nur einmal eingesetzt beim 2:3 gegen die DDR.

Sportlicher Werdegang:

Vereine: Turnerbund Eikel,
VfL Bochum,
1971 1 Junioren-Länderspiel,
zwischen 1970 und 1972 20 Amateurländerspiele.

BUTHE-PIEPER, Franz („Bubi")

Kampfrichter

Persönliche Daten:

geb.: 30.08.1910 in Bochum,
gest.: 18.07.1976 in Gelsenkirchen,
Beruf: Gastwirt in Gelsenkirchen, vorher in Bochum jeweils in der Bahnhofsgaststätte,
Stand: Verheiratet.

Olympische Funktionen:

Chefstarter (Obmann) der zwölf Starter der Leichtathleten, dabei sein letzter internationaler Einsatz am 01.09.1972 mit dem Start des 100-m-Endlaufs der Männer.

Sportlicher Werdegang:

Vereine: TuS Bochum, SV Duisburg 99,
1933 Deutscher Vizemeister in der 4x100-m-Staffel mit Erich BORCHMEYER, Wolfgang WENT und Arthur JONATH,
1932 und 1933 zwei Länderkämpfe,
persönliche Bestleistungen: 100 m - 10,5 (1933), 200 m - 22,0 sec (1934).

Sportliche Funktionen:

20 Jahre Starter (national und international), etwa 5.000 Starts, führte die Rote Jacke für den Starter ein, bildete Starter im Ausland aus, auch als Fußballschiedsrichter tätig.

Auszeichnungen:

1969 Carl-DIEM-Schild.

DAUME, Willi

Betreuer

Olympische Tätigkeiten:

Präsident des Organisationskomitees,
Präsident des NOK,
IOC-Mitglied,
siehe 1936-1992.

DEPPE, Ulrike
Kanutin

Persönliche Daten:

geb.:   09.12.1953 in Lippstadt,
Beruf: Schülerin, dann Studentin,
              heute Grundschullehrerin,
Stand: Ledig,
Maße: 1,71 m, 61 kg.

Olympische Plazierungen:

Kajak-Einer (Slalom): Platz 7 in 366,44+90=456,44 Punkte.

Sportlicher Werdegang:

Vereine: seit 1953 (Geburt)
Wasser- und Wintersportclub Lippstadt,
schon als Kleinkind wurde sie von ihren Eltern, die beide begeisterte Kanusportler waren, im Kanu mitgenommen,

Sportliche Funktionen:

Vereinstrainerin in Hildesheim,
1977-1981 Aktivensprecherin für Kanusslalom,
seit 1979 für einige Jahre Mitglied im Beirat der Aktiven des Bundesausschusses für Leistungssport im DSB.

Auszeichnungen:

Silbernes Lorbeerblatt,
Sportplakette NRW.

EHL, Klaus

Leichtathl

Persönliche Daten:

geb.: 16.08.1949 in Paderborn,
Beruf: Student, Studienrat für Kunst und Sport in Wattenscheid,
Stand: Verheiratet,
Maße: 1,88 m, 77 kg.

Olympische Plazierungen:

100-m-Lauf: Nach Platz 3 im Vor- in 10,67 als Fünfter im Zwischenlauf in 10,44 sec ausgeschieden,

4x100-m-Staffel: Bronzemedaille als Schlußläufer mit Jobst HIRSCHT, Karl-Heinz KLOTZ und Gerhard WUCHERER nach 2. Plätzen im Vor- in 39,17 und Zwischenlauf in 38,86 mit 38,79 sec im Finale,
siehe Montreal 1976.

Sportlicher Werdegang:

Vereine: 1967-1969 TSV Detmold,
seit 1970 TV Wattenscheid 01,
1967 Beginn sportliche Laufbahn als Leichtathlet,
1970 Deutscher Juniorenmeister über 100 m,,
1972 3. Deutscher Meister über 200 m,
1972 Deutscher Mannschaftsmeister im Fünfkampf,
1973 Deutscher Hallenmeister in der 4x400-m-Staffel,
1973 Deutscher Meister in der 4x100-m-Staffel,
1974 Deutscher Hallenmeister in der 4x400-m-Staffel,
1974 Deutscher Meister in der 4x100-m-Staffel,
1975 3. Deutscher Hallenmeister über 400 m,
1975 Deutscher Meister über 100 m,
1975 Deutscher Meister über 200 m,
1975 Deutscher Meister in der 4x100-m-Staffel (Deutscher Rekord),
1976 3. Deutscher Hallenmeister über 60 m (prüfen),
1976 Deutscher Meister in der 4x100-m-Staffel,
1977 Deutscher Meister in der 4x100-m-Staffel,
1974 bei den Europameisterschaften über 100 m im Zwischenlauf ausgeschieden, mit der Staffel im Vorlauf disqualifiziert,
1975 Halleneuropameister in der 4x2-Runden-Staffel,
zwischen 1971 und 1977 23 Länderkämpfe,
persönliche Bestleistungen: 100 m - 10,1 (1976), 200 m - 20,6 (1974), 400 m - 46,5 sec (1974).
1977 Ende der aktiven Laufbahn.

Auszeichnungen:

1972 Silbernes Lorbeerblatt,
1972 Sportplakette in Gold der Stadt Wattenscheid,
Goldenes Buch der Stadt Lippspringe.

ELLERBRAKE, Annette

Volleyballspielerin

Persönliche Daten:

geb.: 07.11.1949 in Gütersloh,
Beruf: Gymnastiklehrerin,
Maße: 1,79 m, 72 kg.

Olympische Plazierungen:

Platz 8 bei 8 teilnehmenden Mannschaften nach fünf Niederlagen, war in 4 Spielen eingesetzt.

Sportlicher Werdegang:

Vereine: Schwerter Turnerschaft von 1868,
1971 Teilnehmerin an der Europameisterschaft.

FUNNEKÖTTER, Peter

Ruderer

Von links: Joachim Werner EHRIG, Peter FUNNEKÖTTER, Franz HELD, Wolfgang PLOTTKE

Persönliche Daten:

geb.: 11.06.1946 in Münster,
Beruf: Student, heute Zahnarzt und Oralchirurg,
Stand: Ledig,
Maße: 1,90 m, 89 kg.

Olympische Plazierungen:

Bronzemedaille im Vierer ohne in 6:28:41 min nach 3. Platz im Vor-, Sieg im Hoffnungs- und dritten Rang im Halbfinale.

Sportlicher Werdegang:

Vereine: 1963-1976 Akademischer Ruderverein Westfalen in Münster,
ab 1976 RV Münstervon 1882,
1973-1980 TuS Hiltrup Münster,

1958 Beginn sportliche Laufbahn als Handballspieler,
1964 Deutscher Vizejugendmeister im Vierer mit,
1969 Deutscher Vizemeister im Zweier ohne,
1970 Sieger im Internationalen Deutschen Championat im Vierer ohne,
1971 Sieger im Internationalen Deutschen Championat im Vierer ohne,
1973 Deutscher Meister im Achter,
1973 Sieger im Internationalen Deutschen Championat im Vierer ohne,
1970 Vizeweltmeister im Vierer ohne,
1971 3. bei den Europameisterschaften im Vierer ohne,
1969 3. im Vierer ohne bei den Rotseeregatta.
1972 2. im Vierer ohne bei den Rotseeregatta.
1970 Sieger im Dreiländerkampf GER, DEN, HOL im Vierer ohne,
1972 Sieger im Dreiländerkampf GER, DEN, HOL im Vierer ohne,
1970 Südamerikanischer Meister im Vierer ohne und im Achter,
1973-1980 Handballspieler in der Oberligamannschaft von Hiltrup Münster und Ende der aktiven Laufbahn.

Auszeichnungen:

1971 Silbernes Lorbeerblatt,
1969, 1970, 1971, 1972 Sportmedaille der Stadt Münster.

GEESMANN, Theo

Kanute

Persönliche Daten:

geb.: 11.11.1943 in Castrop-Rauxel,
Beruf: Metzgermeister in Castrop-Rauxel,
Stand: Verheiratet,
Maße: 1,85 m, 82 kg.

Olympische Plazierungen:

Ersatzmann ohne Einsatz.

Sportlicher Werdegang:

Vereine: WSV Rheintreue Düsseldorf,
1965 Deutscher Meister im Kajak-Vierer über 1.000 m,
1965 Deutscher Meister in der 4x500-m-Kajakstaffel,
1966 Deutscher Meister im Kajak-Vierer über 1.000 m,
1966 Deutscher Meister in der 4x500-m-Kajakstaffel,
1969 Deutscher Meister im Kajak-Einer über 1.000 m,
1970 Deutscher Meister im Kajak-Einer über 500 m,
1971 Deutscher Meister im Kajak-Einer über 1.000 m,
1971 Deutscher Meister im Kajak-Zweier über 1.000 m,
vielfacher Deutscher Vizemeister,
1969 Teilnehmer an den Europameisterschaften im Kajakvierer über 1.000 m,
1970 Vizeweltmeister im Kajakvierer über 1.000 m.

GÖSSING, Ludwig

Reiter
Olympische Plazierungen:

Military-Einzel: Auf „Chicago" Platz 13 mit 0,40 Punkten,

Military-Mannschaft: Bronzemedaille mit Harry KLUGMANN, Karl SCHULZ und Horst KARSTEN,
siehe Mexiko-City 1968.

GRAßHOFF, Hans Ulrich

Volleyballspieler

Persönliche Daten:

geb.: 28.01.1943 in Halle/Saale,
Beruf: Student, heute
Oberstudienrat für Biologie
und Sportam Städt. Gymnasium in BadDriburg,
Stand: Ledig, heute verheiratet,
2 Kinder,
Maße: 1,87 m, 83 kg.

Olympische Plazierungen:
Platz 11 nach fünf Niederlagen und einem Sieg im Plazierungsspiel, war in fünf Spielen eingesetzt.

Sportlicher Werdegang:
Vereine: 1954-1956 Turbine/
Wissenschaft Halle,
1956-1959 Dynamo Potsdam,
1960-1963 SKG Münster,
1963-1972 USC Münster,
1954 Beginn sportliche Laufbahn als Fußballspieler und Basketballspieler in Halle,
dann Leichtathlet, in der DDR ein guter Hoch- und Stabhochspringer in Berlin,
1965 Deutscher Meister, 1966 Deutscher Meister, 1967 Deutscher Meister,
1968 Deutscher Meister, 1969 Deutscher Meister, 1970 Deutscher Meister,
1971 Deutscher Meister, 1972 Deutscher Meister,
1971 Teilnehmer an den Europameisterschaften,
1966 Teilnehmer an den Weltmeisterschaften,
1970 Teilnehmer an den Weltmeisterschaften,
1966 Teilnehmer an der Studentenweltmeisterschaft,
110 Länderspiele, zweitältester Spieler im Nationalkader, hörte nach 1972 mit dem aktiven Sport auf.

Sportliche Funktionen:
Seit 1971 Kapitän bei USC Münster,
1972 Kapitän der Olympia-Volleyballmannschaft,
bis 1975 Trainer beim VBC Paderborn-Peterhagen (Bundesliga).

Auszeichnungen:
Sportmedaille der Stadt Münster.

HAMMES, Ewald

Fußballspieler

Persönliche Daten:

geb.: 04.08.1950 in Metternich,
Beruf: Student, heute Sportlehrer,
Stand: Ledig, heute verheiratet,
         2 Kinder,
Maße: 1,80 m, 78 kg.

Olympische Plazierungen:

Platz 5/6 ex aequo nach 6 Spielen (3 Siegen, 1 Unentschieden und zwei Niederlagen), zwei Einsätze in den ersten beiden Spielen der Vorrunde, gegen Malaysia (3:0) aus- und gegen Marokko (3:0) eingewechselt.

Sportlicher Werdegang:

Vereine: 1958-1969 Germania Metternich,
         1969-1980 SG Wattenscheid 09,
1958 Beginn sportliche Laufbahn als Fußballspieler,
46 Amateurländerspiele zwischen 1970 und 1978 (17 Tore), damit auf Platz drei der aktuellen Rangliste, wurde in den ersten Spielen oft ein- bzw. ausgewechselt.

Sportliche Funktionen:

Seit 1980 Verbandssportlehrer beim Fußballverband Rheinland.

HENCKEL, Frithjof

Ruderer

Persönliche Daten:

geb.: 27.03.1950 in Berlin,
Beruf: Student,
Maße: 1,93 m, 92 kg.

Olympische Plazierungen:

Achter: Platz 5 im Finale in 6:14,91 nach Rang 2 im Vorlauf in 6:10,28 und Sieg im Halbfinale in 6:27,44 min,

siehe Montreal 1976.

Sportlicher Werdegang:

Vereine: RC Hansa Dortmund,
1972 Deutscher Meister im Vierer ohne,
1972 Deutscher Meister im Vierer mit,
1974 Deutscher Meister im Achter,
1975 Deutscher Meister im Vierer ohne,
1975 Deutscher Meister im Achter,
1976 Deutscher Meister im Achter,
1972 Internationaler Deutscher Vizemeister im Achter,
1975 3.Internationaler Deutscher Meister im Vierer ohne,
1976 Internationaler Deutscher Vizemeister im Achter,
1974 11. der Weltmeisterschaften im Zweier mit,
1975 7. der Weltmeisterschaften im Achter.

HENNIG, Klaus Peter

Leichtathlet

Olympische Plazierungen:

Diskuswerfen: In der Qualifikation (59,00) mit 58,64 m ausgeschieden,

siehe Mexiko-City 1968.

HILD, Rüdiger

Volleyballspieler

Persönliche Daten:

geb.: 23.04.1949 in Darmstadt,
Beruf: Student der Pharmazie in Münster, danach in Frankfurt, heute Apotheker,
Stand: Ledig, seit 1980 verheiratet, 2 Kinder,
Maße: 1,87 m, 78 kg.

Olympische Plazierungen:

Platz 11 nach einem Sieg und fünf Niederlagen, in 5 Spielen gegen BRA (2:3), RUM (0:3), DDR (0:3), JAP (0:3) und TUN (3:1) eingesetzt.

Sportlicher Werdegang:

Vereine: OSC Hoechst,
1955-1980 Orplid Darmstadt,
1965-1971 OSC Hoechst,
1971-1972 USC Münster,
1973 Hamburger SV,
1974-1977 TuS Guesheim,
1965 Beginn sportliche Laufbahn als Volleyballspieler,
2mal Deutscher Jugend- und 2mal Deutscher Juniorenmeister,
1970 Deutscher Meister im Volleyball,
1971 Deutscher Meister im Volleyball,
1972 Deutscher Meister im Volleyball,
1973 Deutscher Vizemeister im Volleyball,
63 Länderspiele,
1966 Deutscher Jugendmeister im Ringtennis,
1967 Deutscher Jugendmeister im Ringtennis, beide mit Orplid Frankfurt.

Sportliche Funktionen:

1973-1977 Spielertrainer Tus Guesheim (von Bezirksliga zur 2. Bundesliga geführt),
1977-1979 Spielertrainer Orplid Darmstadt (2. Bundesliga).

Auszeichnungen:
1971, 1972 Sportmedaille der Stadt Münster.

HOFFMANN, Peter

Kanute

Persönliche Daten:

geb.: 02.08.1942 in Witten,
Beruf: Kraftfahrzeugmechaniker,
Stand: Verheiratet,
Maße: 1,77 m, 77 kg.

Olympische Plazierungen:

Zweier-Canadier (1.000 m): Platz 4 zusammen mit Hermann GLASER in 3:59,24 nach jeweils 2. Rängen im Vor- und 4:08,89 und im Zwischenlauf in 3:53,54 min.

Sportlicher Werdegang:

Vereine: Kanuclub Witten 1929,
startete zunächst im Einer-Canadier, da er aber gegen die übermächtige Konkurrenz in Detlev LEWE nichts ausrichten konnte, wechselte er in das Zweier-Boot,
1970 Deutscher Meister im Einer-Canadier über 10.000 m,
7mal Deutsche Vizemeister,
1970 4. der Weltmeisterschaften,
1971 6. der Weltmeisterschaften im Einer-Canadier auf der langen Strecke.

HOFFMEISTER, Hans
Schwimmer
Olympische Plazierungen:
Wasserball: Ersatzspieler ohne Einsatz,
siehe Rom 1960,
siehe Mexiko-City 1968.

HUDA, Norbert
Schwimmer
Olympische Plazierungen:
Kunstspringen: Im Endkampf Platz 8 mit 524,16 nach Platz 9 im Vorkampf mit 355,29 Punkten,
siehe Mexiko-City 1968,
siehe Montreal 1976.

HUSSING, Peter

Boxer

Persönliche Daten:

geb.: 15.05.1948 in Kirchen bei Siegen,
Beruf: Maurermeister, Bauzeichner, nach Fachabitur 1973 Student, Architekt, Inhaber der väterlichen Baufirma in Brachbach bei Siegen,
Stand: Verheiratet, 1 Sohn, 2 Töchter,
Maße: 1,06 m, 101 kg.

Olympische Plazierungen:

Schwergewicht: Bronzemedaille nach Freilos in der ersten Runde, ko-Sieg im Viertel- und Abbruchniederlage im Halbfinale,

siehe Montreal 1976,

siehe Olympiamannschaft 1980,

siehe Los Angeles 1984.

Sportlicher Werdegang:

Vereine: Ringfrei Mülheim,
Bayer 04 Leverkusen,
1961 Beginn sportliche Laufbahn als Boxer (Autodidakt), erst seit 1965 in einem Verein,
1967 Deutscher Vizemeister im Schwergewicht,
1968 Deutscher Vizemeister im Schwergewicht,
1969 Deutscher Meister im Schwergewicht,
1970 Deutscher Meister im Schwergewicht,
1971 Deutscher Meister im Schwergewicht,
1972 Deutscher Meister im Schwergewicht,
1973 Deutscher Meister im Schwergewicht,
1974 Deutscher Meister im Schwergewicht,
1975 Deutscher Meister im Schwergewicht,

1976 Deutscher Meister im Schwergewicht,
1977 Deutscher Meister im Schwergewicht,
1978 Deutscher Meister im Schwergewicht,
1979 Deutscher Meister im Schwergewicht,
1980 Deutscher Meister im Schwergewicht,
1981 Deutscher Meister im Schwergewicht,
1982 Deutscher Meister im Schwergewicht,
1983 Deutscher Meister im Schwergewicht,
1985 Deutscher Meister im Superschwergewicht,
1955 Deutscher Mannschaftsmeister,
also 17mal hintereinander im Finale, 16 Titel in Reihenfolge,
1969 3. der Europameisterschaften im Schwergewicht,
1971 Vizeeuropameister im Schwergewicht,
1973 Vizeeuropameister im Schwergewicht,
1979 Teilnehmer an den Europameisterschaften im Schwergewicht,
1982 3. bei den Weltmeisterschaften im Schwergewicht,
bestritt 444 Kämpfe, soviel wie kein Schwergewichtler bisher in der Welt, wurde als „Max SCHMELING" der Amateure bezeichnet.

KAESSMANN, Werner

Hockeyspieler

Rechts: Werner KAESSMANN

Persönliche Daten:

geb.: 12.07.1947 in Unna,
Beruf: Student, später Rechtsanwalt und Notar in Köln, heute in Dortmund,
Stand: Ledig, heute verheiratet, 1 Kind,
Maße: 1,79 m, 75 kg.

Olympische Plazierungen:

Goldmedaille bei acht Siegen und einem Unentschieden, wurde sechsmal eingesetzt gegen MAL, UGA, SPA, FRA, ARG), beim Endspiel gegen PAK auf der Reservebank,
siehe Montreal 1976

Sportlicher Werdegang:

Vereine: 1954-1966 Eintracht Dortmund,
1966-1978 TC Rot-Weiß Köln,

sein Vater Dr. Otto KAESSMANN war 13facher Hockey-Nationalspieler (1937-1940) und brachte seinen Sohn 1954 zum Hockeysport,
1966 Deutscher Vizemeister, 1970 Deutscher Vizemeister,
1971 Deutscher Vizemeister, 1972 Deutscher Meister, 1973 Deutscher Meister,
1974 Deutscher Meister (Halle und Feld), 1975 Deutscher Vizemeister,
1976 Deutscher Meister, 1978 Deutscher Meister (Halle)6,
1974 Teilnehmer an den Europameisterschaften,
1971 5. der Weltmeisterschaften,
1973 Vizeweltmeisterschaften,
1971 3. der Weltmeisterschaften,
1978 4. der Weltmeisterschaften,
96 Länderspiele zwischen 1969 und 1978,
18 Hallenländerspiele zwischen 1972 und 1978.

Sportliche Funktionen:

1979-1986 Abteilungsleiter beim TSC Eintracht Dortmund,
seit 1985 Vorsitzender des Verbandsschiedsgericht des Westfälischen Hockey-Verbandes.

Auszeichnungen:

Ehrenplakette der Stadt Köln,
Goldener Ehrenring der Stadt Dortmund,
Silbernes Lorbeerblatt.

KEMPER, Franz Josef
Leichtathlet
Olympische Plazierungen:

800-m-Lauf: Platz 4 im Finale in 1:46,5 nach Vorlaufsieg in 1:47,3 und zweitem Rang im Halbfinale in 1:48,8 min,
siehe Mexiko-City 1968.

KILIAN, Gustav
Betreuer
Olympische Tätigkeiten:

Trainer, vor allem des Verfolgungs-Vierers (Goldmedaille),
siehe Rom 1964,
siehe Tokio 1964,
siehe Mexiko-City 1968,
siehe Montreal 1976.

KLEES, Ulrike

Schwimmerin

Persönliche Daten:

geb.: 03.05.1955 in Gelsenkirchen,
Maße: 1,71 m, 60 kg.

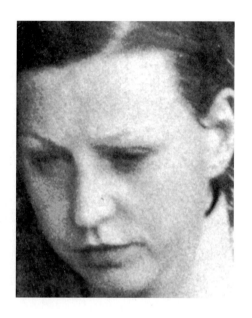

Olympische Plazierungen:

200-m-Brust: Im Vorlauf in
2:50,48 min ausgeschieden als 23.

Sportlicher Werdegang:

Vereine: Bis 1970 Essen 06,
seit 1971 Wasserfreunde Wuppertal,
1972 Deutscher Hallenmeistern über 100-m-Brust,
1973 Deutsche Meisterin in der 4x100-m-Lagenstaffel.

KLIMKE, Reiner

Reiter

Olympische Plazierungen:

Ersatzreiter in der Dressur ohne Einsatz,

siehe Rom 1960,
siehe Tokio 1964,
siehe Mexiko-City 1968,
siehe Montreal 1976,
siehe Olympiamannschaft 1980,
siehe Los Angeles 1984,
siehe Seoul 1988,
siehe Barcelona 1992.

KLUGMANN, Harry

Reiter

Persönliche Daten:

geb.: 28.10.1940 in Stolp/Pommern,
Beruf: Laborant in <u>Greven</u> Kreis Münster, Reitlehrer,
Stand: Verheiratet,
Maße: 1,70 m, 73 kg.

Olympische Plazierungen:

Military-Einzel: Platz 9 auf „Christopher Robert" mit 8 Punkten,
Military-Mannschaft: Bronzemedaille mit Ludwig GÖSSING auf „Chicago",
Karl SCHULZ auf „Pisco" und Horst KARSTEN auf Sioux",
siehe Olympiamanschaft 1980.

Sportlicher Werdegang:

Vereine: 1967-1974 Reit- und Fahrverein Greven,
begann 1950 seine reiterliche Ausbildung bei Eduard DREES und Martin HÖLZEL,
startet seit 1950 auf Turnieren, seit 1966 in der Military,
1971 Deutscher Meister in der Military,
1979 Deutscher Meister in der Military,

1973 Europameister in der Military-Mannschaft,
1975 3. der Europameisterschaften in der Military-Mannschaft,
1977 2. der Europameisterschaften in der Military-Mannschaft,
1970 Teilnehmer an den Weltmeisterschaften in der Military-Mannschaft,
1974 Teilnehmer an den Weltmeisterschaften in der Military-Mannschaft,
1978 2. der Weltmeisterschaften in der Military-Mannschaft,
seit 1970 zwölf Jahre ununterbrochen im A-Kader der Militaryreiter,
3mal Sieger bei Concour Complet International in Polen und Holland und in Holland einmal in der Mannschaft, 2mal plaziert in Badminton (England), der schwersten Prüfung der Welt,
1984 Ende der aktiven Laufbahn.

Sportliche Funktionen:
Richter für Dressur, Springen und Military bis zu schweren Klassen.

Auszeichnungen:
Silbernes Lorbeerblatt.

KOBER, Annegret

Schwimmerin
Persönliche Daten:

geb.:   04.06.1957 in Siegen,
Beruf: Schülerin,
Stand: Ledig, später verheiratete
         Frau SCHRÖDER,
Maße: 1,80 m, 67 kg.

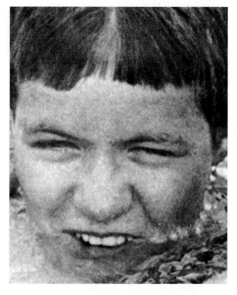

Olympische Plazierungen:

100-m-Rücken: Nach 3. Platz im Vor- in 1:08,24 im Zwischenlauf als 6. in 1:08,01 min ausgeschieden, damit 12. Zeitschnellste,
200-m-Rücken: Nach Vorlaufsieg in 2:24,88 Vierte im Endlauf in 2:23,35 min (Europarekord),
4x100-m-Lagestaffel: Nur im Vorlauf eingesetzt, im Endlauf mußte sie Silke PIELEN weichen,
zweitjüngste deutsche Teilnehmerin.

Sportlicher Werdegang:
Vereine: SVG Neptun Siegerland Siegen,
1972 Deutscher Meisterin über 200-m-Rücken,
6 Deutsche Rekorde.

317

KOCH, Edeltraut

Schwimmerin

Persönliche Daten:

geb.: 13.09.1954 in Hamm,
Beruf: Fachschule, Kinderpflegerin,
Stand: Ledig, heute verheiratete
Frau RÖKEN, 2 Kinder,
Maße: 1,79 m, 70 kg.

Olympische Plazierungen:

100-m-Schmettern: Im Zwischenlauf als 5. in 1:05,28 min (persönliche Bestzeit) als 10. Zeitschnellste ausgeschieden.

Sportlicher Werdegang:

Vereine: 1964-1971 Rote Erde Hamm und nach Auflösung der dortigen Schwimmabteilung,
1971-1973 SC Wasserfreunde Wuppertal,
1964 Beginn sportliche Laufbahn als Schwimmerin,
1965 Deutsche Schülermeisterin über 100-m-Freistil,
1965 Deutsche Schülermeisterin über 100-m-Lagen,
1966 Deutsche Schülermeisterin über 100-m-Lagen,
1968 Deutsche Schülermeisterin über 100-m-Delphin,
1968 Deutsche Meisterin in der 4x100-m-Bruststaffel,
1969 Deutsche Meisterin in der 4x100-m-Delphinstaffel,
1969 Deutscher Meisterin in der 4x100-m-Bruststaffel,
1969 Deutscher Vizemeisterin in der 4x100-m-Lagenstaffel,
1969 3. Deutscher Meisterin über 100-m-Delphin,
1970 Internationale Deutscher Hallenmeisterin über 100-m-Delphin,
1970 Deutscher Vizemeisterin über 100-m-Delphin,
1970 Deutsche Meisterin in der 4x100-m-Delphinstaffel,
1970 3. Deutsche Meisterin in der 4x100-m-Lagenstaffel,
1971 Deutscher Vizemeisterin über 100-m-Delphin,
1971 Deutscher Vizemeisterin in der 4x100-m-Delphinstaffel,
1971 3. Deutscher Meisterin in der 4x100-m-Bruststaffel,
1971 3. Deutscher Meisterin in der 4x100-m-Freistilstaffel,
1972 Deutscher Vizemeisterin in der 4x100-m-Lagenstaffel,
1973 Deutscher Meisterin in der 4x100-m-Lagenstaffel,

1970 3. der Euopameisterschaften über 100-m-Schmettern in 1:05,8 min (Deutscher Rekord),
5 Länderkämpfe zwischen 1970 und 1973.
1973 Ende der aktiven Laufbahn.

Auszeichnungen:

Sportmedaille der Stadt Hamm (Bronze und Silber),
Sportmedaille der Stadt Wuppertal,
1973 Sportplakette des Landes NRW.

KÖHLER, Hermann

Leichtathlet

Persönliche Daten:

geb.: 12.01.1950 in Niedermarsberg/Waldeck,
Beruf: Angestellter im elterlichen Betrieb, heute Kaufmann,
Stand: Ledig, heute verheiratet, 2 Kinder,
Maße: 1,83 m, 72 kg.

Olympische Plazierungen:

4x400-m-Staffel: Platz 4 im Finale in 3:00,9 zusammen mit Bernd HERRMANN, Horst-Rüdiger SCHLÖSKE und Karl HONZ nach Vorlaufsieg in 3:03,3 min.

Sportlicher Werdegang:

Vereine: 1966-1970 TV Germania Rhoden,
1971-1976 TV Wattenscheid 01,
1966 Beginn sportliche Laufbahn als Leichtathlet,
1969 Deutscher Juniorenmeister über 400 m,
1971 Deutscher Hallenmeister in der 4x400-m-Staffel,
1971 Deutscher Meister über 400 m,

1970 Deutscher Vizemeister über 400 m,
1972 3. Deutscher Meister über 400 m,
1973 Deutscher Hallenmeister in der 4x400-m-Staffel,
1973 3. Deutscher Meister über 400 m,
1974 Deutscher Hallenmeister über 400 m,
1974 Deutscher Hallenmeister in der 4x400-m-Staffel,
1974 3. Deutscher Meister über 400-m-Hürden,
1974 Deutscher Mannschaftsmeister,
1975 3. Deutscher Meister über 400-m-Hürden,
1975 Deutscher Mannschaftsmeister,
1976 Deutscher Mannschaftsmeister,
1971 6. der Europameisterschaften über 400 m,
1971 Europameister in der 4x400-m-Staffel,
1974 Vizeeuropameister in der 4x400-m-Staffel,
1974 Halleneuropameister über 400 m,
1974 Halleneuropameister in der 4x2-Runden-Staffel,
persömliche Bestzeit über 400 m: 45,8 sec,
25 Länderkämpfe,
1976 Ende der aktiven Laufbahn.

Auszeichnungen:

1971 Silbeneres Lorbeerblatt.

KONZORR, Klaus

Schwimmer

Olympische Plazierungen:

Turmspringen: Im Vorkampf als 30. mit 260,01 Punkten ausgeschieden,

siehe Tokio 1964,

siehe Mexiko-City 1968.

KOWALEWSKI, Günter

Ringer

Persönliche Daten:

geb.: 31.01.1943 in Dortmund-Marten,
Beruf: Gastwirt in Witten,
Stand: Verheiratet,
Maße: 1,86 m, 90 kg.

Olympische Plazierungen:

Halbschwergewicht (griechisch-römisch): Platz 8, nach einer Schulterniederlage und einem -Sieg trat er zur dritten Runde nicht mehr an.

Sportlicher Werdegang:

Vereine: 1962-1971 SV Annen,
1971-1979 KSV Witten 07,
1957 Beginn sportliche Laufbahn als Ringer,
1961 Deutscher Jugendmeister im Mittelgewicht (griechisch-römisch),
1961 Deutscher Vizejuniorenmeister im Mittelgewicht (griechisch-römisch),
1966 Deutscher Meister im Mittelgewicht (griechisch-römisch),
1967 Deutscher Meister im Mittelgewicht (griechisch-römisch),
1969 Deutscher Vizemeister im Halbschwergewicht (griechisch-römisch),
1970 Deutscher Meister im Halbschwergewicht (griechisch-römisch),
1973 Deutscher Meister im Halbschwergewicht (griechisch-römisch),
1973 Deutscher Meister im Schwergewicht (Freistil),
1974 Deutscher Meister im Schwergewicht (griechisch-römisch),
1974 Deutscher Mannschaftsmeister,
zwischen 1967 und 1972 Teilnahme an drei Europa- und zwei Weltmeisterschaften ohne Plazierung,
10 Länderkämpfe,
1979 Ende der aktiven Laufbahn.

Auszeichnungen:

Sportmedaille der Stadt Witten.

KRONIGER, Annegret

Leichtathletin

Persönliche Daten:

geb.: 24.09.1952 in Bochum,
Beruf: Studentin, Bankkauffrau,
Stand: Ledig, später verheiratet mit Walter BOLLER (Deutscher Hochsprungmeister 1974, 1975, 1976), geschieden, 1 Kind,
Maße: 1,71 m, 60 kg.

Olympische Plazierungen:

200-m-Lauf: 5. Platz in 22,89 nach Vorlaufsieg in 23,37 und jeweils 2. Rängen im Viertel- und Halbfinale in 23,37 bzw. 23,03 min,

siehe auch Montreal 1976.

Sportlicher Werdegang:

Vereine: 1964-1965 SV Bochum-Langendreher 04,
1967-1969 TuS Bochum-Querenburg,
1970-1971 USC Bochum,
1972-1977 USC Mainz,
1964 Beginn sportliche Laufbahn als Leichtathletin,
mehrmals Deutsche Schülermeisterin,
1969 Deutsche Jugendmeisterin über 100 m,
1969 Deutsche Jugendmeisterin über 200 m,
1969 Deutsche Jugendmeisterin in der 4x100-m-Staffel,
1971 Deutsche Hallenmeisterin über 200 m,
1971 Deutsche Vizemeisterin über 200 m,
1972 Deutsche Meisterin über 200 m,
1973 Deutsche Meisterin über 200 m,
1974 Deutsche Vizemeisterin über 200 m,
1976 Deutsche Vizemeisterin über 200 m,
1970 Vizejunioreneuropameisterin über 200 m,
1970 Vizejunioreneuropameisterin in der 4x100-m-Staffel,
1970 Vizehalleneuropameisterin in 4x200-m-Staffel,
1971 Vizehalleneuropameisterin in 4x200-m-Staffel,
1971 5. der Europameisterschaften über 200 m,

1972 Halleneuropameisterin in der 4x1-Runde-Staffel,
1974 6. der Europameisterschaften über 200 m,
1974 Vizeeuropameister in der 4x100-m-Staffel,
persönliche Bestleistungen: 100 m - 11,1 bzw. 11,33 (1976), 200 m - 22,89 (1972), 22,8 sec (1976),
30 Länderkämpfe,
1977 Ende der aktiven Laufbahn.

Sportliche Funktionen:

Seit 1980 Nachwuchstrainerin beim TBG Neulussheim.

Auszeichnungen:

1976 Silbernes Lorbeerblatt,
Goldene Ehrenplakette des Landes Rheinland-Pfalz.

KUPRELLA, Dieter

Basketballspieler

Persönliche Daten:

geb.: 05.02.1946 in Gelsenkirchen-Buer,
Beruf: Student,
Stand: Verheiratet, ein Kind,
Maße: 1,84 m, 84 kg.

Olympische Plazierungen:

Platz 12 von 16 Mannschaften nach drei Siegen und sechs Niederlagen.

Sportlicher Werdegang:

Vereine: TuS 04 Bayer Leverkusen,
1970 Deutscher Meister,
1971 Deutscher Meister,
1972 Deutscher Meister.

LEWE, Detlef

Kanute

Olympische Plazierungen:

1.000-m-Canadier-Einer: Bronzemedaille in 4:13,63 nach Vorlaufsieg in 4:31,79 min,

Olympische Ehrung:

Fahnenträger der deutschen Mannschaft.

siehe Rom 1960,

siehe Tokio 1964,

siehe Mexiko-City 1968.

LIGGES, Fritz

Reiter

Olympische Plazierungen:

Jagdspringen (Einzel): Mit „Robin" Platz 8 mit 16 Fehlerpunkten,

Jagdspringen (Mannschaft): Goldmedaille mit Hans-Günther WINKLER auf „Torphy", Gert WILTFANG auf „Askan" und Hartwig STEENKEN auf „Simona" mit 32 Fehlerpunkten,

siehe Tokio 1964,

siehe Los Angeles 1984.

LÜBKING, Herbert

Handballspieler

Persönliche Daten:

geb.: 23.10.1941 in Dankersen,
Beruf: Kaufmännischer Angestelter,
Stand: Verheiratet, 2 Kinder,
Maße: 1,82 m, 79 kg.

Olympische Plazierungen:

Platz 6 nach zwei Siegen (ESP 13:10, HUN 17:14), einem Unentschieden (NOR 15:15) und drei Niederlagen (ROM 11:13, YUG 15:25, URS 16:17), wurde in allen Spielen als Rückraumspieler eingesetzt, bei 16 Mannschaften.

Sportlicher Werdegang:

Vereine: Bis 1970 Grün-Weiß Dankersen,
ab 1970 TuS Nettelstedt,
1967 Deutscher Meister im Feldhandball,
1970 Deutscher Meister im Feldhandball,
1968 Europapokalsieger im Feldhandball,
1969 Europapokalsieger im Feldhandball,
1970 Europapokalsieger im Feldhandball,
1963 Vizeweltmeister im Feldhandball,
1966 Weltmeister im Feldhandball,
1964 4. der Weltmeisterschaften im Hallenhandball,
1967 6. der Weltmeisterschaften im Hallenhandball,
1970 5. der Weltmeisterschaften im Hallenhandball,
lange Zeit Rekordnationalspieler mit 139 Länderspielen (118 Halle) von 1962-1972, warf dabei 650 Tore, bis er 1980 von Horst SPENGLER mit 147 Spielen übertroffen wurde.

Auszeichnungen:

1966 Silbernes Lorbeerblatt,
1978 Bundesverdienstkreuz.

LÜTKE WESTHUES, Alfons

Betreuer

Olympische Tätigkeiten:

Betreuer und Ausbilder Reiten der deutschen Modernen Fünfkämpfer und Assistent der Jury Springen beim Mordernen Fünfkampf,

siehe Stockholm 1956,

siehe Mexiko-City 1968.

MEIERKORD, Werner

Betreuer

Olympische Tätigkeiten:

Mannschaftsleiter Wasserball,

siehe Mexiko City 1968.

MICKLER-BECKER, Ingrid

Leichtathletin

Olympische Plazierungen:

100-m-Lauf: Nach 3. Plätzen in 11,55 im Vor- und 11,52 im Zwischenlauf im Halbfinale als 7. in 11,53 sec ausgeschieden,

Weitsprung: In der Qualifikation (6,30 m) nach drei ungültigen Versuchen ausgeschieden,

4x100-m-Staffel: Goldmedaille mit Christiane KRAUSE, Annegret Richter und Heide ROSENDAHL in 42,81 (Weltrekord) nach zweitem Platz in 42,97 sec im Vorlauf,

siehe Rom 1960 (unter BECKER),
siehe Tokio 1964 (unter BECKER),
siehe Mexiko-City 1968 (unter BECKER).

MIETZ, Dietmar („Dieter")

Fußballspieler

Links: Dietmar MIETZ

Persönliche Daten:

geb.: 03.09.1943 in Allenstein/Ostpreußen,
Beruf: Kaufmännischer Angestellter,
Stand: Verheiratet, drei Kinder,
Maße: 1,76 m, 72 kg.

Olympische Plazierungen:

Platz 5/6 ex aequo nach 6 Spielen (3 Siegen, 1 Unentschieden und zwei Niederlagen), dabei ein Einsatz gegen die USA (7:0), eingewechselt für den verletzten Verteidiger Heiner BALTES (Fortuna Düsseldorf).

Sportlicher Werdegang:

Vereine: 1957-1964 Union Günningfeld,
1964-1971 SG Wattenscheid 09,
1971-1972 Borussia Dortmund,
1972-1974 Sportfreunde Siegen,

1957 Beginn sportliche Laufbahn als Fußballspieler,
zwischen 1967 und 1972 42 Amateurländerspiele, damit Platz 5 der aktuellen Rangliste,
1983 Ende der aktiven Laufbahn.

Sportliche Funktionen:

1974-1992 Fußballtrainer,
1974-1978 SSV Dillenburg (Oberliga Hessen),
1978-1979 SC Gladenbach (Gruppenliga Hessen),
1979-1983 Eintracht Haiger (Oberliga Hessen) als Spielertrainer,
1983-1986 Sportfreunde Eisbachtal (Oberliga Südwest),
1986-1987 Sportfreunde Werdorf (Bezirksliga Hessen),
1987-1990 FC 80 Herborn (Landesliga Hessen),
1990-1991 SV Wenden (Verbandsliga Westfalen),
1991-1992 Sportfreunde Werdorf (Oberliga Hessen).

Auszeichnungen:

Silberne Bundesnadel des DFB,
Goldene Bundesnadel des DFB,
Goldene Ehrennadel des Fußballbandes Westfalen.

MÖLLER, Heiner

Handballspieler

Persönliche Daten:

geb.: 03.09.1948 in Herford,
Beruf: Diplom-Sportlehrer in Dortmund-Brakel,
Stand: Verheiratet,
Maße: 1,86 m, 77 kg.

Olympische Plazierungen:

Platz 6 nach zwei Siegen (ESP 13:10, HUN 17:14), einem Unentschieden (NOR 15:15) und drei Niederlagen (ROM 11:13, YUG 15:25, URS 16:17), wurde in vier Spielen (ESP, ROM, HUN, URS) eingesetzt, bei 16 Mannschaften.

Sportlicher Werdegang:

Vereine: Bis 1970 Eintracht Dortmund,
1970-1975 TuS Wellinghofen,
1975-1979 TuS Nettelstedt,
ab 1979 TuS Wellinghofen,
Rechtsaußen,
1971 Deutscher Vizemeister im Feldhandball,
1970 5. der Weltmeisterschaften,
1974 9. der Weltmeisterschaften,
96 Länderspiele zwischen 1968 und 1975, 191 Tore.

Sportliche Funktionen:

Spielertrainer beim TuS Wellinghofen.

Auszeichnungen:

Kapitän der Nationalmannschaft.

NEUHAUS, Hans-Peter

Handballspieler

Persönliche Daten:

geb.: 18.06.1945 in Stebbach/
Baden-Württemberg,
Beruf: Stadtoberinspektor in
Dortmund,
Stand: Verheiratet,
Maße: 1,87 m, 76 kg.

Olympische Plazierungen:

Platz 6 nach zwei Siegen (ESP 13:10, HUN 17:14), einem Unentschieden (NOR 15:15) und drei Niederlagen (ROM 11:13, YUG 15:25, URS 16:17), wurde in allen sechs Spielen als Kreisspieler und im Rückraum eingesetzt, bei 16 Mannschaften.

Sportlicher Werdegang:

Vereine: Bis 1966 Viktoria 08 Dortmund,
ab 1966 TuS Wellinghofen,
1970 5. der Weltmeisterschaften,
zwischen 1967 und 1972 79 Länderspiele, davon 3 auf dem Feld, 41 Tore.

NIEDERHEIDE, Andrea

Turnerin

Persönliche Daten:

geb.: 02.11.1957 in Hattingen,
Beruf: Schülerin, heute selbständig,
Stand: Ledig, heute verheiratet Frau STROTH, 1 Kind,
Maße: 1,51 m, 39 kg.

Olympische Plazierungen:

Achtkampf-Mannschaft: Platz 8 mit 357,95 Punkten, bei 19 Mannschaften,

Achtkampf-Einzel: Nicht für das Finale der besten 36 qualifiziert.

Sportlicher Werdegang:

Vereine: 1968-1975 TV Wattenscheid 01,
1968 Beginn sportliche Laufbahn als Turnerin,
trainierte seit 1971 am Leistungszentrum in Frankfurt/M,
1970 Deutsche Mannschaftsmeisterin (als 12jährige),
1971 Deutsche Mannschaftsmeisterin,
1973 Deutsche Mannschaftsmeisterin,
1971 Deutsche Vizemeisterin am Stufenbarren.
1972 Deutsche Vizemeisterin am Stufenbarren.
1975 Ende der aktiven Laufbahn.

Auszeichnungen:

1972 Sportmedaille der Stadt Wattenscheid,
Bronzene Nadel des DTB für 5 Länderkämpfe.

NOLPA, geb. KUKLA, Carla

Schützin

Persönliche Daten:

geb.: 10.03.1946 in Staab/TCH,
Beruf: Sekretärin in Recklinghausen, jetzt Hausfrau,
Stand: Verheiratet, eine Tochter,
Maße: 1,72 m, 60 kg.

Olympische Plazierungen:

Doppelte FITA-Runde: Platz 35 mit 2.165 Ringen bei 40 Teilnehmerinnen (verletzungsbedingt).

Sportlicher Werdegang:

Vereine: 1970-1978- Bogenclub Marl,
ab 1979 BSC Recklinghausen,
1970 Beginn sportliche Laufbahn als Bogenschützin auf Betreiben ihres Mannes, der auch ihr Trainer ist, kam sehr schnell in die deutsche Nationalmannschaft, qualifizierte sich für die Spiele bei einem internationalen Turnier in Belgien mit ihrer damaligen Bestleistung von 1.135 Ringen in der FITA-Runde,
1971-1975 6 Siege und 5 zweite Plätze bei 11 internationalen Turnieren,
1971 Deutsche Meisterin FITA-Runde,
1971 Deutsche Meisterin Nationale Runde,
1974 Deutsche Meisterin FITA-Runde (Mannschaft),
zahlreiche westfälische Meisterschaften,
1972 20. der Europameisterschaften (verletzungsbedingt),
Rekorde: 1972 540 Ringe in der Nationalen Runde (offizielle Wertung als Weltrekord), 1974 1136 Ringe als nationaler Rekord, 1974 1170 Ringe in der FITA-Runde im Rundenwettkampf,
1976 Ende der aktiven Laufbahn wegen anhaltender Schulterveletzung.

Sportliche Funktionen:

1972-1977 Trainerin BSC Marl,
1979 Gründung des BSC Recklinghausen, dort Geschäftsführerin, Übungsleiterin und Jugendtrainerin.

Auszeichnungen:

1971 Kreisverdienstorden in Gold,
1972 Ehrennadel des westdeutschen Schützen-Bundes.

NOLTE, Hatto

Volleyballspieler

Persönliche Daten:

geb.: 23.09.1948 in Delmenhorst,
Beruf: Student, heute Studienrat für Sport und Französisch,
Stand: Ledig, später verheiratet, 3 Kinder,
Maße: 1,95 m, 88 kg.

Olympische Plazierungen:

Platz elf nach fünf Niederlagen und einem Sieg im Plazierungsspiel, gehörte zur Stammsechs und war in allen 6 Spielen eingesetzt.

Sportlicher Werdegang:

Vereine: 1963-1967 Delmenhorster TV,
1967-1972 USC Münster,
1972-1980 MTV Grone,
1963 Beginn sportliche Laufbahn als Volleyballspieler,
1967 Aufstieg in die Oberliga Nord, damals der höchsten deutschen Spielklasse,
1968 Deutscher Juniorenvizemeister,
1968 Deutscher Meister,
1969 Deutscher Meister,
1970 Deutscher Meister,
1971 Deutscher Meister,
94 Einsätze in der Nationalmannschaft zwischen 1968 und 1972, damals vierter Platz der Rangliste,
1980 Ende der aktiven Laufbahn.

Sportliche Funktionen:

1972-1981 Spieler-Trainer beim MTV Grone,
1982/3 Co-Trainer der Nationalmannschaft.

Auszeichnungen:
1967 Sportmedaille der Stadt Delmenhorst,
1967 Sportmedaille der Stadt Münster.

NORPOTH, Harald

Leichtathlet

Olympische Plazierungen:

5.000-m-Lauf: Platz 5 im Finale in 13:32,6 nach Rang 3 in 13:33,4 min im Vorlauf,

siehe Tokio 1964,

siehe Mexiko-City 1968.

NOSSEK, Ingulf

Schwimmer

Persönliche Daten:

geb.: 14.02.1944 in Budweis/ Ungarn,
Beruf: Sportlehrer,
Stand: Verheiratet,
Maße: 1,83 m, 83 kg.

Olympische Plazierungen:

Wasserball: Platz vier bei acht Spielen (2 Siege, 4 Unentschieden, zwei Niederlagen).

Sportlicher Werdegang:

Vereine: SSV Eßlingen,
SV 91 Kamen,
über 100 Länderspiele.

NOWS, Petra

Schwimmerin

Persönliche Daten:

geb.: 23.06.1953 in Duisburg,
Beruf: Sekretärin in Bochum,
Maße: 1,77 m, 75 kg.

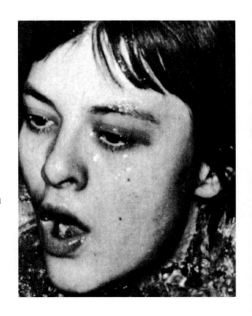

Olympische Plazierungen:

200-m-Brust: Platz 5 in 2:43,38 nach einem 3. Rang im Vorlauf in 2:45,20 min.

Sportlicher Werdegang:

Vereine: Duisburg,
SV Blau-Weiß
Bochum bei Trainer Gerhard PRÜSSNER,
1971 Deutsche Meisterin in der 4x100-m-Bruststaffel,
1972 Deutsche Vizemeisterin über 200-m-Brust,
1973 Deutsche Hallenmeisterin über 200-m-Brust,
1973 Deutsche Meisterin über 100-m-Brust,
1973 Deutsche Meisterin über 200-m-Brust,
1973 3. der Weltmeisterschaften über 4x100-m-Lagen.

OBERSTE, Walter

Betreuer

Olympische Tätigkeiten:

Trainer für die Leichtathleten,

siehe Melbourne 1956.

Von der OHE, Hans Georg „Stäbchen"

Volleyballspieler

Persönliche Daten:

geb.: 07.01.1950 in Celle,
Beruf: Student (Zahnmedizin) in Münster, später Dr.med.dent. und Zahnarzt in Bielefeld,
Stand: Verheiratet,
Maße: 1,92 m, 95 kg.

Olympische Plazierungen:

Platz 11 nach 5 Niederlagen und einem Sieg im Plazierungsspiel, war in allen 6 Spielen eingesetzt.

Sportlicher Werdegang:

Vereine: 1961-1966 SV Volleyball Gemeinschaft Hermannsburg,
1966-1970 MTV Celle,
1970-1970 USC Münster,
in der Jugend ein guter Schwimmer, u.a. 50-m-Freistil in 33,4 sec,
1961 Beginn sportliche Laufbahn als Volleyballspieler in Hermannsburg,
Deutscher Jugend- und dreimal Juniorenmeister mit dem MTV Celle,
1971 Deutscher Meister,
1972 Deutscher Meister,
1971 Teilnehmer an der Weltmeisterschaft,
19mal in der Junioren-Nationalmannschaft,
20 Länderspiele.

PETERS, Ulrich

Kanute

Persönliche Daten:

geb.: 03.06.1951 in Schwerte,
Beruf: Radio- und Fernseh-
mechaniker, heute
Elektromeister,
Stand: Verheiratet, 2 Töchter,
jüngerer Bruder von
Wolfgang PETERS,
Maße: 1,78 m, 71 kg.

Olympische Plazierungen:

Kanu-Slalom (Kajak-Einer): Platz 4
in 252,82 + 30 = 288,82 Punkten.

Sportlicher Werdegang:

Vereine: 1962-1970 KV
Schwerte,
1970-1972 TSV Schwaben Ausgburg,
ab 1972 wieder KV Schwerte,
1962 Beginn sportliche Laufbahn als Kanute,
6mal Deutscher Jugendmeister,
1969 Deutscher Meister im Kajakslalom-Mannschaft,
1969 Deutscher Vizemeister im Kajakslalom-Einer,
1971 Deutscher Meister im Kajakslalom-Einer,
1969 3. der Weltmeisterschaften im Kajakslalom-Mannschaft,
1971 3. der Weltmeisterschaften im Kajakslalom-Mannschaft,
1971 3. der Weltmeisterschaften im Kajakslalom-Einer,
1971 Sieger beim olympischen Fest im Kajakslalom-Einer,
1974 Sieger des 1. Europacups im Kajakslalom-Einer,
1973 Teilnehmer an den Weltmeisterschaften,
1975 Weltmeister im Kajakslalom-Mannschaft,
1975 Vizeweltmeister im Kajakslalom-Einer,
1977 Teilnehmer an den Weltmeisterschaften,
1978 Ende der aktiven Laufbahn.

Auszeichnungen:

Silbernes Lorbeerblatt.

PETERS, Wolfgang

Kanute

Persönliche Daten:

geb.: 03.07.1948 in Schwerte,
Beruf: Kaufmännischer Angestellter,
Stand: Verheiratet, älterer Bruder von Ulrich PETERS,
Maße: 1,75 m, 66 kg.

Olympische Plazierungen:

Kanu-Slalom (Canadier-Einer):
Platz 5.

Sportlicher Werdegang:

Vereine: Bis 1969 KV Schwerte,
1966 Deutscher Meister im Kanuslalom, Canadier-Mannschaft,
1967 Deutscher Meister im Kanuslalom, Canadier-Einer,
1967 Deutscher Meister im Kanuslalom, Canadier-Mannschaft,
1968 Deutscher Meister im Kanuslalom, Canadier-Mannschaft,
1969 Deutscher Meister im Kanuslalom, Canadier-Einer,
1969 Deutscher Meister im Kanuslalom, Canadier-Mannschaft,
1971 Deutscher Meister im Kanuslalom, Canadier-Einer,
1971 Deutscher Meister im Kanuslalom, Canadier-Mannschaft,
1967 Weltmeister im Kanuslalom, Canadier-Einer,
1967 3. Weltmeister im Kanuslalom, Canadier-Mannschaft,
1969 Weltmeister im Kanuslalom, Canadier-Einer,
1969 Weltmeister im Kanuslalom, Canadier-Mannschaft,
1971 4. Weltmeister im Kanuslalom, Canadier-Einer,
1971 Vizeweltmeister im Kanuslalom, Canadier-Mannschaft.

Auszeichnungen:

Silbernes Lorbeerblatt.

PETERSMANN, Günter

Ruderer

Persönliche Daten

geb.: 21.04.1941 in Dortmund,
Beruf: Fernmeldemechaniker,
Stand: Verheiratet, zwei Kinder,
Maße: 1,95 m, 96 kg.

Olympische Plazierungen:

Achter: Platz 5 in 6:14,91 nach Rang 2 im Vorlauf in 6:10,28 und Sieg im Halbfinale in 6:27,44 min.

Sportlicher Werdegang:

Vereine: RC Hansa Dortmund,
1971 Deutscher Meister im Achter,
1972 Dritter der Rotseeregatta als Schlagmann im Deutschlandachter.

PLOTTKE, Wolfgang

Ruderer

Persönliche Daten:

geb.: 31.07.1948 in Klein-Lukow (Mecklenburg),
Beruf: Zentralheizungs- und Lüftungsbauer in Hamm,
Maße: 1,84 m, 88 kg.

Olympische Plazierungen:

Vierer ohne: Bronzemedaille in 6:28,41 min nach Rang 3 im Vor-, Sieg im Hoffnungslauf und dritten Platz im Halbfinale.

Sportlicher Werdegang:

Vereine: RC Marl,
1970 Deutscher Meister im Vierer ohne,
1971 Deutscher Meister im Vierer ohne,
1973 Deutscher Meister im Achter,
1969 Deutscher Vizemeister im Vierer ohne,
1970 Vizeweltmeister im Vierer ohne,
1971 3. der Europameisterschaften im Vierer ohne,
1972 2. der Rotseeregatta im Vierer ohne.

REMMEL, Peter

Schwimmer

Persönliche Daten:

geb.: 03.02.1954 in Bottrop,
Beruf: Oberschüler, heute Flugzeugführer bei der Deutschen Lufthansa,
Stand: Ledig, heute verheiratet mit der ehemaligen Schwimmerin Annette PURCZ, 3 Kinder,
Maße: 1,79 m, 75 kg.

Olympische Plazierungen:

100-m-Delphin: Im Vorlauf als 3. in 58,97 min als insgesamt 19. Zeitschnellster ausgeschieden.

Sportlicher Werdegang:

Vereine: 1966-1968 SV Bottrop,
1968-1973 VfL Galdbeck,
seit 1913 SV Gladbeck 13,

1966 Beginn sportliche Laufbahn als Schwimmer,
1970-1972 2mal Deutscher Jahrgangsmeister, einmal Deutscher Vizemeister über 100-m-Delphin,
1972 3. Deutscher Meister über 100-m-Delphin,
1973 Deutscher Juniorenmeister über 100-m-Delphin,
1973 Deutscher Vizemeister über 100-m-Delphin,
1974 Deutscher Vizemeister über 100-m-Delphin,
1975 3. Deutscher Meister über 100-m-Delphin,
1976 Deutscher Vizemeister über 200-m-Delphin,
1974 Deutscher Vizehochschulmeister über 100-m-Delphin,
1974 Deutscher Vizehochschulmeister über 200-m-Delphin,
1975 Deutscher Hochschulmeister über 100-m-Delphin,
1975 Deutscher Hochschulmeister über 200-m-Delphin,
1971-1976 6mal westdeutscher Meister über 100/200-m-Delphin,
18 Länderkämpfe in A-, B-, JUgend- und Juniorennationalmannschaften,
1970-1971 5 Altersklassenrekorde über 100-m-Delphin,
1975 2 Deutsche Vereinsstaffelrekorde über 4x100- und 4x200-m-Delphin,
persömiche Bestleistungen: 100-m-Delphin - 57,4, 200-m-Delphin in 2:14,0 min.

RICHTER, Annedora

Volleyballspielerin

Persönliche Daten:

geb.: 14.11.1948 in Münster,
Beruf: Studentin,
Maße: 1,71 m, 65 kg.

Olympische Plazierungen:

Platz 8 bei 8 teilnehmenden Mannschaften nach fünf Niederlagen, war in allen Spielen eingesetzt.

Sportlicher Werdegang:

Vereine: USC Münster,
1971 Deutscher Vizemeisterin,
1971 Teilnehmerin bei den Europameisterschaften,
spielte 1975 vier Monate in einer US-Profimannschaft, wurde deshalb vom Deutschen Volleyball-Verband lebenslang gesperrt für die deutsche Bundesliga, das Landgericht Münster hob diese Sperre wieder auf.

RICHTER, geb. IRRGANG, Annegret

Leichathletin

Persönliche Daten:

geb.: 13.10.1950 in Dortmund,
Beruf: Stenokontoristin, Kauffrau,
Besitzerin eines
Sportgeschäftes,
Repräsentantin bei ADIDAS,
Stand: Seit 1971 verheiratet mit
dem Hürdensprinter
Manfred RICHTER,
2 Kinder,
Maße: 1,68 m, 52 kg.

Olympische Plazierungen:

100-m-Lauf: Platz 5 in 11,38 nach Rang 2 im Vorlauf in 11,30 (Deutscher Rekord), Sieg im Viertel- in 11,33 und Position 3 im Halbfinale in 11,39 sec,

4x100-m-Staffel: Goldmedaille in 42,81 (Weltrekord) mit Ingrid MICKLER-BECKER, Christiane KRAUSE und Heide ROSENDAHL nach 2. Platz im Vorlauf in 42,97 sec (Deutscher Rekord),

siehe Montreal 1976.

Sportlicher Werdegang:

Vereine: 1964-1970 TV Brechten,
1971-1971 LG Brechten,
ab 1972 OSC Dortmund,
1964 Beginn sportliche Laufbahn als Leichtathletin,
1970 Deutsche Hallenmeisterin über 50 m,
1970 Deutsche Juniorenmeisterin im Weitsprung,
1971 Deutsche Hallenmeisterin über 50 m,
1972 Deutsche Hallenmeisterin über 50 m,
1973 Deutsche Hallenmeisterin über 50 m,
1973 Deutsche Vizemeisterin über 200 m,
1974 Deutsche Hallenmeisterin über 60 m,
1974 3. Deutsche Hallenmeisterin in der 4x1-Runde-Staffel,
1974 Deutsche Meisterin über 100 m,

1974 Deutsche Meisterin über 200 m,
1974 Deutsche Meisterin in der 4x100-m-Staffel,
1975 Deutsche Hallenmeisterin über 50 m,
1976 Deutsche Meisterin über 100 m,
1976 Deutsche Meisterin über 200 m,
1976 Deutsche Meisterin in der 4x100-m-Staffel,
1977 Deutsche Hallenmeisterin über 50 m,
1977 Deutsche Hallenmeisterin über 200 m,
1977 Deutsche Hallenmeisterin in der 4x1-Runde-Staffel,
1977 Deutsche Meisterin in der 4x100-m-Staffel,
1978 Deutsche Meisterin über 200 m,
1978 Deutsche Meisterin in der 4x100-m-Staffel,
1979 Deutsche Hallenmeisterin über 50 m,
1979 Deutsche Hallenmeisterin über 200 m,
1979 Deutsche Meisterin über 100 m,
1979 Deutsche Meisterin über 200 m,
1979 Deutsche Meisterin in der 4x100-m-Staffel,
1980 Deutsche Meisterin über 100 m,
1980 Deutsche Meisterin über 200 m,
1980 Deutsche Meisterin in der 4x100-m-Staffel,
1971 Europameisterin in der 4x100-m-Staffel,
1972 Vizehalleneuropameisterin über 50 m,
1973 Halleneuropameisterin über 50 m,
1973 Halleneuropameisterin in der 4x1-Runde-Staffel,
1974 5. der Europameisterschaften über 100 m,
1974 Vizeeuropameisterin in der 4x100-m-Staffel,
1975 5. der Halleneuropameisterschaften in der 4x100-m-Staffel,
1977 Weltcupsiegerin in der 4x100-m-Staffel,
1979 Weltcupsiegerin in der 4x100-m-Staffel,
Deutsche Rekorde über 100 m: 11,1 (1976), 10,8 (1976), 11,30 (1974), 11,21 (1976), 11,01 sec (1976, auch Weltrekord),
über 200 m: 22,72, 22,62, 22,39 sec (alle 1976),
verbesserte achtmal den Deutschen Rekord in der 4x100-m-Staffel mit zwischen 1971 und 1976 von 43,6, über 43,28 (1971, Europarekord), 42,81 (1972, Weltrekord), 42,75 (1974), 42,61 auf 42,59 sec,
persönliche Bestleistungen: 100 m - 11,01 (1976), 200 m - 22,39 sec (1976), Weitsprung - 6,53 m (1979),
40 Länderkämpfe zwischen 1970 und 1980,
1980 Ende der aktiven Laufbahn.

Auszeichnungen:

1971 Silbernes Lorbeerblatt,
1972 Silbernes Lorbeerblatt,
1972 Ehrenring der Stadt Dortmund,
1976 Silbernes Lorbeerblatt,
1976 Stadtplakette der Stadt Dortmund in Gold,
1977 Rudolf-HARBIG-Gedächtnispreis,
1988 Verdienstorden des Landes NRW.

RIESINGER, Wolfgang

Leichtathlet

Persönliche Daten:

geb.: 08.01.1951 in Ostbevern,
Beruf: Kaufmann,
Maße: 1,74 m, 65 kg.

Olympische Plazierungen:

5.000-m-Lauf: Im Vorlauf als 9. in 14:15,2 min ausgeschieden.

Sportlicher Werdegang:

Vereine: LG Ratio Münster,
1971 Deutscher Juniorenmeister über 5.000 m,
1972 Deutscher Hallenmeister in der 3x1.000-m-Staffel,
1972 3. der Deutschen Meisterschaften über 5.000 m,
1972 Deutscher Meister in der 3x1.500-m-Staffel,
1973 Deutscher Meister in der 3x1.500-m-Staffel,
1973 Deutscher Hallenmeister in der 3x1.000-m-Staffel,
1973 Deutscher Vizemeister über 5.000 m,
persönliche Bestzeit über 5.000 m: 13:41,8 min.
4 Länderkämpfe zwischen 1972 und 1973.

ROST, Klaus

Ringer

Olympische Plazierungen:

Freistil (Leichtgewicht): Platz 13 nach einem Schultersieg und zwei Punktniederlagen,

siehe Tokio 1964,
siehe Mexiko-City 1968.

SAPP, Ursula

Schwimmerin

Persönliche Daten:

geb.: 05.10.1951 in Eslohe/ Sauerland,
Beruf: Sekretärin,
Maße: 1,55 m, 66 kg.

Olympische Plazierungen:

Turmspringen: Im Vorkampf als 24. mit 162,39 Punkten ausgeschieden, bei 27 Teilnehmerinnen.

Sportlicher Werdegang:

Vereine: VfL Gummersbach,
1970 Deutsche Meisterin Kunstspringen,
1970 Deutsche Meisterin in der Kombination,
1971 Deutsche Meisterin Kunstspringen,
1972 Deutsche Vizemeisterin Kunstspringen.

SCHEPERS, Hans

Betreuer

Olympische Tätigkeiten:

Trainer der Wasserballmannschaft, siehe Rom 1960.

SCHMIDT, Paul

Betreuer

Olympische Tätigkeiten:

Trainer der Leichtathleten (Mittelstreckler),
siehe Melbourne 1956,
siehe Rom 1960.

SCHULTEN, Hans-Dieter

Leichtathlet

Persönliche Daten:

geb.: 11.12.1940 in Herne,
Beruf: Buchbinder,
Stand: Verheiratet,
Maße: 1,78 m, 72 kg.

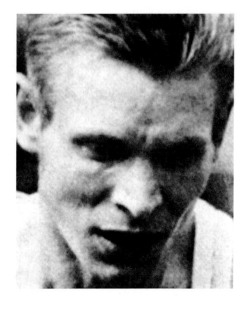

Olympische Plazierungen:

3.000-m-Hindernis: Im Vorlauf als 6.
in 8:39,8 min ausgeschieden.

Sportlicher Werdegang:

Vereine: TV Wattenscheid 01,
1970 3. Deutscher Meister über
3.000-m-Hindernis,
1971 3. Deutscher Meister über 3.000-m-Hindernis,
1972 Deutscher Mannschaftswaldlaufmeister,
1972 3. Deutscher Meister über 3.000-m-Hindernis,
1974 Deutscher Mannschaftsmeister,
1975 Deutscher Mannschaftswaldlaufmeister,
1975 Deutscher Mannschaftsmeister,
1976 Deutscher Mannschaftsmeister,
1971 Teilnehmer an der Europameisterschaft,
10 Länderkämpfe zwischen 1970 und 1974.

SIMON, Hans-Georg

Schwimmer

Persönliche Daten:

geb.: 25.01.1947 in Lünen,
Beruf: Kaufmännischer Angestellter,
Stand: Verheiratet,
Maße: 1,85 m, 95 kg.

Olympische Plazierungen:

Wasserball: Platz vier bei acht Spielen (2 Siege, 4 Unentschieden, zwei Niederlagen),

siehe Montreal 1976.

Sportlicher Werdegang:

Vereine: SV Rote Erde Hamm,
1969 Deutscher Meister,
1971 Deutscher Meister,
1973 Deutscher Meister,
1975 Deutscher Meister,
121 Länderspiele zwischen 1970 und 1976.

STECKEN, Albert

Betreuer

Persönliche Daten:

geb.: 24.01.1915 in Münster, als Sohn von Heinrich STECKEN, des Leiters der Westfälischen Reit- und Fahrschule Münster,
Beruf: Berufsoffizier (1934-1945), zuletzt Major i.G., Student (1947-1954), Staatsanwalt, Berufsoffizier (1957-1965), zuletzt Generalmajor und Divisionskommandeur, Reitlehrer,
Stand: Verheiratet.

Olympische Tätigkeiten:

Equipechef der deutschen Dressurreiter.

Sportlicher Werdegang:

Vereine: Reitverein Westbevern,
reiterliche Ausbildung bei seinem Vater, seinem Bruder Fritz (Dressur) und Marten von BARNEKOW (Springen),
aktiver Dressur- und Springreiter.

Sportliche Funktionen:

1971-1974 Bundestrainer der Dressurreuter,
u.a. Ausbilder von Alfons und August LÜTKE WESTHUES, Reiner Klimke und Gabriela GRILLO,
Ausbilder im Reiterverein Westbevern,
ab 1972 Richter in allen Disziplinen und in der Dressur bis Grand Prix,
Bearbeiter der Rechtsordnung für reiterliche Leistungsprüfungen,
1969-1974 Vorsitzender des Ausschusses für Dressur im Deutschen Olympiademomitee für Reiterei,
gemeinsam mit Reiner KLIMKE Initiator des Konzeptes der Nachwuchsförderung im Spitzensport der Dressur.

Veröffentlichungen:

Autor der Kapitel „Dressur" in den Büchern *Olympischer Reiterspiele 1972 München* und *1976 Montreal*,
zahlreiche Abhandlungen zur Geschichte der Reitkunst, Praxis und Lehre der Dressur und zum Richten in Dressurprüfungen.

Auszeichnungen:

1945 Ritterkreuz des Eisernen Kreuzes,
Großes Verdienstkreuz des Verdienstordens der Bundesrepublik Deutschland,
FN-Ehrenzeichen in Gold mit Olympischen Ringen,
Deutsches Reiterabzeichen in Gold.
Deutsches Reiterkreuz in Gold.

STEDEN, geb. POTTHOFF, Brigitte

Badmintonspielerin

Persönliche Daten:

geb.: 16.03.1949 in Bochum,
Stand: Verheiratet seit 1971.

Olympische Plazierungen:

Demonstration-Einzel: In der 1. Runde ausgeschieden,

Demonstration-Mixed: Mit Roland MAYWALD im Halbfinale ausgeschieden.

Sportlicher Werdegang:

Vereine: Bis 1972 VfL Bochum,
ab 1972 OSC Rheinhausen,
1970 Deutsche Juniorenmeisterin im Einzel,
1971 Deutsche Juniorenmeisterin im Einzel,
1970 Deutsche Meisterin im Doppel,
1971 Deutsche Meisterin im Doppel,
1972 Deutsche Meisterin im Einzel,
1973 Deutsche Meisterin im Doppel,
1974 Deutsche Meisterin im Doppel,
1974 Deutsche Meisterin im Einzel,
1975 Deutsche Meisterin im Doppel,
1975 Deutsche Meisterin im Mixed,,
1977 Deutsche Meisterin im Doppel,
1977 Deutsche Meisterin im Einzel,
1977 Deutsche Meisterin im Mixed,,
1974 Internationale Deutsche Meisterin im Mixed,,
1975 Internationale Deutsche Meisterin im Doppel,
1977 Internationale Deutsche Meisterin im Einzel,
34 Länderspiele,
1977 Ende der aktiven Laufbahn.

STENDER, Margret

Volleyballspielerin

Persönliche Daten:

geb.: 18.02.1947 in Münster,
Beruf: Realschullehrerin,
Stand: Ledig,
Maße: 1,77 m, 66 kg.

Olympische Plazierungen:

Platz 8 bei 8 teilnehmenden Mannschaften nach fünf Niederlagen, war in allen 5 Spielen eingesetzt.

Sportlicher Werdegang:

Vereine: Bis 1966
Recklinghäuser LC
ab 1967 USC Münster,
1967 Beginn sportliche Laufbahn als Volleyballspielerin erst in Münster mit Beginn ihres Studiums, vorher gute Leichtathletin, u.a. Westfalenmeisterin im Fünfkampf,
seit 1971 in der Nationalmannschaft Stammspielerin.

THADE, Heiner

Moderner Fünfkämpfer

Olympische Plazierungen:

Im Einzel Platz 7 mit 5.145 und 6. in der Mannschaft mit Walter ESSER und Hole RÖßLER mit 14.682 Punkten,

siehe Mexiko-City 1968,

siehe Montreal 1976.

THIMM, Norbert

Basketballspieler

Persönliche Daten:

geb.: 21.08.1949 in Dortmund,
Beruf: Diplom-Psychologe,
Stand: Verheiratet mit der Lehrerin
Heidke SCHÖNFELD,
Basketballspielerin beim
TuS 04 Leverkusen,
3 Kinder,
Maße: 2,07 m, 98 kg.

Olympische Plazierungen:

Platz 12 nach drei Siegen und sechs Niederlagen, nahm an allen neun Spielen als Center teil.

Sportlicher Werdegang:

Vereine: 1960-1968 Eintracht Dortmund,
1968-1969 SSV Hagen,
1969-1981—TuS 04 Leverkusen (TSV Bayer Leverkusen,
1972-1973 Real Madrid (Profi),
1960 Beginn sportliche Laufbahn als Basketballspieler bei seinem Lehrer, Dr. SCHNEIDER, dem Vizepräsidenten des Westdeutschen Basketballverbandes, 1967 Deutscher Jugendmeister, 1970 Deutscher Meister,
1971 Deutscher Meister, 1972 Deutscher Meister, 1976 Deutscher Meister, 1979 Deutscher Meister, 1970 Deutscher Pokalsieger, 1971 Deutscher Pokalsieger, 1974 Deutscher Pokalsieger, 1976 Deutscher Pokalsieger,
150 Länderspiele.

Sportliche Funktionen:

Nach 1981 Spielertrainer bei kleineren Vereinen,
Erwerb der A-Lizenz (Bundesliga),
Trainer im Jugend- und Männerbereich (Assistent Coach) beim TSV Leverkusen bis heute,
Referent in der Trainerausbildung,
1989/90 Laufbahnberater am Olympiastützpunkt Bonn/Leverkusen.

Auszeichnungen:

Ehrungen durch die Städte Hagen und Leverkusen.

TRUSCHINSKI, Bernd

Ruderer

Persönliche Daten:

geb.: 13.04.1949 in Dortmund,
Beruf: Kraftfahrzeugmechaniker,
Maße: 1,90 m, 90 kg.

Olympische Plazierungen:

Achter: Platz 5 in 6:14,91 nach Rang 2 im Vorlauf in 6:10,28 und Sieg im Halbfinale in 6:27,44 min,

siehe Montreal 1976.

Sportlicher Werdegang:

Vereine: RC Hansa Dortmund,
1971 Deutscher Meister im Achter,
1972 Deutscher Meister im Vierer mit,
1974 Deutscher Meister im Vierer ohne,
1974 Deutscher Meister im Achter,
1975 Deutscher Meister im Vierer ohne,
1975 Deutscher Meister im Achter,
1977 Deutscher Meister im Achter,
1972 Internationaler Vizemeister von Deutschland im Achter,
1976 Internationaler Vizemeister von Deutschland im Achter,
1975 3. Internationaler Meister von Deutschland im Vierer ohne,
1972 2. im Achter bei der Rotsee-Regatta,
1974 3. bei den Weltmeisterschaften im Vierer ohne,
1975 7. bei den Weltmeisterschaften im Achter,
1973 3. bei den Europameisterschaften im Vierer ohne.

VOSSELER, Hans Günther

Schwimmer

Persönliche Daten:

geb.: 05.02.1949 in
    Paderborn,
Beruf: Student, Soldat,
    heute Projektleiter,
Stand: Ledig, heute
    verheiratet,
    5 Kinder,
Maße: 1,74 m, 70 kg.

Olympische Plazierungen:

4x100-m-Freistil: Nur im Vorlauf eingesetzt, als 3. qualifiziert für das Finale in 3:37,59 min, dort nahm Hans FAßNACHT seinen Platz ein,

4x200-m-Freistil: Silbermedaille mit Hans FAßNACHT, Klaus STEINBACH und Werner LAMPE in 7:41,69 min (Europarekord) nach 4. Platz im Vorlauf.

Sportlicher Werdegang:

Vereine: 1963-1972 1. Paderborner Schwimmclub 1911,
    1973 SV 05 Würzburg,
    1973 bis heute 1. Paderborner Schwimmclub 1911,
1963 Beginn sportliche Laufbahn als Schwimmer,
1966 Deutscher Jugendmeister über 400-m-Freistil,
1971 Deutscher Hallenmeister über 400-m-Freistil,
1972 Deutscher Hallenmeister über 200-m-Freistil,
1970 Teilnehmer an den Europameisterschaften über 4x200-m-Freistil (nur Vorlauf),
11 Länderkämpfe zwischen 1966 und 1974,
personliche Bestzeiten: 100-m-Freistil - 54,0 sec (52,8 25-m-Bahn), 200-m-Freistil - 1:57,7 (1:54,6), 400-m-Freistil - 4:15,8 (4:08,3 min),
1974 Ende der aktiven Laufbahn.

Auszeichnungen:

Silbernes Lorbeerblatt,
1972 Sportler des Jahres in Ostwestfalen-Lippe.

WAGNER, Willi

Leichtathlet

Olympische Plazierungen:

3.000-m-Hindernislauf: Im Vorlauf als 6. in 8:34,0 min ausgeschieden, siehe Mexiko-City 1968.

WEBER, Jutta

Schwimmerin

Persönliche Daten:

geb.: 28.06.1954 in Hamm,
Beruf: Studentin für Sport und Geschichte in Mainz,
(seit 1975), wartete auf Studienplatz für Medizin
(Vater Arzt), 1979 Diplomsportlehrerin,
Medizinstudium, 1984 med., Staatsexamen,
seit 1991 praktische Ärztin und Sportmedizinerin
mit eigener Praxis in Wiesbaden,
Stand: Verheiratet seit dem 13.05.1977 mit dem
Delphinschwimmer und Olympiateilnehmer Folkert
MEEUW, dem heutigen Vizepräsidenten des DSV,
3 Kinder,
Maße: 1,69 m, 55 kg.

Olympische Plazierungen:

100-m-Freistil: Nach Sieg im Vorlauf in 59,72 (Deutscher Rekord) als 9.beste nach Rang 5 im Halbfinale in 59,90 sec ausgeschieden,

200-m-Freistil: Als Vorlaufdritte und 12.beste in 2:12,44 min ausgeschieden,

4x100-m-Freistilstaffel: Bronzemedaille in 3:57,93 min mit Heidemarie REINECK, Gudrun BECKMANN und Angela STEINBACH,

4x100-m-Lagenstaffel: Nur im Vorlauf eingesetzt, im Finale schwamm für sie H. REINECK,

siehe Montreal 1976.

Sportlicher Werdegang:

Vereine: 1956-1972 SC Rote Erde Hamm,
1972-1979 SC Wasserfreunde Wuppertal,
seit 1980 SG Rüsselsheim,
1968 Deutsche Schülermeisterin,
1969 Deutsche Meisterin über 4x100-m-Schmettern,
1970 Deutsche Meisterin über 4x100-m-Schmettern,
1972 Deutsche Meisterin über 100-m-Freistil,
1972 Deutsche Meisterin über 200-m-Freistil,
1972 Deutsche Vizemeisterin über 100-m-Freistil,
1973 Deutsche Hallenmeisterin über 4x100-m-Lagen,
1973 Deutsche Meisterin über 100-m-Freistil,
1973 Deutsche Meisterin über 200-m-Freistil,
1973 Deutsche Meisterin über 4x100-m-Lagen,
1974 Deutsche Hallenmeisterin über 100-m-Freistil,
1974 Deutsche Hallenmeisterin über 200-m-Freistil,
1974 3. Deutsche Meisterin über 100-m-Freistil,
1975 Deutsche Meisterin über 100-m-Freistil,

1975 Deutsche Meisterin über 200-m-Freistil,
1976 Deutsche Meisterin über 100-m-Freistil,
1976 Deutsche Meisterin über 200-m-Freistil,
1977 Deutsche Hallenmeisterin über 100-m-Freistil,
1977 Deutsche Meisterin über 100-m-Freistil,
1980 Deutsche Meisterin über 4x100-m-Freistil,
1970 6. der Europameisterschaften über 4x100-m-Freistil,
1974 Vizeeuropameisterin über 4x100-m-Lagen,
1977 3. Europameisterin über 2x100-m-Lagen,
1973 6. bei den Weltmeisterschaften über 100-m-Freistil,
1973 3. bei den Weltmeisterschaften über 4x100-m-Freistil,
1973 3. bei den Weltmeisterschaften über 4x100-m-Lagen,
1975 6. bei den Weltmeisterschaften über 100-m-Freistil,
1973 Studentenvizeweltmeisterin über 100-m-Freistil,
1977 Studentenweltmeisterin über 100-m-Freistil in 57,7 sec,
50 Deutsche Rekorde einschließlich der Staffelrekorde.

Sportliche Funktionen:

1974-1976 als erste Schwimmerin Sprecherin der deutschen Nationalmannschaft.

Auszeichnungen:

1972 Silbernes Lorbeerblatt.

WEEKE, Ludger

Wasserballspieler

Olympische Plazierungen:

Platz 4 nach zwei Siegen (GRE 8:3, AUS 6:3) und zwei Unentschieden (HUN 3:3, HOL 4:4) in der Vorrunde und zwei Niederlagen (URS 2:4, YUG 4:5) und zwei Unenschieden (USA 4:4, ITA 2:2) in der Endrunde,

siehe Mexiko-City 1968,

siehe Montreal 1976.

WENDEMUTH, Reinhard

Ruderer

Persönliche Daten:

geb.: 01.01.1948 in Braunschweig,
Beruf: Student in Bochum, heute Diplom-Physiker,
Stand: Ledig, heute verheiratet,
Maße: 1,89 m, 90 kg.

Olympische Plazierungen:

Achter: Im Finale Platz 5 in 6:14,91 nach Rang 2 im Vorlauf in 6:10,28 und Sieg im Halbfinale in 6:27,44 min,

siehe Montreal 1976.

Sportlicher Werdegang:

Vereine: 1966-1969 RC Germania Dortmund,
1969 bis heute RC Hansa Dortmund,
1964 Beginn sportliche Laufbahn als Ruderer in der Schülerriege seines Gymnasiums in Dortmund,
1971 Deutscher Meister im Achter,
1972 Deutscher Meister im Vierer mit,
1972 Deutscher Meister im Vierer ohne,
1973 Deutscher Vizemeister im Vierer ohne,
1973 Deutscher Vizemeister im Achter,
1974 Deutscher Meister im Vierer ohne,
1974 Deutscher Meister im Achter,
1975 Deutscher Meister im Vierer ohne,
1975 Deutscher Meister im Achter,
1976 Deutscher Meister im Achter,
1977 Deutscher Meister im Achter,
1969 Eichenkranzsieger im Vierer ohne,
1970 Deutscher Hochschulmeister im Vierer ohne und im Vierer mit,
1972 Internationaler Vizemeister von Deutschland im Achter,
1973 Internationaler Meister von Deutschland im Vierer ohne,

1974 Internationaler Meister von Deutschland im Vierer ohne,
1975 3. Internationaler Meister von Deutschland im Vierer ohne,
1976 Internationaler Vizemeister von Deutschland im Achter,
1974 3. der Weltmeisterschaften im Vierer ohne,
1975 7. der Weltmeisterschaften im Achter,
1973 4. der Europameisterschaften im Vierer ohne.

Sportliche Funktionen:

1973-1974 Sprecher der Ruder-Nationalmannschaft.

WESSINGHAGE, Thomas

Leichtathlet

Persönliche Daten:

geb.: 22.02.1952 in Hagen,
Beruf: Medizinstudent, später Arzt (Orthopäde) in Köln und seit 1988 in Norderstedt bei Hamburg,
Stand: Verheiratet seit 1977 mit der Leichtathletin Ellen TITTEL, Neffe von NOK-Präsident und IOC-Mitglied Willi DAUME,
Maße: 1,82 m, 70 kg.

Olympische Plazierungen:

1.500-m-Lauf: Nach Vorlaufsieg in 3:40,6 als 7. im Halbfinale in 3:43,4 min ausgeschieden,

siehe Montreal 1976,

siehe Olympiamannschaft 1980,

1980 wegen Verletzung (Ermüdungsbruch) nicht nominiert.

Sportlicher Werdegang:

Vereine: Bis 1969 TuS Nannen,
1970-1971 LC Porta Westfalia,
1971-1973 USC Mainz,
1974-1974 TV Haiger,
1975-1977 TuS 04 Bayer Leverkusen,
1978-1980 USC Mainz,
ab 1981 ASV Köln,
1968 Beginn sportliche Laufbahn als Leichtathlet,
1969 3. Deutscher Jugendmeister über 800 m,
1970 Deutscher Vizejugendmeister über 1.500 m,
1971 Deutscher Juniorenmeister über 1.500 m,
1971 Deutscher Vizemeister über 1.500 m,
1972 3. der Deutschen Meisterschaften über 1.500 m,
1973 Deutscher Vizemeister über 1.500 m,
1974 Deutscher Vizemeister über 1.500 m,
1975 Deutscher Hallenmeister über 1.500 m,
1975 Deutscher Meister über 1.500 m,
1976 Deutscher Hallenmeister über 1.500 m,
1976 Deutscher Hallenmeister über 3x1.000 m,
1976 Deutscher Viemeister über 1.500 m,
1976 Deutscher Meister über 4x800 m,
1976 Deutscher Vizemeister über 4x1.500 m,
1977 Deutscher Meister über 1.500 m,
1978 Deutscher Meister über 1.500 m,
1978 Deutscher Meister in der 4x1.500-m-Staffel,
1979 Deutscher Meister über 1.500 m,
1979 Deutscher Meister in der 4x1.500-m-Staffel,
1980 Deutscher Meister über 1.500 m,
1981 Deutscher Meister über 1.500 m,
1982 Deutscher Meister über 1.500 m,
1982 Deutscher Meister über 5.000 m,
1983 Deutscher Vizemeister über 1.500 m,
1984 Deutscher Vizemeister über 1.500 m,
1985 Deutscher Hallenvizemeister über 3.000 m,
1985 Deutscher Meister über 5.000 m,
1986 Deutscher Vizemeister über 5.000 m,
1987 Deutscher Meister über 5.000 m,
1969 8. der 1. Europameisterschaft der Junioren,
1972 Halleneuropameister in der 4x4-Runden-Staffel,
1973 Halleneuropameister in der 4x4-Runden-Staffel,
1974 Vizehalleneuropameister über 1.500 m,
1974 3. der Europameisterschaften über 1.500 m,
1975 6. der Halleneuropameisterschaften über 1.500 m,
1976 Vizehalleneuropameister über 1.500 m,
1978 4. der Europameisterschaften über 1.500 m,
1979 Vizehalleneuropameister über 1.500 m,
1980 Halleneuropameister über 1.500 m,
1981 Halleneuropameister über 1.500 m,

1982 4. der Halleneuropameisterin über 1.500 m,
1982 Europameister über 5.000 m,
1983 Halleneuropameister über 1.500 m,
1985 Vizehalleneuropameister über 3.000 m,
1986 im 5.000-m-Vorlauf bei den Europameisterschaften ausgeschieden,
1983 6. der Weltmeisterschaften über 5.000 m,
1975 1. im Europa-Cup über 1.500 m,
Deutsche Rekorde:
1975 über 1.500 m in 3:36,37 min,
1976 über 1.500 m in 3:36,07 min,
1976 über 1.500 m in 3:34,77 min,
1977 4x1.500 m in 14:38,8 min (auch Weltrekord),
1979 1 Meile in 3:51,58 min,
1980 1.500 m in 3:37,54 min (Hallenbestleistung),
1980 über 1.500 m in 3:33,16 min,
1980 über 1.500 m in 3:31,58 min,
1980 über 3.000 m in 7:38,89 min,
1981 über 3.000 m in 7:36,75 min,
1981 über 5.000 m in 13:13,47 min,
1981 1 Meile in 3:54,07 min (Hallenbestleistung),
1982 2 Meile in 8:30,2 min (Hallenbestleistung),
1982 über 5.000 m in 13:12,78 min,
1982 über 2.000 m in 4:52,20 min,
1982 1 Meile in 3:50,19 min,
1983 1 Meile in 3:49,98 min,
1985 2.000 m in 5:02,20 min (Hallenbestleistung),
persönliche Bestleistungen: 800 m - 1:46,56, 1.000 m - 2:16,4, 1.500 m - 3:31,58 min, 1 Meile - 3:49,98 min, 2.000 m - 4:52,20 min, 3.000 m - 7:36,75, 5.000 m - 13:12,78 min.
63 Länderkämpfe zwischen 1972 und 1986, führte bis 1990 die deutsche Bestenliste an,
1988 Beendigung der Laufbahn,
der beste deutsche Mittelstreckler Ende der 70er, Anfang der 80er Jahre.

Auszeichnungen:

1980 Silbernes Lorbeerblatt,
1985 Rudolf-HARBIG-Gedächtnispreis,
1981 Leichtathlet des Jahres.

Veröffentlichungen:

Mit WESSINGHAGE, Ellen, *Laufen*, München 1987.

WINKLER, Hans-Günther

Reiter

Olympische Plazierungen:

Jagdspringen (Mannschaft): Goldmedaille auf „Trophy" mit Gert WILTFANG, Fritz LIGGES und Hartwig STEENKEN mit 32 Fehlerpunkten,
siehe Stockholm 1956,
siehe Rom 1960,
siehe Tokio 1964,
siehe Mexiko-City 1968,
siehe Montreal 1976,
siehe Seoul 1988.

ZEISNER, Christoph-Michael

Schütze

Persönliche Daten:

geb.: 05.12.1943 in Gütersloh,
Beruf: Filmkaufmann (Theaterleiter),
Stand: Ledig,
Maße: 1,82 m, 75 kg.

Olympische Plazierungen:

Laufender Keiler: Platz 5,

siehe Montreal 1976,

siehe Olympiamannschaft 1980.

Sportlicher Werdegang:

Vereine: 1963-1970 Gütersloher Schützen-Gesellschaft,
1971-1982 Hörder Bürgerschützen,
1970 Beginn sportliche Laufbahn als Jagdschütze (laufender Keiler), vorher Pistolen- und Wurftaubenschütze,
1972 Deutscher Vizemeister laufende Scheibe,
1974 Deutscher Vizemeister laufende Scheibe,
1975 Deutscher Meister laufende Scheibe,
1976 Deutscher Meister laufende Scheibe,
1977 Deutscher Meister laufende Scheibe,
1978 Deutscher Meister laufende Scheibe,
1979 Deutscher Meister laufende Scheibe,
1980 Deutscher Meister laufende Scheibe,
1981 Deutscher Meister laufende Scheibe,
1982 3 Deutscher Meister laufende Scheibe,
1974 1. bei der Internationalen Schießsportwoche in Hamburg,
1975 3. Weltmeister (Mannschaft) laufende Scheibe,
1978 Weltmeister (Mannschaft) laufende Scheibe,
1978 Vizeweltmeister Mixed laufende Scheibe.

Auszeichnungen:

1972 Ehrenplakette in Gold der Stadt Gütersloh,
1977 Goldene Ehrennadel des Schützenkreises Gütersloh,
1979 Silbernes Lorbeerblatt,
1979 Goldener Sportler-Ehrenring der Stadt Dortmund,
1979 Silbernes Ehrenkreuz des Deutschen Schützen-Bundes.

ZITRANSKI, Uwe

Volleyballspieler

Persönliche Daten:

geb.: 07.08.1941 in Freiburg,
Beruf: Studienreferendar in
Münster,
Stand: Verheiratet,
Maße: 1,86 m, 83 kg.

Olympische Plazierungen:

Platz 11 bei 12 teilnehmenden Mannschaften bei einem Sieg und fünf Niederlagen, war in allen 6 Spielen eingesetzt.

Sportlicher Werdegang:

Vereine: TV 1844 Freiburg,
USC Münster,
War als ältester Spieler der Nationalmannschaft 1971 schon einmal bei der Verjüngung des Teams ausgemustert worden, eroberte sich aber seinen Platz wieder zurück,
1966 Deutscher Meister,
1967 Deutscher Meister,
1968 Deutscher Meister,
1969 Deutscher Meister,
1970 Deutscher Meister,
1971 Deutscher Meister,
1972 Deutscher Meister,
1968 Teilnehmer an der Weltmeisterschaft.

In der WTB-Schriftenreihe sind bisher erschienen:

Band 1 *Quellen zur Geschichte des Westfälischen Turnerbundes.*
Ein Bestandsverzeichnis zum Archiv des Westfälischen Turnerbundes,
bearbeitet von PRADLER, Klaus, ENGLING, Detlef
Iserlohn 1984, XXII, 178 S., ISBN 3-928115-00-6
(vergriffen, Neuauflage durch das WTB-Archiv in Vorbereitung).

Band 2 MÄRZ, Bernhard,
Jahresringe.
Eine Festschrift zum 40jährigen Bestehen . 1947-1987.
Ein historischer Bericht von MÄRZ, Bernhard mit Beiträgen von
DENZ, Günter W., HARTMANN, Christa, KÖTTER, Rudi,
MÜLLER, Heidi, PRADDLER, Klaus, RABE, Dieter
Dortmund 1987, 192 S., broschiert, DM 10,-, ISBN 3-928115-01-4

Band 3 VOIGT,
Quellen zur Geschichte der Turn- und Sportbewegung in Nordrhein-Westfalen von 1945 bis 1987, Defizite, Forderungen und Möglichkeiten
bearbeitet von VOIGT, Jörg,
Iserlohn 1987, X, 111 S., broschiert, DM 10,-, ISBN 3-928115-02-2

Band 4 VOß, Armin - WACHHOLZ, Willi,
Die unpolitischen Turner.
Beiträge zur Geschichte ihrer Verbände,
Band 1,
Iserlohn 1988, VII, 134 S., broschiert DM 10,-, ISBN 3-928115-03-0

Band 5 *Die Briefe Edmund Neuendorffs an Erich Harte. 1923-1932.*
Aus dem Nachlaß von Alfred Geißler,
bearbeitet von LENNARTZ, Karl
Iserlohn 1989, 316 S., broschiert DM 15,-, ISBN 3-928115-04-9

Band 6 *Unbekannte Briefe von Friedrich Ludwig Jahn und Hugo Rothstein als Quellen zur Frühgeschichte des Turnens,*
herausgegeben und erläutert von LANGENFELD, Hans , und ULFKOTTE, Josef,
Iserlohn 1990, 296 S., broschiert DM 15,-, ISBN 3-928115-05-7

Band 7 LENNARTZ, Karl –TEUTENBERG. Walter
Olympiateilnehmer in Westfalen.
Biographien,
Band I, Athen 1896 bis München 1972
Kassel 1993, XX, 365 S., Pappband DM 39,80, ISBN 3-928562-58-4